Gaby Herchert

Einführung in den Minnesang

Einführungen Germanistik

Herausgegeben von
Gunter E. Grimm und Klaus-Michael Bogdal

Gaby Herchert

Einführung in den Minnesang

Die Deutsche Nationalbibliothek verzeichnet diese Publikation
in der Deutschen Nationalbibliografie;
detaillierte bibliografische Daten sind im Internet über
http://dnb.d-nb.de abrufbar.

© 2010 by WGB (Wissenschaftliche Buchgesellschaft), Darmstadt
Die Herausgabe dieses Werkes wurde durch
die Vereinsmitglieder der WBG ermöglicht.
Satz: Lichtsatz Michael Glaese GmbH, Hemsbach
Einbandgestaltung: schreiberVIS, Seeheim
Gedruckt auf säurefreiem und alterungsbeständigem Papier
Printed in Germany

Besuchen Sie uns im Internet: www.wbg-wissenverbindet.de

ISBN 978-3-534-21347-4

Inhalt

Vorwort

Seit der Wiederentdeckung der Manessischen Liederhandschrift zum Ende des 16. Jahrhunderts ist das Interesse am Minnesang ungebrochen. Minnesang aus der Zeit zwischen 1150 und 1300 gehört zu den Zeugnissen mittelhochdeutscher Literatur, die auf breiter Basis beachtet und rezipiert wurden. Er inspirierte Dichter und Sänger und wurde für unterschiedliche Ideen und Konzepte ideologisch vereinnahmt. Die germanistische Forschung hat sich seiner schon in ihren Anfängen angenommen und wissenschaftliche Untersuchungen zum Minnesang füllen ganze Regale. Die Sekundärliteratur der letzten hundert Jahre spiegelt mit ihren Positionen und Deutungen die Forschungsgeschichte der mediävistischen Germanistik. Jeder Paradigmenwechsel zeichnet sich deutlich ab und jeder kurzzeitige Mainstream in der Forschung hat Spuren hinterlassen. Auch zu unserer Zeit führen neue Perspektiven und Ansätze immer wieder zu veränderten und verblüffenden Sichtweisen. So kann man sicher sein, dass Minnesang auch weiterhin ein Thema der mediävistischen Forschung bleiben wird.

Eine Einführung in den Minnesang zu geben, birgt die Schwierigkeit, radikal auswählen zu müssen. Vieles von dem, was nicht aufgenommen werden konnte, ist sicher wichtig und hätte eigentlich dazu gehört. Das gilt sowohl für die Einordnung und Deutung des Minnesangs insgesamt als auch für die bei den Einzelanalysen angeführten Lieder und ihre Interpretationen, deren Auswahl dem Bestreben folgt, ein möglichst umfassendes Bild der breiten thematischen Vielfalt des Minnesangs zu vermitteln. Um einen ersten, leicht verständlichen Überblick über das komplexe Gesamtphänomen Minnesang zu geben, werden aus einer kulturhistorischen Perspektive die mittelalterlichen Entstehungskontexte des höfischen Sangs und seine Rezeption in den Blick genommen und in den Vordergrund gestellt. Spezielle Fragen werden bestenfalls angedeutet, jedoch nicht ausführlich behandelt, denn diese Einführung soll vor allem erste Hinweise geben und zu weiteren Studien anregen.

Professor Dr. Karl Helmer und Dr. Sascha Löwenstein danke ich für ihre hilfreichen Anmerkungen, Manuela Benninghoff für ihre Zuarbeiten, Hanno Eckers für die umfangreiche Literaturrecherche und Andrea Wolff für die Korrekturarbeiten.

I. Grundlegendes zum Begriff „Minnesang"

1. Was ist Minnesang?

Die Figur des Minnesängers ist grundlegender Bestandteil des heutigen Mittelalterbildes. Weder aus den Bühnenprogrammen der zahlreichen Mittelaltermärkte noch aus den aufwändigen Filminszenierungen, die das Mittelalter thematisieren, sind Minnesänger, die sentimentale Liebeslieder, lustige Tanzlieder oder kraftvolle Kampfgesänge zur Laute singen, wegzudenken. Auch die vielfältigen Werke der Kinderliteratur, die sich dem Thema Mittelalter widmen, weisen ihnen eine prominente Rolle zu. In der Regel wird in diesen Zusammenhängen jeder mittelalterliche Sänger als Minnesänger und jede Form mittelalterlicher Musik als Minnesang bezeichnet. Die Aktualität des Minnesängers

Wenn wir jedoch Minnesang im Kontext der mittelhochdeutschen Literatur in den Blick nehmen, bezieht sich der Begriff auf eine Form höfischer Liebeslyrik, die von ca. 1150 bis zum beginnenden 14. Jahrhundert an den Höfen des Adels verbreitet war und auf die *hövescheit*, das Höfische, bezogen ist. Höfisches Singen oder *hovelîcher sanc* sind Ausdrücke, die schon in der mittelhochdeutschen Literatur Verwendung finden und einen Hinweis auf die Verbreitung und den Ort des Minnesangs geben. Spezifisch für den Minnesang ist sein Zusammenhang mit dem höfischen Lebensstil, der sowohl in der Darstellung der Figuren und ihrer Handlungen und Gestimmtheiten als auch in der Topik der Lieder deutlich wird. Minnesänge sind Gesellschaftslieder, in denen öffentlich, in einer gattungsmäßig festgelegten Form, über Liebe geredet wird (Wenzel 1996, 218f.). Sie zeichnen sich formal aus durch eine hoch entwickelte Bildersprache und ausgefeilte Reim- und Verstechniken. In vielen Liedern wird das Dichten und Singen des höfischen Sangs mitreflektiert. Das Themenfeld des Minnesangs ist die Liebe in allen ihren Ausprägungen. Die Ausfaltung der Minnethematik umfasst das ganze Spektrum möglicher Beziehungsverläufe, angefangen von heimlichem Sehnen und Begehren über direkte Ansprache und Aufforderung bis hin zu erfülltem Liebesglück oder wehmütiger Klage, die der schroffen Absage oder der Einsicht in die Hoffnungslosigkeit des Begehrens folgt. Dass die unerfüllte Liebe weit häufiger thematisiert wird als erfülltes Liebesglück, unterscheidet den Minnesang nicht von anderen Formen des Liebeslieds. Minnesang im Mittelalter

Oft wird der Begriff Minnesang auf die Lieder reduziert, die dem Konzept der Hohen Minne folgen. Diese Form der höfischen Liebe ist gekennzeichnet durch ihre Aussichtslosigkeit, denn sie ist prinzipiell unerfüllbar. Das Ziel des Mannes ist die sexuelle Liebeserfüllung, aber sie bleibt ihm verwehrt. Er wendet sich jedoch nicht von der Frau ab, sondern verharrt treu in seiner Ergebenheit und seinem Bemühen um sie. Indem er Verzicht leistet, kann er seine höfische Gesinnung auf besondere Weise unter Beweis stellen. Hohe Minne

Minnesang ist Rollenlyrik in dem Sinne, dass das männliche und das weibliche Ich der Lieder nach Stereotypen konstruiert sind und die höfische Minneauffassung den Rahmen der im Lied dargestellten Handlungsweisen Die Figuren des Minnesangs vorgibt. Auf artifizielle Weise besingt ein repräsentatives Ich eine repräsentative Situation. Die Diskussion über Differenzen zwischen „Rolle" und „lyrischem Ich" in den Minnekanzonen, die durch Haferland angestoßen wurde (Haferland 2000), soll hier keine Berücksichtigung finden. Wesentlich ist indes zu verdeutlichen, dass eine vorschnelle Identifikation von Autor, Sänger und Ich eines Liedes mit großer Vorsicht zu betrachten ist. Lange Zeit wurde in der Minnesangforschung angenommen, dass die Sänger ihre Lieder exklusiv bestimmten Frauen gewidmet hätten, denen sie in tiefer Liebe zugeneigt gewesen wären. Das provozierte die Frage nach der Identität der jeweils besungenen Dame und dem Verhältnis, in dem der Autor-Sänger zu ihr stand. Diese Sichtweise von Minnesang war über lange Zeit fest verankert und hat bis heute in der Sekundärliteratur Spuren hinterlassen.

Das Identifikations-
potential von
Liebesliedern

Dass Liebeslieder sich immer trotz ihrer Allgemeinheit auf spezifische Personen und Situationen beziehen lassen, macht ihren besonderen Reiz aus. Einerseits haben sie ein hohes Identifikationspotential, so dass der Rezipient sie leicht nachvollziehen und dabei auf sich selbst und seine Situation beziehen kann. Das Lied „spricht ihm aus der Seele". Diese Glaubwürdigkeit des Liedes legt aber andererseits nahe, dem Geschilderten Wahrheitscharakter zuzuweisen und es als Ausdruck persönlicher Erlebnisse dem Sänger zuzuschreiben. Das heißt nicht, dass in keinem Fall persönliche Empfindungen des Liedermachers einfließen, es ist jedoch zweifelhaft, solche immer vorauszusetzen. Bei modernen Schlagern ist die Frage, welche konkrete Frau der jeweilige Sänger wohl meint, nicht naheliegend, bei Minneliedern hingegen ist sie durchaus noch üblich; diese Problematik soll später ausführlicher dargestellt werden.

Topoi des
Minnesangs

Signifikant für den Minnesang sind wiederkehrende Topoi und Sprachbilder. Im Folgenden werden Topoi aufgeführt, die als charakteristisch gelten können. Es treten niemals alle Bilder zugleich in einem Lied auf, aber sie bilden einen Bestand von Versatzstücken, die immer wieder in Minneliedern vorkommen und für diese lyrische Form kennzeichnend sind.

Augen

Die Augen sind das Einfallstor der Minne. Die leuchtenden oder strahlenden Augen der Dame verzücken den Werber so sehr, dass er nicht mehr von ihr lassen kann, ihr Blick trifft ihn mitten ins Herz. Trotz aller Abweisung ist er so sehr an sie gebunden, dass er in ihrem Dienst verharrt. Oft wird in den Liedern der freundliche Blick der Dame als Zeichen der Anerkennung herbeigesehnt.

Bote

Der Bote soll der Geliebten Nachricht des werbenden Mannes bringen und sie seiner steten Treue versichern. Er wird als Vermittler eingesetzt, wenn räumliche Entfernung oder die *huote* den Mann daran hindern, selbst in Erscheinung zu treten. In den so genannten Botenliedern wird der Bote angeredet oder kann selbst zu Wort kommen, oft wird das Motiv jedoch nur randständig eingeflochten.

Dienst

Der Dienst des Mannes im Minnesang ist das Singen, das er immer weiter betreibt, aller Ablehnung durch die *vrouwe* zum Trotz. Er preist ihre Schönheit, Güte und höchste Tugendhaftigkeit, auch wenn ihn die Aussichtslosigkeit seines Bemühens in Trauer, Leid, Wahn oder Krankheit stürzt. Er hält mit Treue und Beständigkeit an seinem Dienst fest, so dass nicht erhört zu werden geradezu ein Anlass für die Fortsetzung des Dienstes wird.

Frühling

Der Frühling ist die Zeit der Liebe, die Natur erwacht und mit ihr die

Freude und die gehobene Stimmung, die der Minne zuträglich sind. Der hohe Stellenwert des Frühlings hat für die mittelalterliche Hofgesellschaft auch praktische Gründe. Die Burgen waren kaum beheizbar, im Winter war es durchgängig kalt, feucht und zugig und durch die Fenster fiel so wenig Licht ein, dass die ständige Dunkelheit ein geselliges Leben nicht zuließ. Mit Beginn der warmen Jahreszeit konnte ein großer Teil des Lebens nach draußen verlegt werden. Das Pfingstfest hat besondere Bedeutung, weil mit ihm die Zeit der Feste und Turniere begann.

Der Gruß gehört zu den symbolischen Formen höfischen Umgangs. Er zeigt Freundschaft und Geneigtheit an. Wer vom Herrscher gegrüßt wird, ist in seiner Huld und am Hof wohlgelitten, wer nicht gegrüßt wird, muss um seine Stellung bei Hofe fürchten. Da in dem Verhältnis von Sänger und Dame die idealen Verhaltensweisen des Herrschaftsideals rituell verdichtet und dargestellt werden, spielt der Gruß der *vrouwe* eine besondere Rolle. Er gilt als Zeichen der Anerkennung und wird als, wenn auch geringer, Lohn des Bemühens um ihre Zuneigung gewertet. — *Gruß*

In manchen Liedern wird die *huote* angeführt, jene Instanz, die sorgsam über die Frau wacht und verhindert, dass der Mann sie allein treffen kann. Die *huote* ist ein äußerliches Liebeshindernis, das das singende Begehren stützen kann, indem die Hoffnung aufscheint, dass ohne die *huote* ein erfülltes Zusammensein möglich wäre. — *huote*

Von der Dame einen Kuss zu bekommen ist ein hohes Ziel des Sängers, denn damit wäre ihm der Lohn seines Singens gewiss. Der Kuss wird ihm jedoch in der Regel verweigert. — *Kuss*

Die Linde gilt aufgrund ihrer herzförmigen Blätter als Baum der Liebe, so dass sie als idealer Ort der Liebesbegegnung aufgefasst wird. Im Minnesang wird sie in der Regel im Zusammenhang mit der „niederen Minne" angeführt. Das bekannteste Beispiel ist das Lindenlied Walthers von der Vogelweide. Viele Miniaturen der Manessischen Liederhandschrift C zeigen stilisierte Lindenbäume oder -zweige. Da das Herz nicht nur der Sitz der Liebe, sondern auch der Sitz des Denkens, des Glaubens und der Wahrheit ist, wird die Linde zugleich als Gerichtsbaum angesehen. Öffentliche Gerichtsplätze werden im Mittelalter unter Linden eingerichtet, weil ihre Blätter daran erinnern, dass die Wahrheit ans Licht gebracht werden soll. — *Linde*

Das Ambiente des Minnesangs ist topisch gestaltet. Der aus der Antike überlieferte *locus amoenus*, der zuweilen als dem Paradies nachempfunden beschrieben wird, ist Handlungsort vieler Minnelieder. Frühling, Vogelgezwitscher, das Grün der Bäume, Gras, blühende Blumen und plätschernde Bäche markieren einen idealtypischen Ort für Minnegeschehen. — *locus amoenus*

Zum Dienst gehört Lohn, und so erhofft sich der Mann für seinen Minnedienst Entlohnung, deren höchste Form erfülltes Liebesglück wäre, wenn die Dame ihn erhörte. Da dies meist ausgeschlossen ist, begnügt er sich mit einem freundlichen Blick oder einem Gruß. Blick und Gruß weisen auf den höfischen Kontext, denn beide sind symbolischer Ausdruck für die Huld des Herrschers, die er denen zuteil werden lässt, die in seiner Gunst stehen. Weil der Mann auf den Lohn weitgehend verzichten muss und trotzdem nicht von seinem Dienst ablässt, erweist er sich als ideales Mitglied der Hofgesellschaft. — *Lohn*

Liebe wird seit der Antike als Kampf oder Krieg aufgefasst. Die Liebesgott- — *Minne als Kampf* heiten treffen die Liebenden mit ihren Pfeilen, so dass sie unweigerlich in Liebe entbrennen. Im Minnesang sind oft die Augen der Dame die Waffen, die den Mann mit ihren Strahlen entflammen oder sein Herz verwunden. Ebenfalls zur Kampfmetaphorik gehören die Fesseln oder Stricke der Liebe, die den Werber so gefangen halten, dass er sich nicht mehr aus dem Bann der *vrouwe* befreien kann.

Minne als Krankheit
Minne ist Krankheit und Heilmittel zugleich. Die Wunden, die von den Pfeilen der Liebe gerissen werden, und dauerhaftes Siechtum, das ausbricht, wenn die Dame den Werber nicht erhört oder gar abweist, können nur durch die Liebe selbst wieder geheilt werden. Die Metaphorik von Liebe als Krankheit stammt aus der Antike und wird in die mittelalterliche Lyrik und Epik tradiert.

Minneparadox
Obwohl der Sänger letztlich keinen Lohn erwarten kann, bleibt er der *vrouwe* unverrückbar treu in seinem Minnedienst. Die Abweisung ist notwendige Bedingung, weiter zu singen. Würden die Lieder des werbenden Mannes erhört, gäbe es nämlich keinen Anlass zu weiteren Liedern. Dieses Phänomen wird unter dem Begriff Minneparadox gefasst.

Minnestummheit
Die Minnestummheit überfällt den Sänger, wenn er der Dame gegenübersteht. In dieser Situation, die er grundsätzlich herbeisehnt, wird er von ihrer Schönheit so überwältigt, dass in Verwirrung gerät und keinen Ton mehr herausbringt.

Minnetod
Der Minnetod ist die konsequente Folge von Liebe als Krankheit. Der Liebende, der nicht erhört wird, äußert die Befürchtung, an seiner Liebe zugrunde zu gehen, wenn sich die Geliebte ihm nicht bald zuwendet.

Minnetorheit
Der Minnetorheit können alle Männer verfallen, selbst wenn sie sich sonst durch besondere Weisheit auszeichnen. Das bekannteste Beispiel, das in mittelalterlichen Erzählungen und Abbildungen tradiert wird, ist der Philosoph Aristoteles. Der Lehrer Alexanders des Großen gilt zwar als bedeutendster Denker, aber seine Liebe zu der jungen Phyllis hat ihn zum Narren werden lassen. Um sich an ihm zu rächen, überredet sie ihn, sich satteln zu lassen und ihr als Reitpferd zu dienen. Im Minnesang drückt die Minnetorheit die Selbstzweifel des Mannes aus, der trotz aller Abweisungen treu in seinem Dienst verharrt.

Morgen
Der helle Morgen ist im Tagelied die Zeit des Abschieds. Der Tag bricht an und nach gemeinsam verbrachter Nacht muss der Mann die Geliebte verlassen, damit niemand merkt, dass er bei ihr gewesen ist. Schweren Herzens trennen sich beide voneinander.

Mund
Der rote Mund gehört zu den Schönheitsmerkmalen der *vrouwe*. Wird er als brennend rot beschrieben, verheißt er die als Minnelohn ersehnten Küsse.

Rosen
Rosen gelten seit der Antike als Blumen der Liebe. Wenn sie blühen, blüht auch die Liebe. Wie in zahlreichen Liebesliedern des Spätmittelalters weisen auch in manchen Minneliedern Rosen auf erfüllte Liebe. In vielen Miniaturen der Manessischen Liederhandschrift C umrahmen Rosen oder Rosenbüsche das Geschehen, um das Thema Minne sinnfällig in den Blick zu rücken. Diese Rosen haben fünf Blätter, denn sie entsprechen der in Europa verbreiteten Rosenform, die mit der heutigen Heckenrose vergleichbar ist. Die gefüllte Rose stammt aus dem Orient und wird mit den Kreuzzügen als Kostbarkeit ins Abendland gebracht.

Schönheit
Die Schönheit der *vrouwe* ist neben ihrer Tugend Anreiz zu ihrer Vereh-

rung. Die Dame wird als schön, zart, sanft und rein charakterisiert. Werden die körperlichen Merkmale genauer beschrieben, erfolgt die Darstellung beginnend mit dem Kopf und endet bei den Füßen. Zum mittelalterlichen Schönheitsideal gehört weiße Haut, denn sie unterscheidet die adlige Dame von den Bauernmädchen, die auf dem Feld der Sonne ausgesetzt sind. Im Minnesang beschränkt sich die Beschreibung in der Regel auf das Gesicht. Die Augen einer schönen Frau sind hell und leuchtend, ihre Wangen zart und rot, die Nase soll klein und der Mund rot sein.

Singen

Im Singen drückt sich der Dienst des Minnesängers aus. Als Zeichen seiner Treue und Beständigkeit singt er Minnelieder zu Ehren der *vrouwe* in der Hoffnung, Anerkennung und Lohn für sein Bemühen zu bekommen. Der Gesang ist aber immer auch an das höfische Publikum gerichtet, und in vielen Liedern steht die Freude der Zuhörer so sehr im Vordergrund, dass die Dame nur noch als Anlass des Singens erscheint.

staete

Standhaftigkeit, *staete*, ist eng mit dem Treuebegriff verbunden. Durch *staete* wird Treue zu einer unverrückbaren, bindenden Verpflichtung, die der Mann ohne Wanken auch dann aufrechterhalten wird, wenn die Dame seine Liebe nicht erwidert und ihn die Aussichtslosigkeit seines Werbens in Trauer, Leid, Wahn, Krankheit oder gar den Tod stürzt.

Treue

Treue ist ursprünglich ein Rechtsbegriff, der auf Gefolgschaftstreue gerichtet ist. Der Gefolgsmann schwört seinem Herrn den Treueeid und begründet damit ein Rechtsverhältnis, das beide aneinander bindet und für beide Verpflichtungen mit sich bringt. Treue ist ein Rechtszwang mit absoluter Geltung und weit mehr als eine sittliche oder moralische Verpflichtung. Treu zu sein bedeutet, alles zu unterlassen, was dem anderen schaden könnte. Untreue ist ein schwerwiegendes Vergehen, das drastisch sanktioniert wird. Erst im Laufe der Entwicklung des Lehnswesens umfasst Treue zunehmend positive Pflichten, die sich in immer differenzierteren Handlungsverpflichtungen manifestieren. So entwickelt sich Treue während des Mittelalters von einer Rechtsform allmählich zu einer Form der Gesinnung, die schließlich den höfischen Menschen auszeichnet und diesem als Eigenschaft zugeschrieben werden kann. Im Minnesang betont der Mann seine Treue gegen die Dame, der er sich dauerhaft so verpflichtet fühlt wie ein Gefolgsmann seinem Herrn. Seine Motivation ist allerdings kein bindender Eid, sondern seine höfische Gesinnung.

Tugend

Die Tugend der *vrouwe* ist Anlass ihrer Hochschätzung und Liebeshindernis zugleich. Da sie unverrückbar an ihrer Tugend festhält, ist sie einerseits wert, über alle Maßen gepriesen zu werden, aber andererseits wird sie sich nicht durch den Minnesang dazu bewegen lassen, gegen ihre Tugend und die höfische Konvention zu verstoßen, um den Werber zu erhören. Auch dies gehört zum Minneparadox.

Vogelsang

Der Vogelsang kündet den Frühling und gehört zu den Konstituenten des *locus amoenus*. Insbesondere die Schwalbe zeigt den Rückzug des Winters an und versetzt den Sänger entweder in eine Hochstimmung ob des zu erwartenden Minnegeschehens oder sie verstärkt seine Trauer, weil ihm bewusst wird, dass in sein Herz kein Frühlingsgefühl einziehen kann, weil die Dame ihn nicht erhört. Im Tagelied kündet die Lerche den nahenden Morgen und die damit verbundene Trennung der Liebenden. Ihr Gesang wird in dieser Situation also weniger geschätzt.

vrouwe
Der Begriff *vrouwe* bezeichnet die adlige Dame. Jede *vrouwe* wird im Minnelied als die jeweils vollkommenste gepriesen, sie zeichnet sich aus durch Schönheit, Anmut, Güte und Tugendhaftigkeit. Sie ist Anlass für den Dienst und den Gesang des Mannes.

Wächter
Der Wächter ist im Tagelied der Verbündete der Liebenden. Ihm kommt die Aufgabe zu, den Mann rechtzeitig zu wecken, damit er ungesehen die Geliebte verlassen kann. Der Wächter ist die Personifikation der *huote*. Er bewacht die Burg und ihre Insassen und verhindert, dass Unbefugte Zutritt haben.

Wahn
Der Sänger ist stets in der Gefahr, dem Wahn zu verfallen. Entweder ergreift ihn die Minnetorheit und macht ihn zum Narren oder er erkennt, dass die hohe Minne ein Wahn ist, weil er trotz aller Bemühungen nicht erwarten kann, je erhört zu werden.

Winter
Der Winter verbreitet Kälte und bezwingt all das Schöne, das mit der Minne in Zusammenhang steht. Nur in wenigen Liedern werden Herbst und Winter als Zeiten des Schlemmens und Feierns dem Frühling positiv entgegengesetzt.

wîp
Der Begriff *wîp* ist die allgemeine mittelhochdeutsche Geschlechtsbezeichung, die alle Frauen umfasst. Mit *vrouwe* wird hingegen die adlige Dame aufgrund ihres herausgehobenen Standes bezeichnet. In einigen Minneliedern werden *vrouwe* und *wîp* derart gegenüber gestellt, dass der Sänger, der nicht erhört wird, sich von den *vrouwen* ab und den *wîp* zuwenden will, damit er Erfüllung findet.

Die Formkunst des Minnesangs
Typisch für den Minnesang ist neben der reichen Bildersprache die anspruchsvolle lyrische Form. Die Lieder haben ausgeprägte Vers- und Strophenformen, die ein besonderes Interesse an der künstlerischen Gestaltung verraten. Die kunstvolle Form ist ein Kriterium, mit dem sich Minnesang von anderen Liedüberlieferungen abgrenzen lässt. Alternierende Verse, also der regelmäßige Wechsel von Hebung und Senkung, ein geschickter Umgang mit dem Auftakt, die Gestaltung der Kadenzen und der Ausbau von Vollreimen sind Gestaltungsmomente, die erst mit dem Minnesang Verbreitung finden. Mehrstrophigkeit, komplexe Strophenformen und die Verwendung von Refrains sind typisch für Minnelieder. Vorherrschend wird die Kanzonenstrophe.

Kanzonenform
Eine Kanzone ist dreiteilig. Bei den ersten beiden Teile stimmen Verszahl, Hebungen, Reimstellung und wahrscheinlich auch Melodien überein. Diese metrisch gleichen Teile nennt man Stollen. Beide Stollen bilden zusammen den so genannten Aufgesang. Den dritten Teil nennt man Abgesang, er unterscheidet sich in der metrischen Form von den beiden Stollen.

Minnesang als Aufführungskunst
Minnesang ist Aufführungskunst, die Lieder waren die „Schlager" ihrer Zeit und dienten der Unterhaltung eines höfischen Publikums. Es ist davon auszugehen, dass viele Dichter zugleich Komponisten und Sänger waren und Texte und Melodien so aufeinander abstimmten, dass sie wirkungsvoll aufgeführt werden konnten. Einzelheiten der Aufführungsform entziehen sich unserer Kenntnis.

Die Instrumente des Minnesangs
Die häufige Darstellung von Instrumenten in den Miniaturen der Manessischen Liederhandschrift weist darauf, dass den Malern die instrumentale Begleitung der Lieder selbstverständlich erschien. Genaue Hinweise auf die Aufführungspraxis lassen sich jedoch nicht daraus gewinnen, denn sowohl

leise Begleitinstrumente wie Fiedel, Harfe und Psalterium als auch laute Signalinstrumente wie Jagdhorn, Sackpfeife und Trommel werden abgebildet. Auffällig ist das Fehlen der Lauteninstrumente, die trotz ihrer weiten Verbreitung in den Minaturen nicht erscheinen (Welker 1988, S. 123).

Es ist nicht bekannt, ob bei der Aufzeichnung der Lieder das Interesse der Sammler an den Texten überwog und damit ein Schritt zur Leselyrik vollzogen wurde oder ob die Melodien grundsätzlich anders als in handschriftlichen Aufzeichnungen tradiert wurden. Jedenfalls sind die Melodien der Minnelieder weder überliefert noch rekonstruierbar. Die älteren Melodieaufzeichnungen sind in so genannten Neumen gefasst, die zwar den Melodieverlauf andeuten, aber keinen Aufschluss über die Tonhöhen geben. Es ist wahrscheinlich, dass einige Melodien Kontrafakturen zu Troubadourgesängen oder geistlichen Liedern waren, jedoch fehlen hier genaue Informationen.

Melodien

Den heutigen Rezipienten ist der Aufführungscharakter des Minnesangs nicht nahe, denn die Texte sind als „Leselyrik" überliefert. Ob die Texte schon zu ihrer Entstehungszeit parallel zu den Aufführungen als Lesestoff dienten, ist nicht genau überliefert, aber wahrscheinlich. Der Unterschied zwischen Aufführungs- und Leselyrik liegt in der differenten Form der Interpretationsbasis. Die Aufführung übersteigt die Möglichkeiten des geschriebenen Textes, denn Prosodie, Positur, Mimik und Gestik sind Darstellungsebenen, auf denen Textaussagen Eindeutigkeiten unterlegt werden können, die der geschriebene Text nicht nahe legt oder die ihm sogar entgegenstehen. Auf der anderen Seite eröffnen die Lieder als Leselyrik Möglichkeiten der Interpretation, die die Performanz aufgrund ihrer Komplexität verdeckt. Der gelesene Text kann mit anderen verglichen und unter Einbeziehung seiner Struktur interpretiert werden. Der Interpret unterliegt nicht der Flüchtigkeit des gesungenen Wortes und hat damit Gelegenheit zu umfassender Forschung und Einordnung.

Minnesang als Leselyrik

2. Quellen des Minnesangs

Es gibt keine Autographen zum Minnesang, nur eine Vielzahl von Handschriften, in denen Lieder überliefert sind. Neben Liedersammlungen, in die ausdrücklich Minnesang aufgenommen ist, stehen Sammlungen, in denen Lieder aller Art und darunter Minnesang repräsentiert sind. Zudem gibt es Streuüberlieferungen, Sammlungen, die unterschiedliche Textsorten umfassen. Auch zu ihnen können Minnelieder gehören.

Die umfangreichsten Quellen für den Minnesang sind die Kleine Heidelberger Liederhandschrift (A), die Weingartner oder Stuttgarter Liederhandschrift (B) und die Große Heidelberger oder auch Manessische Liederhandschrift (C), die alle drei um 1300 entstanden und als Lyriksammlungen angelegt sind. Neben Minnesang enthalten sie auch Sangsprüche. Keine der drei Handschriften enthält Melodien. Die drei großen Sammelhandschriften, die für einige Lieder die einzige Quelle sind, stammen aus dem südwestlichen alemannischen Raum. Daraus können aber nicht ohne Weiteres Schlüsse über die Verbreitung des Minnesangs gezogen werden, denn vieles deutet darauf hin, dass auch und gerade an den Höfen Mitteldeutschlands der höfi-

Die Hauptquellen des Minnesangs

sche Sang etabliert war. Die Sammlungen spiegeln das Sammelinteresse der Auftraggeber und sie dokumentieren, welche Lieder ihnen zugänglich waren.

Die Manessische Liederhandschrift (C)

Die Große Heidelberger oder Manessische Liederhandschrift ist die bedeutendste und größte Liedersammlung des Mittelalters. Sie wird jetzt mit der Signatur cod. pal. germ. 848 in der Heidelberger Universitätsbibliothek aufbewahrt und gilt als Prunkstück der dortigen Handschriftensammlung. Um 1300 haben der Züricher Adlige Rüdiger Manesse und sein Sohn Johannes die Handschrift anlegen lassen. Dies lässt sich den Strophen des Sängers Johann von Hadlaub entnehmen, der das Loblied derer von Manesse singt, eben weil sie sich um die Sammlung des „Gesangs, mit dem man das Lob schöner Frauen mehren kann", verdient gemacht haben. Ihnen sei zu verdanken, dass diese Lieder nicht untergehen. Mit diesem Hinweis wird ein wesentlicher Aspekt des Sammelinteresses angesprochen, denn offenkundig ist die Tatsache, dass die Lieder nicht mehr aktuell und allgemein bekannt sind, Anlass, sie aufzuschreiben und zu erhalten. Die Lieder der Sammlung werden von Hadlaub als *meistersanc* und nicht als Minnesang bezeichnet, er sieht sie also als Produkte von bestimmten Autoren an und hat keine Gattungsaspekte im Blick. Der Prachtkodex enthält entsprechend auf 426 Blättern Lieder von 140 namentlich genannten Dichtern, denen jeweils eine ganzseitige aufwändig gestaltete Miniatur gewidmet ist.

Die Manessische Liederhandschrift als Kunstwerk

Die Manessische Liederhandschrift ist als Sammel- und Kunstwerk angelegt. Bis 1340 wurden Nachträge hinzugefügt, was darauf schließen lässt, dass möglichst viele Lieder zusammengebracht werden sollten. Die Prunkhandschrift geht durch verschiedene Hände und Mitte des 17. Jahrhunderts taucht sie im Katalog der Dupuy'schen Bibliothek in Paris wieder auf, ohne dass ihr Weg dorthin genau verfolgt werden könnte. In den achtziger Jahren des 19. Jahrhunderts beginnen Bemühungen um eine Rückholung der Handschrift, die mittlerweile als erstrangiges Dokument deutscher Dichtkunst gilt. Die Abwicklung des Geschäfts übernimmt der Buchhändler Karl Ignatz Trübner, es müssen 400 000 Mark aufgewendet werden, bis 1888 die Handschrift unter großer Anteilnahme der Bevölkerung nach Heidelberg gebracht werden kann.

Die Weingartner oder Stuttgarter Liederhandschrift (B)

Die Weingartner oder Stuttgarter Liederhandschrift (B) gehört zum Bestand der Württembergischen Landesbibliothek unter der Signatur HB XIII poetae germanici 1. Sie ist um 1300 im Bodenseeraum, möglicherweise in Konstanz, entstanden. Auf 158 Blättern enthält sie neben 25 Strophensammlungen, die Dichtern zugeschrieben werden, sechs Sammlungen ohne Verfasserhinweis und 25 meist ganzseitige Miniaturen. Des Weiteren ist eine Minnelehre in die Sammlung aufgenommen, als deren Verfasser Johann von Konstanz angenommen wird. Die meisten Liedstrophen der Sammlung sind Walther von der Vogelweide (112) und Reinmar (122) zugeschlagen. Die Handschrift macht einen unfertigen Eindruck, denn der erste Teil, der die Miniaturen einschließt, ist sorgfältig ausgearbeitet, die beiden darauf folgenden Teile lassen Platz für Miniaturen und die Initialen sind deutlich sparsamer gestaltet oder fehlen ganz.

Die Kleine Heidelberger Handschrift (A)

Die Kleine Heidelberger Liederhandschrift (A) befindet sich wie die Manessische Liederhandschrift in der Universitätsbibliothek Heidelberg und hat die Signatur cod. pal. germ. 357. Sie ist um 1275/80 im Elsass entstanden und enthält 45 Pergamentblätter, auf denen Lieder von 34 namentlich genannten Dichtern erfasst sind. In ihr werden ungefähr 800 Strophen überliefert, von denen die meisten, nämlich 151, von Walther von der Vogelweide stammen. In einem Nachtrag stehen 59 Strophen ohne Verfasserhinweis. Die Texte sind fortlaufend geschrieben und durch Initialen gegliedert, offensichtlich war man daran interessiert, den Platz auf dem teuren Pergament optimal auszunutzen. Auf Bildschmuck ist in der Kleinen Heidelberger Handschrift völlig verzichtet worden.

Die Jenaer Liederhandschrift (J = EL f. 101, Thüringer Universitäts- und Landesbibliothek) enthält auch Melodien, allerdings nicht für die in ihr überlieferten Minnelieder, sondern für einige Sangsprüche. Weitere Liedersammlungen, in denen neben späteren Liedern auch Minnesang bezeugt ist, stammen aus dem 14. und 15. Jahrhundert. Zu nennen sind die Haager Liederhandschrift (s = 128 E 2, königliche Bibliothek Haag), die Weimarer Liederhandschrift (F = Zentralbibliothek der deutschen Klassik quart. 564, Weimar), die Kolmarer Liederhandschrift (K = cgm. 4997, Bayrische Staatsbibliothek) und die Berliner Liederhandschrift (x = Ms. germ. 2^0 922, Berliner Staatsbibliothek).

Kleinere Liedersammlungen

3. Überlieferungsprobleme

Die Autorenzuschreibungen in den Überlieferungsquellen sind nicht immer eindeutig, so kommt es vor, dass bestimmte Lieder in unterschiedlichen Sammlungen verschiedenen Autoren zugeschlagen werden. Andere Lieder sind in manchen Quellen mit Autornamen und in anderen anonym überliefert. Dies kann verschiedene Gründe haben. Das Sammelinteresse folgt der Intention des Bewahrens, zeigt also an, dass das Gesammelte mehr der Vergangenheit als dem Alltäglichen zugerechnet wird und konserviert werden soll. Zwischen der Entstehungszeit der Lieder und ihrer Aufzeichnung kann eine lange Zeit der mündlichen Tradierung liegen, in der Autorenzuschreibungen unsicher geworden sind. Es ist wahrscheinlich, dass Minnelieder, insbesondere wenn sie beliebt waren, von verschiedenen Sängern vorgetragen worden sind. Ein Lied zu singen heißt immer auch, es sich anzueignen. Das aber eröffnet die Möglichkeit, dass Lieder nicht unter dem Namen ihrer Autoren, sondern unter dem Namen von Interpreten, die mit den Liedern bekannt waren, aufgezeichnet worden sind. Je bekannter und beliebter ein Lied ist, desto größer ist die Wahrscheinlichkeit, dass es als Allgemeingut angesehen wird und der Autor nicht mehr auszumachen ist. Beispiele dafür sind die so genannten Volkslieder oder die Schlager unserer Tage, die in der Regel den Sängern und nicht den Textern zugerechnet werden.

Autorenzuschreibungen

Unsicherheiten gibt es ebenfalls in den überlieferten Texten selbst. Oft schwanken die Zahl und die Reihenfolge der Strophen eines Liedes. Manche Strophen sind je nach Quelle verschiedenen Liedern zugeschlagen und auch die Texte einer Strophe können deutlich variieren. Ob die ursprünglichen Verfasser der Lieder Änderungen selbst vorgenommen haben, um sie im Laufe der Zeit neuen Gegebenheiten anzupassen, ob spätere Interpreten in die Texte eingegriffen haben, um sie in ihr Repertoire einzubinden, oder ob sie in der Zeit zwischen mündlicher Tradierung und Aufzeichnung zer-

Variantenbildung

sungen worden sind, lässt sich nicht entscheiden. Jedes Lied, das über einen längeren Zeitraum hinweg und von verschiedenen Interpreten gesungen wird, unterliegt bewussten und unbewussten Prozessen des Zersingens, insbesondere dann, wenn es sich großer Beliebtheit erfreut. Nicht jeder erinnert sich immer genau an den Wortlaut und behilft sich gegebenenfalls mit Improvisationen. Strophenfolgen werden vertauscht, Strophen und Verse werden hinzugedichtet oder weggelassen, Reime werden geändert. Die Lieder werden aktuellen Situationen, verschiedenen Regionen, gewandeltem Verständnis oder geändertem Sprachgebrauch angepasst.

Die Sammlungen geben die Lieder in Momentaufnahmen wieder. Es werden die Varianten verschriftlicht, die den Sammlern oder Schreibern bekannt sind und die ihnen als Originale gelten. So kann es vorkommen, dass Lieder in den verschiedenen Überlieferungen deutliche Differenzen aufweisen, obwohl sie denselben Ursprung haben. Zu Beginn der Minnesangforschung richtete sich das Interesse auf das mögliche „Original", das allen Varianten zugrunde liegt, und es wurden Versuche unternommen, eine diesem Original nahe kommende Fassung zu rekonstruieren. Es ist jedoch bedenkenswert, ob nicht verschiedene Formen, in denen ein Lied aufgeführt und weitergegeben wird, als gleichwertig zu betrachten sind.

II. Minnesangrezeption und Minnesangforschung

1. Minnesangrezeption im 18. und 19. Jahrhundert

Die Zeit des uns überlieferten Minnesangs beginnt in der Mitte des 12. Jahrhunderts und endet mit dem ausgehenden 13. Jahrhundert. Die Lieder des Mönchs von Salzburg und Oswalds von Wolkenstein markieren das Ende dieser hochartifiziellen literarischen und musikalischen Produktion höfischen Sangs. In spätmittelalterlichen Liederbüchern wird die Minnethematik zwar aufgegriffen, aber viele der Lieder weisen Übergängigkeiten zur allgemeinen Liebeslyrik auf. Ab dem 14. Jahrhundert setzt eine Biographisierung und Mythisierung des Typus Minnesänger ein. Weil der Minnesänger fremd geworden ist und einer vergangenen Epoche angehört, hält er als Protagonist Einzug in literarische Werke und bestimmt künftig das Mittelalterbild mit. Die Minnesängerballaden (Moringer-, Tannhäuser-, Bremberger-Ballade) geben davon ein anschauliches Zeugnis (Rüther 2007). Auch die großen Sammelhandschriften, in denen die uns bekannten Minnelieder überliefert sind, zeigen das Ende des Minnesangs an. Sie sind entstanden, um Lieder, die offensichtlich nicht mehr aktuell waren, der Nachwelt als Beispiele hoher Dichtkunst zu bewahren und können deshalb als rezeptionsgeschichtliche Dokumente gewertet werden.

Zu Beginn des 17. Jahrhunderts entdeckt und bearbeitet Melchior Haiminsfeld Goldast (1578–1635) die Manessische Liederhandschrift. Er veröffentlicht einige Strophen Walthers von der Vogelweide, den er für einen hervorragenden Sittenwächter und politischen Dichter mit reformatorischem Geist hält, der sich in seinen Sangsprüchen schon vor Luther gegen die Tyrannei der Römischen Kirche gewehrt habe. Goldast nimmt den Minnesang als literarische Form in den Blick. Wie viele seiner Zeitgenossen verfolgt er das Ziel, die deutsche Sprache gegenüber der lateinischen zu profilieren. Friedrich Taubmann (1565–1613) und Martin Opitz (1597–1639) greifen seine Veröffentlichungen auf und weisen den Minnesang als Zeugnis deutscher Sprachkunst aus. Wenngleich das Interesse am Minnesang mäßig bleibt, sorgen diese Publikationen doch dafür, dass die Manessische Liederhandschrift auch über den Dreißigjährigen Krieg hinweg nicht ganz in Vergessenheit gerät (Weil 1991, 57 ff.).

Im 18. Jahrhundert gelangt die Literatur des Mittelalters und damit der Minnesang zu neuer Aktualität. In den Jahren 1758/59 veröffentlichen Johann Jacob Bodmer (1698–1783) und Johann Jacob Breitinger (1701–1776) in Zürich eine zweibändige „Sammlung von Minnesingern aus dem schwaebischen Zeitpuncte, CXL Dichter enthaltend", in der die Lieder der Manessischen Liederhandschrift abgedruckt werden. Es liegt in der Zeit, Zivilisationskritik zu üben und Natürlichkeit zu suchen. Die Ursprünglichkeit natürlichen Lebens glaubt man entweder bei den „edlen Wilden" in fernen, neu entdeckten Ländern oder in der Vergangenheit, vornehmlich in der Antike oder im Mittelalter zu finden. Bodmer deutet die Minnelieder als Überreste eines Goldenen Schweizer Heldenzeitalters, in denen die Einfachheit, Sittenreinheit, Geradlinigkeit und Wahrhaftigkeit der Vorfahren zum Ausdruck kommt (Debrunner 1996, 19). Die Einfalt der Gedichte gilt ihm als deutliches Zeichen ihrer Ursprünglichkeit. Es scheint ihm fraglos, Minnelieder als subjektive Erlebnislyrik zu deuten, als Sprache des Herzens und Offenbarung wahrer Gefühle. Mit der Veröffentlichung der Sammlung verfolgen Bodmer und Breitinger erzieherische Zwecke, denn sie wollen zum Nachahmen und Nachempfinden der mittelalterlichen Sänger anregen, damit der Geist ursprünglicher Natürlichkeit wieder neu belebt werden möge. Bodmer geht beispielhaft voran, er gründet einen Hainbund, einen Sängerorden, der zum Vorbild des Göttinger Hainbundes wird. Ziel dieser Vereinigung ist es, die Dichtung der Alten produktiv zu rezipieren und die Gefühle der Lieder nachzuleben, um sie in die Gegenwart zurückzuholen. Mit solchen Vereinigungen wird dem späteren Germanenkult der Boden bereitet und die Hochschätzung von Gesang als Wegbereiter der Volkeserneuerung zeichnet sich ab. Minnesang wird zur leichteren Verständlichkeit übersetzt und in eigenen Dichtungen adaptiert (Koller 1992, 20ff.) Man möchte die glanzvolle literarische Vergangenheit einem breiten Publikum nahe bringen und ihm so die Grundsätze von Ehre, Tapferkeit und Liebe aufzeigen, aus denen ein Nutzen für die Gegenwart gezogen werden kann. Durch Rückbesinnung sollen ein positives Geschichtsbewusstsein und ein neues Selbstbewusstsein gewonnen werden. Die Hinwendung zur Dichtung der Vergangenheit soll der Gegenwart einen Sinn und der Zukunft eine neue Richtung geben. Nicht alle Minnelieder sind für solche Zwecke geeignet und daher finden Strophen von „geringem Wert" ebenso wie moralisch bedenkliche Strophen keinen Eingang in die Sammlungen. Damit ist der Weg für eine selektive Rezeption mittelalterlicher Literatur geebnet.

Rezeption in der Romantik   Die romantische Bewegung vereinnahmt Minnesang auf ähnliche Weise für ihre retrospektive Utopie. Romantik als Gegenbewegung zur Aufklärung richtet sich gegen das Rationalitäts- und Fortschrittsprinzip, gegen die Überbetonung der Vernunft, gegen die Heraushebung antiker Literatur, gegen die Formstrenge der Klassik. Herder lehnt die Vorstellungen einer abstrakten Vernunft ab, denn mit ihr seien zwar kausale Vorgänge vorhersehbar, aber die schöpferischen Vorgänge und die Bewegtheit des Lebens könnten mit ihr nicht erfasst werden (Safranski 2008, 20ff.). Herder und mit ihm andere Autoren der Romantik ringen um eine natürliche, unverbildete Sprache, mit der die Zersplitterung des Lebens aufgehoben werden kann. Bei der Suche nach Empfindung, Innerlichkeit und Naturverbundenheit wendet man sich der eigenen Kultur und Geschichte in mystischen Deutungsformen zu. Das Mittelalter erweist sich als geeignete Projektionsfläche romantischer Sehnsüchte nach Wahrhaftigkeit und Identität. Es wird als Inbegriff einer ursprünglichen, ganzheitlich geordneten Welt jenseits von Gewinnstreben und Nützlichkeitsdenken gedeutet. Wilhelm Heinrich Wackenroder und Ludwig Tieck entdecken 1793 auf ihrer Reise durch Franken im Nürnberg Dürers und der Meistersänger jene verzauberte Welt, nach der sie suchen und stilisieren sie zum Inbegriff altdeutscher Romantik, zu der auch Liedkunst gehört. Ludwig Tieck veröffentlicht 1803 seine Sammlung „Minnelieder aus dem Schwäbischen Zeitalter" nach der Vorlage von Bodmer und Breitinger. Er überträgt 220 Minnelieder in eine verständliche sprachliche Gestalt, lässt weg, was „nur die Gelehrten interessiert" (Jördens 1808, 609) und dem allgemeinen Charakter der Lieder entgegensteht. Er bewahrt Texttreue nur, indem er die Versform unangetastet lässt, um den poetischen Gehalt nicht zu mindern, ein Verfahren, das sich langfristig durchsetzt. Auch Tieck verfolgt das pädagogische Ziel, auf seine Leser einzuwirken, indem er ihnen Denken und Fühlen der Minnesänger nahe bringt.

Durch Nachdenken und Nachempfinden der poetischen Texte der Vergangenheit sollen das Leben und die Gesellschaft poetisch werden, literarisiert werden, wie Friedrich Schlegel schließlich fordert. Die Hinwendung zur Dichtkunst vergangener Zeiten soll so der Verbesserung gegenwärtiger Lebensumstände dienlich sein. Textverstehen ist aus dieser Sicht eine Form intuitiver Identifikation, mit der sich der Leser das Fühlen und Denken des Autors aneignet, wie die zeitgenössischen Theorien der Hermeneutik darlegen. Lesen und Leben werden zusammen gedacht, Literatur ist aufgeschriebenes Leben und kann Maßgabe für das Leben des Lesers sein. Man lebt, was man gelesen hat, versucht, sich in Gedichten wiederzufinden und interessiert sich brennend für das Leben der Autoren, für ihre Gefühle und die Ereignisse, die Anlass des Werkes waren.

Dichtkunst und Leben

Mit dem allmählichen Zusammenbruch des Heiligen Römischen Reiches gelangen das Mittelalter und die mittelhochdeutsche Literatur in einer weiteren Hinsicht zu Bedeutung. Angesichts der französischen Übermacht besinnt man sich in den Jahrzehnten um 1800 zunehmend auf Traditionen, die zur Stiftung einer neuen nationalen Identität geeignet scheinen. Die Germanen als gedachter Ursprung eines einheitlichen deutschen Volkes werden zum Referenzpunkt nationaler Mythenstiftung und zur Legitimation einer nationalen Einheit der Deutschen. Die Suche nach gemeinsamer Abstammung, Kultur und Sprache steigert das Interesse am germanischen Altertum und an den „Sprachaltertümern", den Zeugnissen mittelhochdeutscher Literatur. Das Mittelalter, insbesondere die Stauferzeit, wird verklärt zum goldenen Zeitalter, in dem die ersehnte Einheit der Deutschen schon einmal verwirklicht war. Die Dichtkunst dieser Zeit und das Beispiel ihrer großen Dichter scheinen geeignet, ein gemeinsames nationales Bewusstsein des deutschen Volkes befördern zu können. Die Literatur der Vergangenheit soll die Empfindungsweise des Volkes veredeln, um eine moralische und politische Erneuerung in der Gegenwart zu bewirken. Das Lied wird Wegbereiter für das einheitliche Deutsche Vaterland, denn in ihm, so deutet man, drücke sich das unverfälschte nationale Empfinden aus und werde gefühlswirksam erlebbar. Bei Sängerfesten und Liederfesten im mittelalterlichen Ambiente soll Historisches nachempfunden und zukunftsweisend wirksam werden. Die massenhaft entstehenden Gesangvereine, Liedertafeln und Männerchöre sind Teil der politischen Bewegung für ein vereinigtes Deutschland, sie verstehen sich als Bindeglied zwischen Alltag und Politik. Im gemeinschaftstiftenden Chorgesang echtes Deutschtum zu verbreiten ist eine volkserzieherische Aufgabe. Zum Repertoire gehören alte und neue Volkslieder, die ihren Namen weniger aufgrund der Tradierung als vielmehr wegen ihrer Affinität zum Volksempfinden tragen. Die Liebe zum Gesang und die bedingungslose Treue, die beispielhaft dem Nibelungenlied zu entnehmen ist, gelten ebenso wie die Tu-

Rezeption im Nationalismus

gendhaftigkeit und Schönheit der Frauen als signifikante Merkmale des deutschen Nationalcharakters. Da mit dem Minnesang edle Ritter, deren vordringliche Eigenschaft die Treue ist, um tugendhafte Frauen werben, ohne dass diese von ihrer Tugend abrücken, avancieren Minnelieder zum Ausdruck deutschen Wesens par excellence. Walther von der Vogelweide gilt als Vorkämpfer für eine deutsche Einheit und Ahnherr aller deutschen politischen Dichtung. Sein Werk, das Sangspruch und Minnelyrik umfasst, deutet man als Zeugnis politischen Engagements und hoher moralischer Gesinnung. Der mittelalterliche Sänger ist ein deutscher Held.

Sammler und Herausgeber

Da die Hinwendung zu den literarischen Überlieferungen ideologisch motiviert ist, beteiligen sich vor allen Dingen begeisterte Dilettanten an der Sammeltätigkeit und Herausgabe der Werke. Juristen, Pfarrer, Ärzte und Archivare gründen Vereine und Zeitschriften, in denen mittelhochdeutsche Literatur Verbreitung findet. Als sich zu Beginn des 19. Jahrhunderts Germanistik als akademische Fachrichtung etabliert, unterscheidet sich die Arbeit der Wissenschaftler kaum von der der Laien. Auch sie sammeln und erfassen die literarischen Quellen. Erst allmählich setzt eine wissenschaftliche Auseinandersetzung mit mittelhochdeutschen Texten und damit auch mit dem Minnesang ein. Die wissenschaftlich arbeitenden Germanisten betrachten die mittelalterlichen Sprachdenkmäler als Überreste eines rekonstruktionsbedürftigen Sprachstandes und erstellen Standards für Editionstechniken. Trotz dieses Professionalisierungsschubs herrscht weiterhin Konsens über die Bedeutung der Texte für das nationale Selbstbewusstsein und deren erzieherische Funktion. Die Anfänge der Minnesangforschung haben deutliche ideologische Ausrichtungen.

Nachwirkungen der frühen Minnesangrezeption und Minnesangforschung

Die Rezeptionsgeschichte des Minnesangs und die ideologische Prägung der frühen Minnesangforschung haben ein idealtypisches Minnesangbild geprägt, das in populären Abhandlungen, Schulbüchern und sogar in manchen Literaturlexika bis heute tradiert wird. Die nationale Hochschätzung Walthers von der Vogelweide führt zu einer Epocheneinteilung des Minnesangs, bei der er den Höhepunkt markiert. Alle anderen Dichter werden an Walther gemessen und sämtliche Minnelieder werden auf sein Werk hin interpretiert, so dass schließlich frühere Lieder als hinführend, spätere als epigonal klassifiziert werden.

Konzentration auf die Hohe Minne

Das unermüdliche, vergebliche Werben des Ritters um eine unerreichbare Dame, die ihn nicht erhören wird, gilt als Prototyp des Minneliedes. Die Reduzierung auf entsagungsvolle Minneklagen und unerfüllte Liebe verstellt den Blick für die Themenvielfalt des Minnesangs und bereitet Probleme bei der Einordnung der Lieder, die sich dieser Kategorisierung entziehen. Tagelieder, die die Trennung des Paares nach gemeinsam verbrachter Nacht thematisieren, werden als Sonderfall klassifiziert und führen zu der Annahme, es handle sich um Ehebruchslyrik. Lieder mit erotischen Anspielungen, die sich auch bei Walther von der Vogelweide finden, werden als Beleg für die Überwindung des höfischen Minnekonzepts gedeutet. Die „ebene Minne", die erfüllte Liebe beider Partner, und die „niedere Minne" mit deutlichen sexuellen Bezügen zeigen bei dieser Interpretationsweise das Ende des Minnesangs an.

Konzentration auf den Autor

Das Interesse am Autor und seinen Lebensumständen ist einerseits dem romantischen Streben bestmöglichen Nachempfindens von Literatur geschuldet und greift andererseits den Geniegedanken des Sturm und Drang auf. Der Dichter als Gestalter wahrer Kunst wird ebenso wichtig wie sein Werk. Aus der frühen nationalen Perspektive sind Informationen über die Person und ihr Umfeld wesentlich, weil die Vorbildhaftigkeit Anlass zur Nachahmung werden soll. Es ist also naheliegend, dass in der frühen Rezeption und Erforschung des Minnesangs die Fragen nach der Person des Autors und nach dem konkreten Anlass der Dichtung ins Zentrum des Interesses rücken. Dabei werden die Personalunion von Dichter und Sänger und die Identifizierbarkeit der *vrouwe* in den Liedern ebenso selbstverständlich unterstellt wie die Auffassung, dass Minnesang Erlebnislyrik sein müsse. Es kommt in Mode, Biographien von Minnesängern zu verfassen, denen (zum Teil abenteuerliche) Deutungen von Liedtexten zugrunde liegen. Minnesangrezeption und -forschung werden damit in eine Richtung gelenkt, die lange prägend bleibt und bis heute ihre Spuren hinterlassen hat. Der Zwang, Autor und Liedanlass zu bestimmen, ist selbst in neueren Artikeln und Abhandlungen durchaus verbreitet, insbesondere dann, wenn es sich nicht um ausgewiesene mediävistische Sekundärliteratur handelt.

2. Die Lachmannschule

Karl Lachmann (1793–1851), der 1827 auf eine Professur für lateinische und deutsche Philologie an die Universität Berlin berufen wurde, begründete eine historisch-kritische Editionspraxis für mittelhochdeutsche Texte. Vorarbeiten dazu hatten Georg Friedrich Benecke (1762–1844) und Jacob Grimm (1775–1863) geleistet. Lachmanns Methode stützt sich in weiten Teilen auf die Grundzüge der Bearbeitung klassischer lateinischer und griechischer Texte und die Bibelkritik der Aufklärung. Es ist eine Methode der Rekonstruktionsphilologie, mit der die ursprüngliche Form des Textes so weit wie möglich wiederhergestellt werden soll.

Karl Lachmann

Grundidee dieser Methode ist die Annahme, dass es einen Archetypus des Textes gibt, ein Original, das auf den Autor zurückgeht. Die verschiedenen überlieferten Varianten der Lieder werden folgendermaßen erklärt: Durch vielfaches Abschreiben haben sich immer mehr Fehler in die Überlieferung eingeschlichen. Die Schreiber haben Buchstaben, Wörter oder ganze Zeilen falsch übernommen, weggelassen oder hinzugefügt. Sie haben Texte nicht richtig verstanden, einfacher gefasst oder ihrem eigenen Sprachstand angeglichen. Durch Fehler verschiedener Schreiber sind unterschiedliche Varianten des Textes entstanden und tradiert worden.

Vom Archetypus zur Variantenbildung

Es ist die Aufgabe des Philologen, den Archetypus oder zumindest einen Text, der dem Original möglichst nahe kommt, zu rekonstruieren. Dazu werden alle verfügbaren Überlieferungen gesichtet (*recensio*) und verglichen (*examinatio*). Danach werden die Texte nach ihrem Alter und der Art der in ihnen erkennbaren „Fehler" in Gruppen geordnet. Man geht davon aus, dass die ältesten Texte dem Original am nächsten stehen und die wenigsten „Fehler" aufweisen. Zudem wird angenommen, dass die Texte im Laufe der Zeit immer stärker vereinfacht wurden, so dass schwierigere Lesarten als wahrscheinlicher gelten. Hat man alle Handschriften verglichen, werden sie in ein Stemma, einen Stammbaum, gebracht. An der Spitze steht der ver-

Rekonstruktion des Archetypus

mutete Archetypus. Die Texte, die dem Original am nächsten stehen, werden darunter angeordnet. Darunter wiederum werden die Texte aufgeführt, die vermutlich aus den Texten der zweiten Reihe hervorgegangen sind usw. Aus dem Stemma kann man ersehen, in welchen Abhängigkeitsverhältnissen die Überlieferungen stehen, welche Texte also voneinander abgeschrieben wurden. Weist eine Überlieferung Ähnlichkeiten zu mehreren anderen Handschriften auf, so spricht man von Kontamination und unterstellt, dass der Schreiber mehrere Vorlagen benutzt habe. Die Quelle, die dem Original besonders nahe zu stehen scheint, wird nun als Ausgangspunkt der Edition genommen. Der Editor ist gefordert, aus ihr den Archetypus so weit wie möglich zu rekonstruieren, indem er „Fehler" korrigiert (*emendatio*). Stellen, die nicht in das Umfeld oder in die Struktur des Textes passen, werden verbessert. Fehlende Textstellen werden durch Konjekturen ergänzt, die dem Bearbeiter sinnvoll und passend erscheinen. Textteile, die aufgrund ihrer sprachlichen Fassung oder ihres zweifelhaften Inhalts völlig unpassend scheinen, werden gestrichen. Das Vorgehen des Editors wird in einem textkritischen Apparat dokumentiert. Dort werden die verschiedenen „Lesarten", die Varianten in den Handschriften, wiedergegeben und Eingriffe in den Text erläutert.

Diese Form der Textkritik, bei der ein dem Original nahe stehender Text intendiert ist, wird der divergierenden Überlieferung nicht gerecht. Varianten sind bestenfalls aus den Anmerkungen rekonstruierbar und der abgedruckte Text ist möglicherweise eine Schöpfung des Editors, ein Querschnitt überlieferter Varianten.

Unechtheits-
erklärungen

Ein Problem, das bis heute nachfolgenden Editionen anhaftet, sind die so genannten Unechtheitserklärungen. Textpassagen, Strophen oder ganze Lieder, die mit den moralischen Grundsätzen der Zeit nicht vereinbar sind, werden nicht in die Sammlungen aufgenommen oder verschwinden bei wissenschaftlichen Editionen in den Fußnoten. Sie werden weniger bedeutenden Dichtern zugeschrieben oder als spätere Hinzufügungen von Schreibern oder Sammlern gedeutet, weil man sie für epigonale Verfallserscheinungen hält oder ihr Inhalt als zu derb oder zu erotisch empfunden wird. Das Bild, das man sich von den Minnesängern und ihren Anliegen macht, lässt Zweifel an ihrer moralischen Integrität nicht zu. Erotische Anspielungen und Albernheiten passen nicht zu den Vorstellungen reiner Gefühlsempfindung und heroischer Aufrichtigkeit. Insbesondere im Werk Walthers von der Vogelweide und Neidhardts werden viele Textstellen und Strophen mit Unechtheitserklärungen belegt.

Normalisierung

Eine weitere Besonderheit der Lachmannschen Editionsarbeit ist die „Normalisierung" mittelhochdeutscher Texte. Nationale Einheit legitimiert sich im 19. Jahrhundert nicht nur aus gemeinsamer Abstammung und gemeinsamer Kultur, sondern auch aus gemeinsamer Sprache. Daher scheint es den Philologen dieser Zeit selbstverständlich, dass es im Mittelalter eine verbindliche höfische Schreibsprache gegeben haben müsse. Um diese wiederherzustellen, werden bei der Edition die variantenreichen mittelhochdeutschen Originalschreibformen vereinheitlicht, das heißt, in eine künstliche Sprachform gebracht, die als Normalmittelhochdeutsch bezeichnet wird. Bis heute ist ein großer Teil der verfügbaren Ausgaben mittelhochdeutscher Texte „normalisiert".

3. Neue Editionsprinzipien

Die textkritische Methode Lachmanns ist von Anfang an nicht ohne Kritik geblieben, hat sich aber bis weit ins 20. Jahrhundert durchgesetzt, obwohl Joseph Bédier schon 1928 massive Einwände erhob (Bédier 1928). Erst in den sechziger Jahren des 20. Jahrhunderts setzte sich, angeregt durch Karl Stackmann, das Prinzip der Edition nach Leithandschriften durch. Dabei wählt der Editor eine Handschrift aus, die ihm besonders geeignet erscheint. Dieser Leithandschrift folgt er weitgehend und nur an Stellen, die fehlen, verderbt oder unklar sind, werden andere Handschriften hinzugezogen. Alle Eingriffe in den Text und alle Varianten aus anderen Handschriften werden im Anmerkungsapparat verzeichnet. Die möglichst getreue Wiedergabe des Textes aus einer Handschrift, die im extremen Fall einem diplomatischen Abdruck nahezu gleichkommt, lenkt den Blick nur auf eine Variante.

Editionen nach Leithandschriften

Mit der überlieferungsgeschichtlichen Methode der Edition werden alle Varianten gleichermaßen zugänglich. Wenn Texte in sehr unterschiedlichen Fassungen überliefert sind, werden nach dem Prinzip der Leithandschrift von allen Fassungen textkritische Editionen erstellt und parallel abgedruckt. Solche Mehrtext-Editionen sind in Buchfassungen oft nur schwer handhabbar, daher bietet sich eine elektronische Darstellung an.

Überlieferungsgeschichtliche Methode

Unter dem Schlagwort „New Philology" hat sich in den 1990er Jahren, angeregt durch die Konstruktivismus-Diskussion in Frankreich und in den USA, ein Paradigmenwechsel der Editionsphilologie vollzogen, der die Lachmannschen Editionsprinzipien vollends verabschiedet hat. Die Suche nach einem Archetypus gilt als obsolet, denn die Variantenbildung wird bei diesem Ansatz nicht als Verfallserscheinung gedeutet, sondern als Zeugnis der kreativen Aneignung von Texten.

New Philology

Da die mittelalterlichen Texte nicht als Lesetexte geschrieben, sondern mündlich tradiert wurden, können die Kategorien Text und Autor nicht ohne Weiteres auf sie angewendet werden. Sie werden immer wieder verändert, aktualisiert oder adaptiert und gewinnen durch Performanz ihre jeweilige eigene Gestalt. Jede überlieferte Variante ist damit gleichermaßen authentisch, weil verschiedene schriftliche Überlieferungen sich auf unterschiedliche Aufführungssituationen beziehen. Die Varianten spiegeln die prinzipielle Unfestigkeit der Texte, die unter dem Begriff Mouvance gefasst wird.

Unfeste Texte

Radikale Positionen lehnen jede Form der Textkritik für mittelhochdeutsche Texte ab und gehen von einer beliebigen und regellosen Varianz aus, bei der das Autorprinzip völlig außer Acht gelassen wird (Cerquiglini 1989). Diese Auffassung ist jedoch zu Recht strittig, denn schon in den mittelalterlichen Texten selbst wird auf Autoren und deren Autorität verwiesen. Zudem ist die Variantenbildung in den unterschiedlichen Gattungen mittelhochdeutscher Literatur unterschiedlich stark ausgeprägt.

Radikale Ablehnung von Textkritik

Aus der wissenschaftlichen Auseinandersetzung mit dem Minnesang gehen im 19. Jahrhundert erste textkritische Editionen mit Textsammlungen oder Liedern einzelner Autoren hervor.

Minnesang-Editionen

Die umfassendste Sammlung von Minneliedern veröffentlicht 1838 Friedrich Heinrich von der Hagen. Die fünfbändige Ausgabe hat den Titel „Minnesinger. Deutsche Liederdichter des zwölften, dreizehnten und vierzehn-

von der Hagen

ten Jahrhunderts, aus allen bekannten Handschriften und früheren Drucken gesammelt und berichtigt, mit den Lesarten derselben, Geschichten des Lebens der Dichter und ihrer Werke, Sangweisen der Lieder, Reimverzeichnis der Anfänge und Abbildungen sämmtlicher Handschriften". Dass diese überlieferungsnahe, auf Vollständigkeit bedachte Sammlung, die mit zahlreichen Kommentierungen versehen ist, sich langfristig nicht als Standardwerk durchsetzen konnte, ist sicher sowohl dem geringen Ansehen geschuldet, das von der Hagen unter seinen Kollegen hatte, als auch dem außerordentlichen Umfang des Werkes (Brunner 2000, S. 33). Das Konzept von der Hagens war jedoch zukunftsweisend, denn er legte seiner Ausgabe Einzel- oder Leithandschriften zugrunde und nahm nur geringfügige Eingriffe in den Text vor.

Ausgaben der Lachmann-Schule

Deutlich größere Erfolge waren den Minnesang-Ausgaben der Berliner Schule vom Ende des 19. Jahrhunderts beschieden, die den Editionsprinzipien Karl Lachmanns folgten. Die heute gängigen Minnesang-Editionen gehen in weiten Teilen auf sie zurück. Bei den gründlichen Neubearbeitungen haben sich die Herausgeber zwar von den Editionsprinzipien Lachmanns verabschiedet und sich der Edition nach Leithandschrift zugewendet, aber dennoch werden in vielen Ausgaben Tradierungen ersichtlich. Indem die Titel und die Inhalte der frühen Editionen und die Zählungen der Lieder weitgehend übernommen werden, überliefert man indirekt mit diesen Zusammenstellungen formale und ästhetische Urteile der älteren Philologie, die durchaus diskutabel sind.

Minnesangs Frühling

Ein Beispiel dafür ist das Standardwerk für den Minnesang, „Des Minnesangs Frühling". Es geht auf eine Sammlung Karl Lachmanns zurück, die 1857 – nach seinem Tod – von Moritz Haupt herausgegeben wurde. Des Minnesangs Frühling enthält den Teil der Minnelieder, den Lachmann der Frühzeit des Minnesangs zugerechnet hat, weil er von einer strikten Entwicklung des Minnesangs vom Volkslied zum hochhöfischen Sang ausging. Bearbeitungen von Friedrich Vogt und Carl von Kraus folgten, ohne dass das Textkorpus maßgeblich in Zweifel gezogen wurde. Seit der 1977 erschienenen 36. Ausgabe von Helmut Tervooren und Hugo Moser liegt eine überlieferungsnahe Neuausgabe vor, die dem Prinzip der Leithandschrift folgt und bei der zugleich Eingriffe in die erste Abteilung der Edition vorgenommen wurden. Diese „moderat pietätvolle Lösung" (Haustein 2000, 30) kann letztlich nur ein erster Schritt zu einer grundlegenden Neubewertung sein.

Schweizer Minnesänger

Die Lieder der „Schweizer Minnesänger" wurden von Karl Bartsch 1886 nach den Kriterien der Lachmann-Schule ediert. Sein Ziel war es, die Texte aller mittelalterlichen Sänger der Region zu erfassen. Da sie vorwiegend der Spätzeit zugerechnet werden, handelt es sich um Lieder, die in „Des Minnesangs Frühling" nicht erfasst wurden. Die Ausgabe wurde 1990 von Max Schiendorfer gründlich bearbeitet.

Deutsche Liederdichter des 13. Jahrhunderts

Lieder der steirischen Minnesänger, die nicht in „Des Minnesangs Frühling" aufgenommen sind, hat Hugo Kuhn 1951 nach dem Manuskript von Carl von Kraus mit dem Titel „Deutsche Liederdichter des 13. Jahrhunderts" herausgegeben. 1978 erschien eine zweite von Gisela Kornrumpf durchgesehene Auflage. Eine überarbeitete Neufassung, die einem neueren Stand der Editionstechnik gerecht werden soll, liegt mit Wernfried Hofmeisters „Die steirischen Minnesänger" von 1987 vor. Die in diesen Ausgaben erfassten Texte ergänzen die Lieder aus „Des Minnesangs Frühling" und aus den „Schweizer Minnesängern".

Neben diesen drei großen Sammlungen gibt es Editionen zu einzelnen Sängern. Die Lieder Walthers von der Vogelweide hat Karl Lachmann 1827 gesondert ediert und damit eine Sammlung geschaffen, nach deren Anordnung und Zählung bis heute zitiert wird. Auch diese Sammlung wurde mehrfach überarbeitet und schließlich 1996 mit der Ausgabe von Christoph Cormeau neuen Anforderungen angepasst. Weitere Walther-Ausgaben wurden 1864 von Franz Pfeiffer und 1869 von Wilhelm Wilmanns ediert. Eine Alternative zu den tradierten Ausgaben hat Günther Schweikle 1994 veröffentlicht, er hat nicht auf die Edition Lachmanns, sondern unmittelbar auf die Handschriften zurückgegriffen.

Moritz Haupt hat 1858 die Lieder Neidharts, zu denen auch Melodien überliefert sind, zum ersten Mal kritisch ediert. Diese Ausgabe wurde 1928 von Edmund Wießner korrigiert und später von Hanns Fischer und Paul Sappler überarbeitet, Helmut Lomnitzer ergänzte einen Melodienanhang. Eine alternative Ausgabe von Siegfried Beyschlag und Horst Brunner, in die auch die „unechten" Lieder aufgenommen sind, wurde 1975 veröffentlicht. Mit der 2007 erschienenen dreibändigen Ausgabe von Ulrich Müller, Ingrid Bennewitz und Franz Victor Spechtler, die aus dem Salzburger Neidhart-Projekt hervorgegangen ist, wurde die gesamte Überlieferung zugänglich gemacht.

Da den Editionen des 19. und frühen 20. Jahrhunderts ein fest umrissenes Mittelalterbild und genaue Vorstellungen von Minnesängern und ihrem Wirken zugrunde liegen, haftet ihnen ein ideologischer Ballast an, der durch Überarbeitungen nur unvollständig beseitigt werden kann. Der Schritt aus der Tradierung heraus ist schwierig, weil den Arbeiten früherer Philologengenerationen sicher zu Recht Respekt und Anerkennung gezollt werden muss, aber es zeichnet sich ab, dass neue Textausgaben sich zunehmend von der Forschungsgeschichte lösen und den Ergebnissen aktueller Forschung Rechnung tragen. Hinzu kommen ungeahnte Möglichkeiten neuer Medien, die es erlauben, große Datenmengen handhabbar zu machen. Dass davon reger Gebrauch gemacht wird, zeigen die mediävistischen Seiten im Netz, die den direkten Zugriff auf Handschriften vereinfachen.

Walther von der Vogelweide

Neidhart

Überwindung der Forschungsgeschichte

4. Die Neubestimmung des Minnesangs seit den 1970er Jahren

Seit den siebziger Jahren des vergangenen Jahrhunderts sind nicht nur neue Editionsmaßstäbe gesetzt worden, die Diskussion um den Minnesang ist überhaupt einer Neubewertung unterzogen worden. Harsche Kritik an der traditionsbehafteten Minnesangforschung übt Eva Willms (Willms 1990). Ihr Buch gibt einen guten Überblick über Forschungskonstrukte, die bis Anfang der 1970er Jahre den Minnesang-Diskurs beherrschten.

Es wäre vermessen, den Anspruch zu erheben, in einer Einführung alle neuen Forschungsansätze darstellen und die entsprechende Literatur anführen zu wollen, zu umfassend sind die neu erschlossenen Forschungsfelder

Neubewertung

und zu groß ist die Zahl der Veröffentlichungen, die es verdienten, hier aufgenommen zu werden. Daher mögen einige wenige Hinweise genügen, von denen ausgehend weitere Literatur zu erschließen dem Leser anheim gestellt sei. Einen ersten Eindruck von der Spannbreite der Diskussion geben die Sammelbände mit den Veröffentlichungen von Helmut Tervooren (Tervooren 2000) und Günther Schweikle (Schweikle 1994).

Formenvielfalt und Intertextualität

Die Suche nach Originalen ist methodischen Fragen nach dem Umgang mit Variantenbildungen, die als Regelfall begriffen wird, gewichen. Damit einhergehend werden Unechtheitserklärungen hinterfragt, und so manche Strophe wird wieder dem Autor zugeordnet, unter dessen Namen sie überliefert ist. Der in der frühen Forschung selbstverständlich vorausgesetzte Werkbegriff erweist sich als wenig brauchbar, und Formenvielfalt bei den einzelnen Dichtern wird ebenso in Betracht gezogen wie Intertextualität (Stackmann 1983; Tervooren 1991; Bein 1995 und 1998). Der beschränkte Blick auf die Hohe Minne weicht einer Vielzahl von Perspektiven, unter denen die differenten Liedformen betrachtet werden. Dazu gehört auch, die wegen moralischer Bedenken in die Fußnoten verbannten erotischen Stellen als Zeugen thematischer Vielfalt anzuführen und auszudeuten (Zeyen 1995). Von der erweiterten Basis aus werden in der Minnesangforschung umfängliche Grundsatzdiskussionen zu Formen, Gattungen und Deutungen angeregt (Cramer/Kasten 1999).

Performanz

Hugo Kuhn hat Minnesang als Aufführungsform dargestellt und damit zunächst scheinbar einen Konsens über die Funktion der Lieder als Vortragskunst erzielt (Kuhn 1969). Die Minnesangforschung findet Anschluss an die Debatte über Mündlichkeit und Schriftlichkeit in der mittelalterlichen Literatur (Müller, J.-D. 1996). In den letzten Jahren ist jedoch eine angeregte Diskussion darüber entstanden, ob der performative Charakter im Vordergrund stehe oder Minnesang nicht vielmehr als Leselyrik zu deuten sei (Müller, J.-D. 1996; Cramer 1998; Schnell 2001; Schiendorfer 2003).

Sitz im Leben

Aus dem Blickwinkel der Performance-Forschung wird die Frage nach den Aufführungsformen und dem Sitz im Leben der Lieder aufgeworfen. Im Anschluss an die Arbeiten von Konrad Burdach, der schon 1928 für eine distantere, nicht autobiographische Interpretation des Minnesangs plädierte, und die sich daran anschließende Diskussion, ob Minnesang als verbrämte panegyrische Herrscherhuldigung von Ministerialen gedeutet werden könne, wird der Zusammenhang von Hof und Minnesang neu diskutiert. Betont werden der rituelle Charakter von Minnesang und seine Funktion, höfisches Selbstverständnis und Normen höfischen Verhaltens zum Ausdruck zu bringen (Ortmann/Ragotzky 1990; Wenzel 1996). Auch diese Deutungsmöglichkeit bleibt nicht unwidersprochen (Cramer 1998; Willaert 1999; Reuvekamp-Felber 2004).

Rollenlyrik

Im Kontext von Performanz und Ritualisierung ist Minnesang fiktionale Rollenlyrik mit spezifischen Funktionen (Schilling/Strohschneider 1996; Müller, J.-D. 2004). Damit einhergehend wird die Frage nach Autor-Ich, lyrischem Ich oder Rollen-Ich gestellt und differenziert diskutiert, ohne dass sich ein Konsens abzeichnet (Schnell 1998; Andersen u. a. 1998). Der ad acta gelegte Ansatz, Wirklichkeitsbezug in den Minnekanzonen zu eruieren, verbunden mit biographischen Tendenzen, wird von Harald Haferland wieder ins Spiel gebracht (Haferland 2000).

Eng mit Performanz verbunden sind zum einen die Erforschung von Auftraggebern, Mäzenen und Publikum (Bumke 1976, 1979 und 1982; Cramer 1977) und zum anderen die Untersuchung der Einbindung von Minnesang in zeitgenössische Kontexte. Letzteres verweist auf den kulturwissenschaftlichen Ansatz, der augenblicklich für die gesamte mittelhochdeutsche Literatur fruchtbar gemacht wird. Einen Überblick über das Diskussionsfeld gibt der Sammelband von Ursula Peters über Text und Kultur (Peters 2001).

> Auftraggeber und Publikum

Schließlich sei die Anbindung der Minnesangforschung an die Genderstudies erwähnt, bei der Weiblichkeitsmuster in Frauenliedern und -strophen aufgezeigt und in den kulturellen Kontext gestellt werden. Die umfangreiche Untersuchung von Katharina Boll fasst die Beiträge dazu weitgehend zusammen und erweitert sie beträchtlich (Boll 2007).

> Genderstudies

Es lässt sich feststellen, dass die Minnesangforschung ein nach wie vor spannendes, aber auch zunehmend unübersichtliches Feld ist. Die Aussage, mit der Thomas Cramer und Ingrid Kasten vor zehn Jahren die Diskussion umrissen haben, hat nichts an Aktualität eingebüßt: „Der Minnesang ist zu einem literaturhistorischen Phänomen geworden, dessen sichere Ortsbestimmung im Spannungsfeld zwischen Fiktionalität und Tatsächlichkeit, Literatenspiel und gesellschaftlichem Ritual, Exklusivität und Öffentlichkeit, Schriftlichkeit und Mündlichkeit im Augenblick kaum möglich ist." (Cramer/Kasten 1999, S. 7).

III. Kontexte

1. Herkunftstheorien

Über die Herkunft und Entstehung des Minnesangs ist lange spekuliert worden. Die frühe Diskussion über die Wurzeln des Minnesangs hat starke ideologische Züge, denn die Vereinnahmung der mittelhochdeutschen Literatur für gesellschaftliche und politische Ziele hängt eng mit der Frage nach ihrer Herkunft zusammen. In der neueren Forschung ist man sich einig, dass monokausale Erklärungen zu kurz greifen und dass das komplexe Zusammenwirken vieler Faktoren die Ausprägung des Minnesangs bestimmt hat. Zahlreiche Traditionsstränge von Liebeslyrik haben sich überlagert und gegenseitig beeinflusst, so dass bestenfalls einzelne Lieder oder Liedgruppen auf bestimmte Wurzeln zurückgeführt werden können, nicht aber das Gesamtphänomen Minnesang. Mögliche Einflussfaktoren, die mehr oder weniger wirksam geworden sind, werden im Folgenden aufgezeigt:

Volkslieder Wenn Minnesang als Ausdruck tiefer natürlicher Empfindung des Volkes gedeutet wird, ist es naheliegend, seine Wurzeln in der volkstümlichen Dichtung zu suchen. Die frühesten Minnelieder wie die des Kürenberger entsprechen zudem kaum dem Ideal der hohen Minne, sondern lassen sich eher als allgemeine Liebeslieder klassifizieren. Es wurde daher angenommen, dass es eine Entwicklung vom Volkslied zum kunstvollen Minnelied gegeben habe. Ob das zutrifft, ist fraglich, denn Motivähnlichkeiten in der Liebeslyrik sind über alle Regionen und Zeiten hinweg erkenntlich. Dass die „frühen" Minnelieder der Volkspoesie nahe stehen, lässt keinen Schluss auf eine zwangsläufige Entwicklung zu, sondern zeigt eher Übergängigkeiten zwischen allgemeiner Liebeslyrik und hohem Sang auf.

Trobadorlyrik Der „Volksliedthese" steht die Auffassung entgegen, dass die um 1100 in Okzitanien verbreitete Trobadorlyrik und die Lyrik der im nordfranzösischen Raum wirkenden Trouvères dem Minnesang vorgängig waren und ihn geprägt haben. Dieses Leben an den romanischen Höfen hatte in vielen Hinsichten Vorbildcharakter, und der Einfluss romanischer Dichter auf die volkssprachige höfische Epik ist unbestritten. Dass die romanische Lyrik den mittelhochdeutschen Minnesang beeinflusst hat, ist anzunehmen, wie sehr sie ihn geprägt hat, ist jedoch schwer abzuschätzen. Das gilt, obwohl sich für einzelne Dichter und Lieder konkrete Einflüsse aufzeigen lassen.

Arabische In engem Zusammenhang mit der letzten Theorie steht die Rückführung
Frauenpreislyrik von Minnesang auf die Frauenpreislyrik muslimischer Höfe. Aufgrund der räumlichen Nähe zum damals muslimischen Spanien ist es nicht unwahrscheinlich, dass die okzitanische Trobadorlyrik Motive arabischer Liebeslyrik adaptiert hat. Über diesen Weg wäre eine indirekte Ableitung auch des mittelhochdeutschen Minnesangs aus diesen Quellen erklärbar. Insbesondere die Unerreichbarkeit der Frau lässt sich damit plausibel erklären, denn der Harem als unzugänglicher Wohnort der Frauen erweist sich für jeden werbenden Mann als nicht zu überwindendes Hindernis.

Eine Reihe von Minneliedern weist Ähnlichkeiten mit Liedern der klassischen lateinischen Tradition auf. Es ist bekannt, dass im 12. Jahrhundert die Metamorphosen des Ovid stark rezipiert wurden, denn sie gehörten in den Klosterschulen zum Literaturkanon. Insbesondere Heinrich von Veldeke, Friedrich von Hausen und Heinrich von Morungen greifen Motive aus den Dichtungen Ovids auf und zeigen damit, dass ihnen diese gelehrte Tradition nicht fremd war. Wenn nun Dichter Motive übernehmen, heißt das jedoch nicht, dass die lateinische Tradition Ausgangspunkt des Minnesangs gewesen sein muss. Bezeugt wird lediglich das kreative Potential der Dichter, Tradiertes aufzugreifen und in neue Formen einzubinden.

Die klassisch-lateinische Tradition der Liebeslyrik

Die mittellateinische Vagantenlyrik ist eine weltliche strophische Lyrik in lateinischer Sprache, als deren Träger Geistliche und Scholaren angenommen werden. Neben Trinkliedern, Scheltliedern und Bettelliedern gehören auch Preislieder und Liebeslieder, die oft deutliche erotische Züge aufweisen, zur Vagantenlyrik. Lieder oder Strophen, die weniger sublimierte Formen der Liebe thematisieren, finden sich bei den Gegengesängen des Minnesangs. Es ist zwar möglicherweise davon auszugehen, dass Vagantenlyrik den einen oder anderen Dichter inspiriert hat, eine kausale Verknüpfung lässt sich jedoch schwerlich konstruieren.

Mittellateinische Vagantenlyrik

Im 12. Jahrhundert nimmt die Marienverehrung zu, und damit einher geht die Produktion von geistlichen Liedern, in denen Maria als Himmelskönigin und höchste aller Frauen gepriesen wird. Auch der *vrouwe* im Minnesang kommt höchste Vollkommenheit zu, sie entspricht keinem realistischen Frauenbild und gleicht in vielen Hinsichten Maria (vgl. Minnesang und Religion). Attribute, die in der geistlichen Dichtung Maria zugesprochen werden, finden sich in den Minneliedern als Zuschreibungen der *vrouwe*. Ähnlichkeiten und Überschneidungen zwischen Maria und den weltlichen Minnedamen sind offensichtlich. Es lässt sich jedoch nicht nachweisen, dass die geistlichen Marienlieder Ausgangspunkt oder Vorbild für den Minnesang geworden sind.

Marienlieder

Es gibt viele Wurzeln des Minnesangs und viele Faktoren wirken zusammen, um diese lyrische Form im hohen Mittelalter modern werden zu lassen. Der kulturelle Kontext der Lieder soll nachfolgend näher erläutert werden.

2. Gesellschaftlicher Wandel im 12. Jahrhundert

Das zwölfte Jahrhundert ist eine Zeit des Umbruchs und der rasanten Entwicklungen in allen Bereichen. Vom 10. bis zum 14. Jahrhundert verdoppelt sich nahezu die Zahl der Bevölkerung. Das steigende Bevölkerungswachstum führt zu einem enormen ökonomischen und technischen Aufschwung und bringt neue Anforderungen an die Gestaltung der Lebensformen mit sich.

Bevölkerungswachstum

Zunächst steigt der Bedarf an Nahrungsmitteln und Siedlungsgebieten. Um die Grundernährung sicherzustellen, muss neues Ackerland kultiviert werden. Undurchdringlich scheinende Waldgebiete werden gerodet, Moore entwässert und Sümpfe trockengelegt, so dass immer größere Nutzflächen erschlossen werden.

Bedarf an Nahrungsmitteln und Siedlungsgebieten

Frondienst und Abgaben

Mit den Rodungsarbeiten, insbesondere jenseits der Elbe, entstehen Vorrechte für neue Siedler, sie erhalten Land in Erbpacht und werden zeitbegrenzt oder grundsätzlich von Abgaben und Frondiensten befreit. Die günstigen Bedingungen im Rodungsland ziehen Arbeitskräfte an, und die Grundherren im Altsiedelland müssen den Bauern bessere Lebensverhältnisse bieten, um sie zum Bleiben zu bewegen. Die Eigenwirtschaft der Grundherren lohnt sich zunehmend weniger und an die Stelle des Fronsystems tritt die Pachtwirtschaft, bei der Abgaben in Naturalien oder später in Geld geleistet werden müssen. Der Gegensatz von unfreien und freien Bauern wird eingeholt von der Unterscheidung zwischen armen und reichen Bauern.

Dreifelderwirtschaft

Mit der Dreifelderwirtschaft und mehrfachem Fruchtwechsel werden die Erträge des Ackerlandes ebenso gesteigert wie durch die Einführung neuer Gerätschaften. Die Erfindung von Kummet und Hufeisen ermöglicht, die Felder mit Pferden statt mit Ochsen zu bewirtschaften und so schneller und effektiver zu arbeiten. Zudem befördert ein günstiges Klima die Entwicklung der Landwirtschaft, so dass die Hungersnöte des frühen Mittelalters zwar nicht gänzlich überwunden, aber merklich gemildert werden.

Handel und Urbanisierung

Die steigenden Bedürfnisse von immer mehr Menschen treiben die überregionale Wirtschaft an. Es beginnt die Zeit der Händler, die Reichtum anhäufen und für eine zunehmende Verbreitung der Geldwirtschaft sorgen. Immer mehr Städte entstehen als eigenständige Machtzentren, deren Reichtum auf den Erfolg des Handels und des Handwerks gegründet ist. Überregionale Handelsbeziehungen bedürfen der genauen Regelung und erfordern die enge Zusammenarbeit nicht nur von Händlern, sondern auch von Institutionen. Aus dem freien Zusammenschluss von Kaufleuten wird schließlich die Hanse, die als Städtebund wirkt und politisches Gewicht erhält.

Änderung der Rechtsordnungen

Städte ziehen Menschen an, die die Möglichkeit zu Aufstieg und Wohlstand suchen. Durch die Urbanisierung werden Verwaltungsstrukturen notwendig, die Änderungen in den Herrschaftsformen mit sich bringen und den Übergang zur Territorialherrschaft einleiten. Galten bisher unterschiedlichste Rechtsnormen, die regional oder auf einzelne Personengruppen begrenzt waren, so erfordert das Zusammenleben von immer mehr Menschen auf engem Raum ein einheitliches Recht, das auf rationalen Prinzipien fußt, allgemeinere Geltung beanspruchen kann und schriftlich fixiert wird. Stadtrechte prägen sich als Gegengewicht zu den Eigenrechten des Adels aus. Das Römische Recht als gelehrtes Recht gewinnt Bedeutung und löst archaische Rechtsformen ab. Juristen werden zu gesuchten Fachleuten, ohne die die Mächtigen Herrschaft kaum noch ausüben können.

Schriftlichkeit

Territorialverwaltung und kodifiziertes Recht verlangen ein höheres Maß an Schriftlichkeit. Lesen und Schreiben werden nun auch außerhalb des klerikalen Kontextes wichtig, es lohnt sich, diese Fertigkeiten zu erlernen. War die Schriftlichkeit bislang eng an die lateinische Sprache gebunden und eine Angelegenheit für Spezialisten wie Kleriker, Theologen und Philosophen, wird es jetzt immer selbstverständlicher, zu administrativen und ökonomischen Zwecken die für alle verständliche Volkssprache zu verschriftlichen. An den großen Höfen und in den Städten finden sich Mäzene, die die Manuskripte von Romanen, Heldenepen und Gedichten finanzieren.

Kulturtransfer durch die Kreuzzüge

Seit dem Ende des 11. Jahrhunderts finden Kreuzzüge in den Orient statt. Die kriegerischen Offensiven finden 1291 mit dem Fall Akkons ihr Ende.

Während dieser zweihundert Jahre haben die Europäer intensive Kulturkontakte in den arabischen Raum. Der Orient ist zu dieser Zeit ein wahres Wunderland mit großem technischem Komfort, einem hohen Lebensstandard und vielen Luxusartikeln, die zu begehrter Importware werden. Die arabischen Philosophen haben das direkte Erbe der Antike angetreten, sie verfügen über große Teile der wissenschaftlichen und philosophischen Literatur der griechischen Zeit und können, darauf aufbauend, enorme naturwissenschaftliche, technische und medizinische Fortschritte erzielen. Über die Kreuzfahrerstaaten gelangen diese Kenntnisse allmählich nach Europa und führen auch dort zu neuen Vorstellungen von Wissenschaft, die das Denken revolutionieren.

Insbesondere die Schriften des Aristoteles, die vom Arabischen ins Lateinische übersetzt werden, vermitteln Grundprinzipien der Kausalität, die eine Hinwendung zu rationalen weltlichen Wissenschaften befördern. In den Schulen von Chartres, Paris und Oxford wird die neue Denkweise aufgegriffen und verbreitet. Dieser Rationalisierungsschub führt zu Entdeckungen und Erfindungen, die das Leben einfacher und luxuriöser machen. Windmühlen und Wassermühlen erleichtern die Arbeit in vielen Bereichen, Seilwinden, Treträderkräne und Hebezangen revolutionieren das Bauwesen so, dass schließlich gewaltige Burgen gebaut werden können. Wer über entsprechende Mittel verfügt, kann sich das Leben angenehm gestalten. Mit neuen Formen der Textilverarbeitung und Färbeverfahren stellt man aufwändige Kleidung her, die mit Knöpfen verziert ist. Verfeinerte Rezepte für erlesene Speisen kommen in Umlauf und wertvolle Gläser und Gefäße zieren die Tafeln der Reichen. Das Leben ist schön und so lebenswert, dass man sich allen religiösen Bindungen zum Trotz dem Weltlichen zuwendet.

Rationalität und Aufschwung in Wissenschaft und Technik

Theologische Denkweisen bleiben von den neuen Ideen nicht unbeeinflusst. Anselm von Canterbury (1033–1109) stützt sich auf die aristotelischen Lehren und arbeitet an einer Methodik, die es erlaubt, allein durch die Vernunft, ohne Berufung auf die Schrift und die Autoritäten zur Wahrheit zu gelangen. Glaube und Vernunft gelten ihm als gleichgewichtige Wege zu Erkenntnissen und Einsicht. In seiner Schrift *„Cur deus homo – Warum Gott Mensch wurde"* gelangt Anselm zu der Auffassung, dass der Mensch durch den Opfertod Christi von den Lasten der Erbsünde befreit sei. Nach mittelalterlicher Rechtsvorstellung konnte der Mensch selbst keine ausreichende Buße leisten, denn kein menschliches Opfer ist groß genug, um Gott Genugtuung zu geben. Christus jedoch, der als Sohn Gottes zugleich Gott und Mensch ist, hat ein Bußopfer geleistet, das zur Satisfaktion genügt. Nach seinem Kreuzestod ist die Menschheit nunmehr schon auf Erden erlöst und muss nicht erst die Befreiung im Jenseits erwarten (Helmer 1997, S. 117 ff.). Mit dieser Theorie, die verschiedentlich aufgegriffen und modifiziert wird, beeinflusst Anselm die Entwicklung einer neuartigen Weltsicht, die durch eine deutliche Hinwendung zum Diesseits gekennzeichnet ist. Die finstere Verworfenheit der Sünde weicht dem Preis der irdischen Schönheit und dem Genuss weltlicher Annehmlichkeiten. „Der erlöste Mensch kann singen, schon sein irdisches Leben und seine Welt, die Stadt, können schön sein. Erst vor diesem Hintergrund kann fortan auch die weltliche Lyrik, ohne schlechtes Gewissen, wieder die Schönheit und den Zauber der Menschen preisen" (Helmer 1997, S. 120).

Wendung zum Diesseits

3. Ritterlichkeit und Höfischheit als kulturelle Orientierungsmuster des Adels

Adel   Minnesang ist eine Kunstform des Adels und der Ministerialität in der ritterlich-höfischen Kultur des hohen Mittelalters. Mit Adel wird eine Führungsschicht bezeichnet, die wirtschaftlich, politisch und sozial privilegiert ist. Der Adel verfügt über Grundbesitz und Reichtum, stellt die einflussreichen Ämter und legitimiert sich durch seine Herkunft.

Herkunft   Im Hochmittelalter führen die Adelsgeschlechter ihre Abstammung auf bedeutende Spitzenahnen zurück und leiten von ihnen Herrschafts- und Rechtsansprüche ab. Als solche Ahnen können mythische Figuren, bedeutende Herrscher oder wirkmächtige Heilige ausgegeben werden. Der Einzelne versteht sich als Glied einer unendlichen Generationenkette, in ihm verkörpern sich hervorragende Eigenschaften und Eigenheiten der Vorfahren.

Adlige Lebensweise   Der Adel erhält seine Macht und Kraft, auch in körperlichem Sinne, von seinen Ahnen, und das verpflichtet ihn, ihren Lebensnormen gemäß zu leben. So sichert er sich Identität, Legitimität und Ehrerbietung. Die Zugehörigkeit zum Adel zeigt sich in seinem Selbstbild und den Lebensformen. Dem Adel als Stand sind gruppenspezifische Normen und Werte eigen. Seine Verhaltensweisen heben ihn von anderen Bevölkerungsgruppen ab. Dazu gehören Machtdemonstration, gehobene materielle Lebensweisen und ein Heiratsverhalten, das die Standeszugehörigkeit der folgenden Generationen sichert.

Lehnswesen   Zu Beginn des Mittelalters ist der Adel eine Oberschicht von Freien, die in einem lockeren Personenverband miteinander kooperieren. Mit der Ausdehnung und Festigung des Reichsgebietes zur Karolingerzeit werden neue Herrschafts- und Verwaltungsstrukturen notwendig. Es etablieren sich gegenseitige Abhängigkeiten und persönliche Bindungen der Adligen untereinander, die auf gegenseitigen Treueeiden basieren und unter dem Begriff „Lehnswesen" gefasst werden. Der Lehnsgeber vergibt Land und die dazu gehörigen Nutzungsrechte, Ämter und Privilegien an seine Lehnsnehmer und sichert ihre Rechtsstellung. Sie stehen unter seinem „Schutz und Schirm". Als Gegenleistung verpflichten sich die Lehnsnehmer zu Rat und Hilfe, das heißt zu militärischer und politischer Unterstützung und darüber hinaus oft auch zu Abgaben. Mit dem Lehnswesen wird das dynastische Prinzip des Adels durchschlagend, denn Lehen sind in der direkten Folge von Vater und Sohn vererbbar. Die Ausbildung von Dynastien fördert die regionale Verwurzelung der Adligen, die nun Stammburgen als Zentren ihrer Herrschaft errichten. Im 12. und 13. Jahrhundert differenziert sich der Adel aus, Rangunterschiede werden zunehmend betont, bis schließlich 1231 mit den Constitutiones von Melfi der Adelsstand abgeschlossen und der Aufstieg für Ministeriale deutlich erschwert wird.

Ministeriale   Die Bezeichnung „Ministeriale" gilt für alle Amtsträger im Herrendienst, unabhängig vom Amt, das sie bekleiden. Ihr Ansehen und ihre gesellschaftliche Stellung ergeben sich aus den Aufgaben, mit denen sie betraut sind. Hohe Verwaltungsämter sind in der Regel mit Privilegien verbunden. Um ihren Lebensunterhalt sicherzustellen, erhalten Ministeriale auch Lehen, die aber zunächst nicht erblich sind, weil Unfreie eine mindere Rechtsstellung haben. Die Attraktivität von Dienstlehen veranlasst auch Freie, sich als Ministeriale in die Abhängigkeit von Lehnsherren zu begeben. Sie nehmen die Unfreiheit und Minderung ihrer Rechte gegen höhere materielle Zuwendungen und soziale Stellungen in Kauf. Die Entwicklung der Ministerialität ist regional so different, dass es kaum möglich ist, allgemeine Aussagen zu treffen. Mächtige Ministeriale nehmen ab dem 11. Jahrhundert neben ihren Dienstlehen auch echte, erbliche Lehen von anderen Herren an und verpflichten ihre eigenen Dienstmannen. Immer mehr Dienstlehen werden im Laufe der Zeit erblich und sind dann den echten Lehen gleichgestellt. Einige Ministeriale werden dadurch selbst zu Landesherren und finden durch Heirat Anschluss an den Adel. Im 12. und 13. Jahrhundert gleichen sich viele Ministerialen der adligen Lebensweise an, so dass die Unterschiede zum alten, hohen Adel allmählich verschwinden. Auch Ministeriale bauen Burgen, führen eigene Wappen und werden in die Heerschildordnung aufgenommen. Zu Beginn der Neuzeit stellt die Nachkommenschaft Ministerialer schließlich die Mehrheit des Adels.

Adel und Rittertum gehören zunächst nicht notwendig zusammen. Ritter sind ursprünglich Reiter, berittene Kämpfer. Die Reichsausdehnung zur Karolingerzeit ist verbunden mit Fernkriegen, die von einfachen Fußsoldaten kaum zu bewältigen sind. Reiterkrieger gelangen deshalb zu immer größerer militärischer Bedeutung. Da ihre Ausrüstung enorm teuer ist, können nur vermögende Freie und Ministerialen, die durch Dienstlehen abgesichert sind, den Dienst als Ritter auf sich nehmen.

Rittertum

In der Anfangszeit genießen Ritter einen denkbar schlechten Ruf, sie gelten als gewalttätige, rücksichtslose Rabauken und werden weithin gefürchtet. Die von Frankreich ausgehende Gottesfriedenbewegung versucht, dem Treiben Einhalt zu gebieten und Zeiten, Orte und Personengruppen zu befrieden. Das Image der Ritter verbessert sich erst mit den Kreuzzügen. Papst Urban II. ruft die Ritterschaft zum Krieg gegen die Heiden auf, um die heilige Stadt Jerusalem zu befreien. Im Kontext der Kreuzzüge wird Gewaltbereitschaft positiv gewendet, weil sie zum Kampf für Gott eingesetzt wird. Todesverachtendes Heldentum im heiligen Krieg wird als Möglichkeit sakralisiert, den Märtyrern gleich, das ewige Leben zu erringen. Dieser christliche Sinnbezug lässt die Kriegerschaft zur Ritterschaft werden, die *milites christiani* vereinigen sich über das gemeinsame Anliegen der Befreiung des Heiligen Landes zum *ordo militaris* und verstehen sich als Gottes auserwählter Stand, der im besonderen Dienst Gottes und der Kirche steht.

Etablierung des Ritterethos

Diese Erhöhung des zunächst berufsständisch motivierten Rittertums macht dieses auch für den hohen Adel attraktiv. Die Ausbildung eines spezifischen Ritterethos konstituiert ein Ideal, dem sich auch Kaiser, Könige und *principes* verpflichten können. Das heißt nicht, dass dadurch Standesgrenzen aufgehoben worden wären, sondern nur, dass Rittertum als utopischer Entwurf standesübergreifend Wirkung entfaltet. Die Idee der Ritterlichkeit wird vor allen Dingen literarisch verbreitet und differenziert und fungiert so als ideologisches Leitbild. Indem selbst der hohe Adel Ritterlichkeit für sich beansprucht, fließt der Gedanke der Herrschaft als konstitutives Moment in das Ritterethos ein. Auf diese Weise entsteht ein Ethos, das aus kriegerischen, christlichen und adligen Momenten gleichermaßen gespeist wird.

Adel und Ritterlichkeit

Ritterliche Tugenden

Das ritterliche Tugendideal umfasst daher Fähigkeiten, Fertigkeiten, Eigenschaften, Verhaltensweisen, Normen und Werte, die auf unterschiedliche, teils sogar widersprüchliche ethische Positionen rückführbar sind. Tugend im Sinne von Tauglichkeit durch Kraft und Gewalt ist ebenso enthalten wie tradierte Vorstellungen von Tauglichkeit und Vermögen, von Tugend als vernunftgemäßem Handeln, von Kardinaltugenden und christlichen Tugenden. Die Gemeinsamkeit aller ritterlichen Zuschreibungen besteht darin, dass sie auf ein diffuses „Gutsein" verweisen, das wahlweise an Herkunft, Taten oder Gesinnung festzumachen ist und damit einen weiten Geltungsbereich und hohe Zustimmungsfähigkeit erlangt. Das „Gutsein" des Ritters hat als Wert universelle Geltung, solange es nicht näher spezifiziert wird. Die Bezeichnung „Ritter" wird auf diese Weise zu einer Art Titel, der die Auserwähltheit, die ethischen und christlichen Bindungen und die höfische Lebensführung seines Trägers bezeichnet. Ritterlichkeit ist die utopische Grundlage einer Lebensform, mit der Adlige und Ministeriale ihren Anspruch auf eine führende Stellung in der Gesellschaft zur Schau stellen.

Hof

Der Ort der höfischen Repräsentation ist der Hof. Bis ins 12. Jahrhundert ist Herrschaft gebunden an Mobilität. Kaiser, Könige und Landesherrscher bereisen ihre Herrschaftsgebiete, um Regierungsgeschäfte abzuwickeln, Recht zu sprechen und mit ihrer Präsenz vor Ort ihre Macht zu demonstrieren. Könige und Kaiser residieren während ihrer Reisen in Pfalzen, Städten oder Bischofssitzen. Sie müssen mitsamt ihrem Gefolge aufgenommen und beköstigt werden, was für die Gastgeber in finanzieller und logistischer Hinsicht eine große Herausforderung ist, denn nicht selten umfasst der Reisehof mehrere hundert Personen und Pferde. Erst Mitte des 12. Jahrhunderts setzt die so genannte Residenzbildung ein. Die Herrscher fangen an, von festen Regierungssitzen aus zu regieren, und bauen diese zu repräsentativen Verwaltungs- und Herrschaftszentren aus. Ein solcher Hof ist nicht nur der feste Wohnsitz des Herrschers, sondern repräsentiert die politische und soziale Ordnung seiner Herrschaft. Zu einem Herrscherhof gehören Hofämter, deren Inhaber Verwaltungsaufgaben ausführen. Die Bezeichnung dieser Ämter als Kämmerer, Schenke, Truchsess und Marschall ist nicht überall geläufig gewesen, und auch die Zahl der Hofämter differiert, aber ihre konstitutive Funktion ist unbestritten. Mit der Residenzbildung verändern sich die Strukturen der Herrschaft, die sich bis dahin weitgehend auf persönliche Bindungen stützte. Mit der Ämterverteilung verbunden ist eine Institutionenbildung, die einen größeren Verwaltungsaufwand und einen höheren Grad an Schriftlichkeit erfordert. Dazu werden Fachkräfte benötigt, die über juristisches Grundwissen verfügen, um das Rechtswesen diesen neuen Anforderungen entsprechend zu ordnen. Damit gelangen gegen den Widerstand vieler Adliger auch nichtadlige Fachleute, vorwiegend Juristen, in bedeutende Positionen.

Ökonomie der Verschwendung

Die Hofhaltung ist aufwändig gestaltet, denn sie bedarf augenfälliger Repräsentationsformen. Der Herrscher ist die Verkörperung und der Garant für eine gute Regierung, und das gilt es öffentlich zu machen. In dieser Hinsicht unterscheiden sich die geistlichen Höfe bedeutender Bischöfe nicht von den weltlichen. Höfische Repräsentation folgt der Ökonomie der Verschwendung, auch dann, wenn die Mittel knapp sind. Der Herrscher muss sich seinen Gefolgsleuten und Gästen gegenüber großzügig und freigebig zeigen, für ihr leibliches Wohl sorgen, sie gut unterhalten und er darf keinen Zweifel daran aufkommen lassen, dass er seine Machtposition ausfüllen kann. Die Entwicklung führt zu immer ausgefeilteren Machtdemonstrationen und zeremoniellen Ausgestaltungen von Beziehungen und politischen Handlungen, die ihren Höhepunkt in der barocken Hofhaltung absolutistischer Herrscher finden.

Die Spektakel der Macht (Stollberg-Rillinger 2008) sind feierlich inszenierte Rituale, mit denen politisches Handeln symbolisiert und verbindlich gemacht wird. Die Beteiligten bezeugen und bestätigen durch ihre Teilnahme die bestehende Ordnung. Wenn also der Mundschenk dem Herrscher bei einem Mahl den Wein reicht oder wenn der Marschall den Steigbügeldienst leistet, um seinem Herrn aufs Pferd zu helfen, dann dient dies der öffentlichen Demonstration ihrer Positionen. Es ist ein ritueller Dienst, der ihre Position im Herrschaftsgefüge symbolisiert. Die Rangordnung, die Nähe oder Distanz zum Herrscher widerspiegelt, wird bei feierlichen Einzügen durch die Reihenfolge des Eintretens, beim gemeinsamen Mahl durch die Sitzordnung zum Ausdruck gebracht.

Rituale

Mahlzeiten haben eine besondere Bedeutung, weil sie vielfältige Möglichkeiten der Inszenierung bieten. Die Speisen eines höfischen Mahls sind exklusive Herrenspeisen, sorgsam zubereitet und mit exotischen Gewürzen versehen. Die Fülle der Speisen und das prunkvolle Tafelgeschirr demonstrieren in einer Zeit alltäglicher Lebensmittelknappheit Reichtum und Überfluss. Das richtige Benehmen bei Tisch weist den aus, der höfisch ist. Tischzuchten zeigen Verhaltensregeln auf, die gutes Benehmen ausmachen.

Festmähler

Dass Machtentfaltung als Prachtentfaltung gedacht wird, zeigt sich ebenfalls in der hofgemäßen Kleidung. Aussehen erhöht oder erniedrigt das Ansehen, und deshalb ist edle Kleidung aus kostbaren, farbenprächtigen Stoffen ebenso wie Schmuck den Angehörigen des Hofes vorbehalten. Strenge Kleiderordnungen verwehren allen Nichtadligen solche Gewandung.

Kleidung

Höfisch-kultiviertes Benehmen soll durch Verfeinerung der Sitten und Umgangsformen in allen Bereichen des öffentlichen Lebens erkenntlich sein. Höfischheit und Ritterlichkeit zeigen sich an der Art der Bewegungen, des Sitzens, Stehens und Grüßens. Die Sprache und die Themen der höfischen Konversation offenbaren die gute Erziehung des ritterlichen Höflings und der höfischen Dame. So wie die Verschwendung von Ressourcen gehört auch die Verschwendung von Zeit zur Repräsentation. Demonstrativer Müßiggang stellt zur Schau, dass der Adel über seine Zeit frei verfügen und sie zu zweckfreien Tätigkeiten nutzen kann. Die Jagd mit Falken und Hunden, Spielen, Tanzen und Musizieren gelten als standesgemäße Beschäftigungen, die Zerstreuung und Lust versprechen.

Höfische Sitten

Die höchste Entfaltung der *hövescheit* ist das Fest, das verbunden wird mit *fröide* und *hohem muot*. Hier bietet sich in besonderer Weise die Gelegenheit zu Demonstrationen materiellen Reichtums für die Gastgeber und Gäste gleichermaßen. Turniere, Festmähler, Musik, Gesang und sonstige Unterhaltung unterstreichen die Exklusivität der adligen Gesellschaft, sie wirken identitätsstiftend und festigen das Selbstbild des Hofes. Die höfische Welt des Festes ist eine Gegenwelt zum Alltag, die den höfischen Menschen vom Bauern und Dörfler, seinem Gegenbild, unterscheidet. Sie ist ein insze-

Höfisches Fest

nierter Ausnahmezustand, denn auch Adlige können nur in Ausnahmefällen aus dem Vollen schöpfen. Hungersnöte und Mittelknappheit gehen an ihnen nicht vorüber, allein die ständigen Kriege und Fehden verschlingen Mengen von Material und Menschen. Einnahmequelle des Adels ist in vielen Fällen die Landwirtschaft. Güter aber wollen verwaltet und bewirtschaftet werden, so dass der Alltag bäuerlich geprägt bleibt. Dies ist offensichtlich ein Grund, sich mit höfischen Repräsentationsformen umso deutlicher von den Nichtadligen abzuheben.

4. Literatur als Spiegel höfischer Utopie

Alltag Die Wirklichkeit sieht anders aus als die literarischen Beschreibungen von Hofleben und Rittertum. Sie widerspricht den hehren Zielen und Idealen. Kriege, Fehden, Spannungen und Krisen durch gesellschaftliche Umbrüche, die die Vormachtstellung des Adels gefährden, sind die Themen, mit denen sich die Herrscher beschäftigen müssen. Knappe Mittel, Krankheiten und lange kalte Winter auf zugigen Burgen bestimmen den Alltag.

Literarische Fiktion Höfischheit und Ritterlichkeit sind literarische Fiktion. Gemessen am Ideal ist die Realität defizitär, und so geben die Werke der Dichter ein Bild davon, wie das höfische Leben in seinen Einzelheiten aussehen sollte. In der Literatur wird eine Utopie entworfen, die den Zeitgenossen als Leitbild gelten soll. Sie sind aufgefordert, sich ein Beispiel daran zu nehmen und dem Ideal nachzueifern, denn der Adel ist daran interessiert, die zentralen Werte von Ritterschaft, Freude und hohem Mut zu vermitteln, weil er daraus sein Selbstbild bezieht.

Rückwärts gewandte Utopie Die mittelalterlichen Vorstellungen von Weltordnung geben keinen Raum, Rittertum und Höfischheit als Neuerungen auszuweisen, daher wird das Ideal von Rittertum und Hofleben in die Vergangenheit projiziert. Die Dichter erzählen von vergangenen Zeiten, in denen die utopischen Vorstellungen noch Wirklichkeit gewesen sein sollen und hoffen, dass dieses Vorbild in der Gegenwart richtungweisend wird, damit in Zukunft das ideale Hofleben der Vergangenheit erneut realisiert werden möge.

Artushof Insbesondere König Artus und die Ritter seiner Tafelrunde verkörpern ein Modell adliger Lebensführung, in dem die ritterlichen Werte, Verhaltensnormen und Tugenden verwirklicht scheinen. Der Mythos des sagenhaften Königs findet Ende des 12. Jahrhunderts von Frankreich aus über die höfischen Romane des Chrétien de Troyes Verbreitung. Der Artushof ist als Stätte der Freude, des Friedens und der Gerechtigkeit ist Inbegriff höfischen Lebens. Der Konsens zwischen König Artus und den Rittern der Tafelrunde zeigt ein Modell von Herrschaft, das im Gegensatz zu den ständigen Reibereien realer Politik steht. Die ausschweifenden Feste, bei denen es an nichts fehlt und in jeder Hinsicht aller erdenklicher Luxus geboten wird, sind zwar in der Gegenwart kaum zu realisieren, aber sie sind erstrebenswert und geben das Maß der Höfischheit vor, das erreicht werden könnte.

Hartmann von Aue Wenn Hartmann von Aue im Prolog zum „Iwein" bedauert, dass eine solche höfische Freude wie zu König Artus Zeiten nicht mehr zustande kommen kann, dann greift er damit einen verbreiteten Topos auf, der die retrospektive Utopie der *hövescheit* aufzeigt: *mich jâmert wærlîchen, / und hul-*

fez iht, ich woldez clagen, / daz nû bî unseren tagen / selch vreude niemer werden mac / der man ze den zîten pflac. – es jammert mich wahrlich, und hülfe es, so würde ich klagen, dass jetzt zu unserer Zeit solche Freude nicht mehr aufkommen kann, die man damals pflegte. (Iwein, V. 58–52).

Die Produktion volkssprachiger höfischer Literatur und die Etablierung von Herrscherhöfen bedingen sich wechselseitig. Als Mäzene geben Adlige Werke in Auftrag, in denen höfisches Leben in seiner idealen Form dargestellt wird, sie besorgen die Quellen und finanzieren die Herstellung der Manuskripte. Die Dichter bleiben dabei randständig. Sie sind lediglich Ausführende, die vorhandene Stoffe dem höfischen Kontext und der Intention des Auftraggebers gemäß für eine angemessene Entlohnung um- und ausarbeiten. Fragmentarisch gebliebene Werke deuten darauf hin, dass bei Gunstentzug, Tod oder Zahlungsunfähigkeit eines Auftraggebers die Dichter ihre Arbeit nicht fertigstellen können. *Mäzenatentum*

Die höfische Literatur verleiht dem verheißenen Hochgefühl höfischen Lebens Ausdruck. Der Vortrag von Dichtungen sorgt für Unterhaltung, trägt zur Repräsentation des Hofes bei. Dichtung ist Teil der „Höfischheit" und schreibt sie den Mäzenen und ihren Höfen zu. Für die Herrscher wird auf diese Weise die Förderung volkssprachiger Literatur zum Ausweis ihrer *hö-vescheit*. Wenn sie als Mäzene auftreten, verfolgen sie damit in der Regel Zwecke, die ihrer Selbstdarstellung oder politischen Zielen dienen. Die Manuskripte bezeugen zudem materielle Potenz, denn die Herstellung eines Kodex erfordert erhebliche Mittel. Man schreibt auf Pergament, Tierhaut, die sorgfältig bearbeitet werden muss. Die Ausgestaltung der Werke mit prächtigen Initialen und Miniaturen und die Verfertigung wertvoller Ledereinbände, die oft reich verziert werden, demonstrieren Reichtum und Verschwendung. *Repräsentation durch Literatur*

Viele Dichtungen sind Herrscherlob, mit dem der Ruhm der Auftraggeber gefestigt und verbreitet wird. *Herrscherlob*

Wie sehr Literatur der politischen Propaganda dienen kann, zeigt das Mäzenatentum Heinrichs des Löwen, dessen politisches Wirken stets durch seine Auseinandersetzungen mit den Staufern geprägt ist. Er heiratet Mathilde, die Tochter Eleonores von Aquitanien und Heinrichs II. Plantagenêt und Enkelin Wilhelms von Aquitanien. Wilhelm war einer der frühesten Mäzene, der zahlreiche Dichter an seinem Hof versammelte und sogar selbst als Trobador wirkte. Eleonore und ihr Mann führen diese Tradition fort, dehnen sie aus und setzen sie ein, um ihren Herrschaftsanspruch zu demonstrieren und zu manifestieren. Über Mathilde gelangt diese Gepflogenheit an den Braunschweiger Hof. Heinrich der Löwe nutzt Literatur, um durch gezieltes Lob seinen Anspruch auf Herrschaft zu untermauern. So lässt er sich im Rolandslied des Pfaffen Konrad mit König David und Karl dem Großen vergleichen, um auf diese Weise darauf hinzuweisen, dass er und nicht Friedrich I. Anspruch auf das Kaisertum habe. *Heinrich der Löwe*

Neben dem Braunschweiger Hof Heinrichs des Löwen sind der Thüringer Hof des Landgrafen Hermann I. und der Babenberger Hof Friedrichs I. von Österreich in Wien bedeutende Zentren der Literaturproduktion, an denen sich bekannte mittelalterliche Dichter aufgehalten haben. Beide Herrscher sind auch als Förderer von Minnesang bezeugt. Dem Mäzenatentum Hermanns I. wird im „Sängerkrieg auf der Wartburg" ein literarisches Denkmal *Hermann I. von Thüringen, Friedrich I. von Österreich* gesetzt. Im fiktiven Wettstreit der Minnesänger wird der Landgraf selbst zur literarischen Figur im Kontext des Minnesangs.

5. Die Topik des Minnesangs als Ausdruck symbolischer Weltdeutung

Minnesang und Herrschaftsideal

Verhältnis der
Geschlechter

Interpretiert man Minnesang als Erlebnislyrik, handelt es sich um eine skurrile und wenig nachvollziehbare Form der Liebeswerbung, die – gemessen an den gesellschaftlichen Verhältnissen im Mittelalter – alltagsfern ist. Die überhöhte Stellung der Frau im Konzept der Hohen Minne steht dem realen Verhältnis der Geschlechter, bei dem die Frau dem Mann rechtlich und gesellschaftlich untergeordnet ist, entgegen. Die Werbung um eine unverheiratete Frau widerspricht zudem der konsequenten Heiratspolitik des Adels, mit der durch standesgemäße Verbindungen politische und ökonomische Ziele verfolgt werden. Die Ehe ist eine soziale Institution, eine vertragliche Vereinbarung zwischen dem Ehemann und den Gewalthabern der Frau, die mit Liebe nichts zu tun hat. Die Werbung um eine verheiratete Frau wäre völlig undenkbar, denn sie zielte auf Ehebruch und wäre ein Eingriff in die Rechte des Ehemanns, der eine solche Ehrverletzung nicht ungestraft hinnehmen könnte. Wenn der Minnesang auf reale Liebesverhältnisse abzielte, würden mit ihm gesellschaftliche Konventionen derart in Frage gestellt, dass er sicher nicht als geeignete Unterhaltung des Adels gelten könnte.

Rituelle Darstellung
des Herrschaftsideals

Interpretiert man Minnesang auf einer symbolisch-rituellen Handlungsebene, lässt er sich als Spiegel höfischer Herrschaftsideale deuten. In dem Verhältnis zwischen Sänger und *vrouwe* werden die komplexen Beziehungen und idealen Verhaltensweisen der höfischen Gesellschaft rituell verdichtet und demonstrativ abgebildet.

Repräsentation
von Herrschaft

Feudale Herrschaft muss öffentlich repräsentiert werden, um Machtansprüche und Gewaltverhältnisse augenfällig zu machen. Der Herrscher verkörpert Macht in seiner Erscheinung, seine Kleidung und die Insignien machen seine Position für alle offenbar. Jeder einzelne im Gefolge des Herrschers weist sich durch entsprechendes Benehmen als der höfischen Gesellschaft zugehörig aus. Die Verhaltensweisen in der Interaktion lassen das Verhältnis der Adligen untereinander erkenntlich werden. Die Reihenfolge beim Einzug in den Saal, die Sitzordnung bei Tisch und die Art des Grüßens zeigen Rangfolge und Position an. Die ideale Ordnung des Hofes wird dargestellt in Normen und Handlungsmustern, die kollektiv umgesetzt werden. Das Fest als Ort der Darstellung von höfischem Selbstverständnis gibt besondere Gelegenheit, die ideale Ordnung des Hofes kollektiv zu repräsentieren und sichtbar werden zu lassen. Daher ist davon auszugehen, dass auch die literarische Unterhaltung nicht reiner Selbstzweck, sondern eine spezifische Vollzugsform höfischer Repräsentation (Ortmann/Ragotzky 1990, S. 257).

Aufführung und
Interaktion

Zunächst sei klargestellt, dass Aufführung nicht in dem uns nahe liegenden Kontext von Theater und Bühne zu denken ist. Die distante Betrachtung von Leben oder Lebenssituationen, die von Schauspielern vorgestellt werden, ist eine Angelegenheit der späteren Zeit. Zu konkreten Aufführungssituationen im Mittelalter sind nur spärliche Informationen überliefert. Relativ gut belegt sind die Rezeptionsformen geistlicher Spiele, bei denen die „Zuschauer" als Teil der Aufführung gedacht werden. Ihre Mitwirkung lässt die Darstellung zur Vollzugskunst werden, zu kollektivem Geschehen. Es ist wahrscheinlich, dass auch höfische Aufführungsformen auf Interaktion zielen, denn in vielen Minneliedern wird der gemeinschaftsstiftende Charakter hervorgehoben. Immer wieder werden die Zuhörer angesprochen, sie sind aufgefordert mitzuleiden, zu urteilen oder den Sänger zu unterstützen. Manche Lieder legen nahe, dass sie zum Mitsingen oder zum Tanzen geeignet sind.

Das Ziel des Minnesangs wird klar formuliert: er soll *hohen muot* und *vröide* stiften. Beides gehört unabdingbar zu einer höfischen Gesinnung, die vorausgesetzt werden muss, wenn im gemeinschaftlichen Vollzug das alltagsferne Ideal der Höfischheit inszeniert werden soll. Wenn also Minnesang hohe Gestimmtheit und Freude bewirkt, dann trägt er zum gelingenden Vollzug der höfischen Selbstdarstellung bei und ist insofern Teil der öffentlichen Repräsentation.

Hoher *muot* und *vröide*

Die Vermittlung von Freude ist nicht die einzige Funktion des Minnesangs, auch das Ethos der Hohen Minne ist Teil der höfischen Selbstdarstellung. In epischen Werken werden Handlungsmuster aufgezeigt, mit denen die Utopien ritterlicher Lebensform als kollektive Leitideen vermittelt werden. Im Minnesang symbolisiert die Haltung des lyrischen Ichs eine Dienstauffassung, die dem feudalen Herrschaftsideal absolut entspricht, sie wird rituell vollzogen und sinnfällig erfahrbar gemacht.

Leitideen

Aus der Perspektive des Höfischen steht also nicht das Liebesverhältnis zwischen Mann und Frau im Vordergrund, sondern das höfische Verhalten des Mannes, das sich an seinem Minnedienst zeigt. Das Verhältnis des Mannes zur Frau entspricht dem Verhältnis von Lehnsherrn und Lehnsnehmer. Im Minnesang werden daher häufig Begriffe verwendet, die aus der mittelalterlichen Rechtssprache stammen. *Dienest, triuwe, g(e)nâde, lôn, gewalt, eigen, gebieten* und *geniezen* sind Beispiele für Rechtstermini, die zur Beschreibung des Minneverhältnisses herangezogen werden (Brandt 1989, S. 32).

Höfisches Verhalten

Die *vrouwe* wird als Herrin angesprochen, zu der das Sänger-Ich in einem Dienstverhältnis steht. Dienst hat keine negative Konnotation, denn zu dienen ist im christlichen Kontext eine ehrenvolle Aufgabe. Mit den Kreuzzügen, bei denen Christus zum obersten Lehnsherrn stilisiert wird, wird Dienst auch für die Herrschenden eine positive Aufgabe. Im feudalen Herrschaftsgefüge bezeichnet *dienst* die persönliche Abhängigkeit des Vasallen oder Dienstmannes von seinem Herrn. Damit ist nicht nur seine Unterordnung dokumentiert, denn Dienst ist zugleich eine Auszeichnung für denjenigen, der ihn ausübt. Das Dienstverhältnis zeigt besondere Herrschaftsnähe an und ist in diesem Sinne auch Verdienst, denn es ist mit Ansehen verbunden. Das macht verständlich, weshalb der Mann trotz der prinzipiellen Unerreichbarkeit der Frau in ihrem Dienst verharren will. Die Aufkündigung eines Dienstes ist weniger Befreiung als vielmehr Verlust einer hervorgehobenen Position. Die Vorbildlichkeit des Dienstes zeigt sich in der *triuwe* und der *staete*, in der Unverrückbarkeit und Bedingungslosigkeit, mit der die Gefolgschaft geleistet wird. Die Treuebindung des Mannes an

Dienst

die *vrouwe* im Minnesang demonstriert die hohe Verlässlichkeit, die mit dem Dienst gefordert ist. Das lyrische Ich weist sich als idealer und vorbildlicher Gefolgsmann aus.

Gruß Auch die Sprache höfischer Rituale findet im Minnesang Niederschlag. Wenn so häufig der *gruoz* der Dame ersehnt wird, erscheint dies zunächst als kurioses Ansinnen auf eine geringe Bezeugung von Zuneigung. Im Kontext höfischen Verhaltens ist Grüßen jedoch fest in zeremonialen Strukturen verankert. Der Gruß symbolisiert Anerkennung und zeigt Freundschaft an, wird er verweigert, deutet dies auf einen Konflikt oder auf den Entzug von Huld und stellt somit das gesamte Dienstverhältnis in Frage. Wenn der Gruß der Dame als Ziel des Singens ausgegeben wird, ist die Erhaltung des Dienstverhältnisses Selbstzweck und bestätigt die Strukturen der Herrschaft.

Ministerialenthese Die Beziehung zwischen Minnesang und feudalem Dienst hat unter anderem zu der Annahme geführt, dass Ministeriale mit Minnesang ihre Unterwerfung unter ihre Herren ausdrücken wollten, um sich für weitere Herrschaftspartizipation und Anerkennung zu empfehlen. Diese These ist nur schwer haltbar, denn es lässt sich nicht beweisen, dass Minnesang Ministerialendichtung war oder besonders viele Ministeriale als Minnesänger auftraten (Bumke 1976; Brandt 1989).

Selbstdarstellung des Hofes Als zeremonieller Gesang, der die utopischen Herrschaftsideale des Hofes symbolisiert und seiner Selbstdarstellung Ausdruck verleiht, ist Minnesang eine kollektive Imagination für den gesamten Hof. Das Bild des Mannes, der die Hohe Minne pflegt, hat Identifikationspotential für alle, die der Idealität der Utopie zustimmen.

Minnesang und Religion

Dienst als Bestandteil christlicher Herrschaft Dienst zu leisten ist im Kontext der christlichen Religion für mächtige Herrscher und hohe Adlige ein positiver Wert. Die irdische Herrschaft ist der himmlischen nachgebildet und Gott selbst verleiht den weltlichen Herrschern Autorität. Als Diener Gottes sind sie gehalten, sich nach seinem Gebot und Willen zu richten. Herrschen ist Dienen und daher ist Dienstverpflichtung ein Bestandteil des kollektiven Selbstbildes des Adels, das im Minnesang seinen Ausdruck findet.

Stellung der Frau Minnesang als symbolischer Ausdruck des Herrschaftsideals erklärt aber nicht ohne Weiteres, dass die Frau in den Liedern trotz minderer Rechtsstellung die Rolle der Herrscherin über den Mann einnimmt und ihn zwingt, sich mit entsagungsvoller und unerfüllbarer Liebe abzufinden. Eine Erklärung bieten Umbrüche in der Religionsauffassung des hohen Mittelalters.

Anpassungsfähigkeit des Christentums Das Christentum, in seinem Ursprung eine Religion der Armen und Unterdrückten, ist in einem hohen Maße anpassungsfähig an politische und soziale Strukturen. Obwohl die christliche Heilsbotschaft in ihrem Kern für alle Menschen zu allen Zeiten beständig bleibt, werden in religiösen Vorstellungen Kontexte und kulturelle Eigenarten adaptiert, so dass differente Interpretationen des Glaubens möglich werden. Die Auslegungen des Heilsgeschehens werden jeweils rekonstruktiv aktualisiert und die konkrete Umsetzung von Christentum nimmt immer wieder neue Formen an.

Christus als Herrscher Konstantin führt eine strenge Hierarchisierung der Staatskirche ein, bei der die kirchlichen Ämter den politischen angeglichen werden (Schreiner 2006, S. 310 ff.). Geistliche Würdenträger werden wie weltliche mit Insignien und

Ornaten ausgestattet, Christus erhält den Rang eines Kaisers, die Apostel gelten als sein Senat und Maria kommt der Rang einer Kaiserinmutter zu.

Im Laufe des Mittelalters erfährt der christliche Glaube eine Anpassung an die Wertvorstellungen des Adels, denn die Christianisierung geht von der Oberschicht aus. Christus wird als oberster Lehnsherr verstanden, so dass die Nachfolge Christi als Gefolgschaft und Treuepflicht gegen einen mächtigen Herrscher interpretiert wird. Das Gottesbild ist das eines kampfesstarken Gottes, der sich als Unterstützer in Schlachten als mächtig erweist oder sogar Kriege im Namen Gottes selbst anführt, wie es zu Zeiten der Kreuzzüge gedacht wurde. Der christliche Gott des Mittelalters wird zu einem ritterlichen Gott, der ausgezeichnet ist durch alle adligen Tugenden. Dies hat Auswirkungen auch auf das Bild Mariens.

Gott des Adels

Seit dem Konzil von Ephesus im Jahre 431 gilt Maria als Gottesgebärerin, und im Laufe der Jahrhunderte entwickeln sich Formen des Marienkultes. Ab dem 7. Jahrhundert etablieren sich die ersten Marienfeste, deren wichtigstes, das Fest der unbefleckten Empfängnis, erst im 12. Jahrhundert gegen den Widerstand bedeutender Theologen anerkannt wird. Maria gilt nun als Helferin und Fürsprecherin, deren Anrufung als wirkungsvoller eingeschätzt wird als die anderer Heiliger.

Marienkulte

Sowohl die Armut Mariens als auch der Kreuzestod Christi sind für die Adligen Ärgernisse, denn sie lassen sich nicht mit den höfischen Elite- und Ehrvorstellungen vereinbaren. Maria, die Magd des Herrn (Luk. 1, 38), wird den aristokratischen Frömmigkeitsbedürfnissen angepasst, indem ihre Herkunft vom Geschlecht Davids abgeleitet wird. König David als mächtige Herrscherfigur des Alten Testaments ist seit Karl dem Großen ein Vorbild irdischer Herrschaft und als Vorfahre Mariens der Garant für ihren und Christi Adel. Auf diese Weise kann sie als Standesgleiche verehrt werden und dem Adel religiöse Weihen verleihen. Im 12. Jahrhundert hat die Marienverehrung ihren Höhepunkt. Als Himmelskönigin kommt ihr der Rang einer Herrscherin und Herrin zu, der auch Jesus als ihr Sohn Gehorsam schuldet. Beim Jüngsten Gericht wird sie als Fürsprecherin der Seelen an seiner Seite sitzen, und ihr Wort wird mehr Geltung haben als das anderer Heiliger. Adel und Ritterschaft befleißigen sich daher der Marienverehrung und wählen sie zur Turnierhelferin und Patronin von Rittergesellschaften.

Maria als Adlige und Helferin der Ritter

Maria verbindet hohe Abstammung mit höchster Tugend und Gottesnähe, sie verkörpert das Leitbild adliger Lebensführung und spornt zu standesgemäßer Lebensführung an (Schreiner 2006, S. 328 ff.). Sie vereint alle Tugenden und ist als himmlische Königin die höchste aller Frauen und ein nicht zu erreichendes Vorbild. Wenn der *Vrouwe* im Minnesang höchste Vollkommenheit zugesprochen wird, so gleicht ihr Bild dem Mariens. Immer wieder werden Attribute und Eigenschaften Mariens der v*rouwe* zugeschrieben, so dass die Grenze zwischen Marienverehrung und Verehrung adliger Damen fließend werden kann (Tervooren 2000). Als irdisches Abbild Mariens ist die *vrouwe* im Minnesang ebenfalls unerreichbares Vorbild an höfischer Weiblichkeit. Sie zu verehren wie Maria und ihr bedingungslos zu dienen, ist eine ehrenvolle Aufgabe für den Mann. Dabei ist sie der Realität so weit entrückt, dass sie literarische Fiktion bleiben muss. Keine irdische Frau kann diese Rolle füllen, und das reale Verhältnis zu den Frauen des Hofes bleibt davon unberührt.

Die vrouwe als irdisches Abbild Mariens

Minnesang und Innerlichkeit

Offenbarung und Rationalität

Im 12. und 13. Jahrhundert werden heftige philosophische und theologische Diskussionen um das Verhältnis von Offenbarung und Rationalität, Glauben und Wissen geführt. Augustinus hatte im 4. Jahrhundert der Offenbarung eine Vorrangstellung eingeräumt. Mit der arabisch vermittelten Aristotelesrezeption im 11. Jahrhundert wird eine Hochschätzung der Vernunft erkenntlich. Vernunftgeleitete Erkenntnis, so der Gedanke, führt letztlich zum gleichen Ergebnis wie der durch Offenbarung geleitete Glaube, denn in Gott gibt es nur eine Wahrheit, zu der man auf unterschiedliche Weise gelangen kann. Die Auseinandersetzungen erfassen weite Kreise.

Mystik und innere Erkenntnis

Die Hochkonjunktur der Mystik im hohen und späten Mittelalter ist eine Strömung, die dem Rationalismus entgegenwirkt. Die mystische Gottesschau als innere Erkenntnis wird der Rationalität gegenübergestellt. Innere Erkenntnis wird aufgefasst als Innerlichkeit des Individuums. Das Herz wird als Ort von Glauben und Gefühl bestimmt, der Kopf als Ort von Wissen und rationaler Erkenntnis. Mit dem Herzen sehen heißt unmittelbar erschließen, was der Vernunft verborgen bleibt und der Rationalität nicht zugänglich ist. Steht das flammende Herz bei Augustinus für das nach Gott strebende Erkenntnisvermögen, so wird es nun zum Symbol für tiefe Empfindungen des Individuums.

Herz

Das Herz wird dabei im profanen Sinn zum universellen Symbol tiefer Empfindung. Liebe, Leidenschaft, Leid und Mitleid werden zu Herzensangelegenheiten. Nicht nur Altarbilder, Monstranzen und Reliquienbehälter werden mit Herzen versehen, auch erotische Liebe wird mit dem Herzen in Verbindung gebracht. Die Pfeile des Eros und der Venus, ein aus der Antike überliefertes Sinnbild für leidenschaftliche Liebe, zielen nun auf das Herz des Gegenübers (Høystad 2006, S. 82). Liebende tauschen ihre Herzen, sie schenken sie einander, sie erkennen sich mit dem Herzen.

Gottfrieds von Straßburg „Tristan"

Gottfried von Straßburg richtet seinen Roman „Tristan" an die *edelen herzen* und spricht diejenigen an, die zu tiefer Empfindung fähig sind, die in der Welt ihres Herzens süße Bitterkeit, liebes Leid, Herzensliebe, Sehnsuchtsqual, liebeserfülltes Leben, leidvollen Tod, liebeserfüllten Tod und leidvolles Leben zugleich tragen (Tristan, V. 55 ff.). Das Herz fasst eine eigene Welt, die der auf weltliche Freuden ausgerichteten, korrupten Welt des Hofes gegenübersteht und sich ihr entzieht. Die Protagonisten brechen zwar die Normen der Hofgesellschaft, sie sind verstrickt in Ehebruch, Lügen und List, aber ihre Herzen sind edel, und sie sind einander in tiefer, reiner Liebe verbunden. Ihrer Liebe kommt „eine über-irdische und damit utopische Qualität zu, da sie in einer Welt von Falschheit, Verstellung und Intrige dem einzelnen Menschen ,Wahrheit', Erkennen von Wirklichkeit – und sei es ,nur' des geliebten Menschen – ermöglicht. Der Geliebte erscheint der Liebenden so klar, unverstellt wie in der mystischen *visio* Gott den Menschen." (Schnell 1992, S. 227). Erkenntnisse von Wahrheiten geschehen innerlich, im Herzen derer, die sich von der Außenwelt abwenden, sie vollziehen sich in der Liebe zu einem anderen Menschen ebenso wie in der Liebe zu Gott. Herz, Gefühl, Liebe und Religiosität werden Konstituenten einer privaten inneren Gegenwelt, die der als unzulänglich empfundenen Außenwelt entgegensteht. In ihr wird die Gotteserkenntnis säkularisiert und Empfindung wird sakralisiert.

Die Herzmetaphorik wird auch im Minnesang aufgegriffen und es liegt nahe, Tendenzen zur Innerlichkeit aus den Liedern herauszulesen. Das führt zu ambivalenten Deutungsmöglichkeiten der Lieder. Als Teil der höfischen Repräsentation ist Minnesang an die Öffentlichkeit gerichtet. Gleichzeitig aber übersteigen die Deutungsmöglichkeiten den Kontext der höfischen Symbolwelt, weil neben der Herrschaftsdemonstration auch eine innerliche, gefühlvolle Hinwendung des Mannes zur Minnedame impliziert wird. Deutlich wird dies an der Emotionalisierung und Personalisierung von Begriffen, die zunächst öffentliches Handeln bezeichnen (Brandt 1989, S. 68).

Ambivalente Deutungsmöglichkeiten

Die ritterlichen Tugenden wie *triuwe, staete* und die Bereitschaft zum *dienst*, die das Verhältnis von *vrouwe* und *ritter* kennzeichnen, lassen sich nicht nur als Rechtsbegriffe lesen, die den idealen Gefolgsmann ausmachen, sondern auch als „privatisierte" Tugenden eines liebenden Mannes. Treue als Rechtsbegriff meint korrektes Handeln hinsichtlich eines Vertragsabschlusses und kennzeichnet das ritterliche Verhalten. Als Begriff der Innerlichkeit wird Treue als Eigenschaft aufgefasst, die dem Treuen als zu seinem inneren Wesen gehörend zugeschrieben wird. Interpretiert man Minnesang hinsichtlich des Herrschaftsideals, weist die Betonung der Treueverpflichtung auf die Anerkennung des Herrschers und lässt sich als symbolisiertes Unterwerfungsritual deuten. Interpretiert man im Kontext von Innerlichkeit, wird Treue zur Selbstverpflichtung des Mannes, der, seinem Inneren folgend, trotz beständiger Ablehnung nicht von seiner Minne ablässt. Ohne äußere Notwendigkeit verharrt er mit *triuwe* in der Verehrung der Dame, ohne sich anderen Frauen zuzuwenden. Treue ist dann Zeichen tiefer persönlicher Zuneigung, die von rechtlichen Verpflichtungen losgelöst auf wahre Herzensliebe gründet.

Emotionalisierung und Personalisierung

Mit der Etablierung der Innerlichkeit werden Rechtsbegriffe und Tugendbegriffe, die ursprünglich auf Verhaltensnormen bezogen sind, als Eigenschaften auf das Subjekt gewendet. Freigebigkeit ist nicht mehr nur eine für den Herrscher notwendige Erfordernis höfischer Repräsentation, mit der er seine Position öffentlich legitimiert, sondern auch eine Eigenschaft, die ihn als Person vor anderen hervorhebt. Der *hohe muot*, der die gehobene Stimmung der Hofgesellschaft beschreibt, wird zur Gesinnung des Einzelnen, zu einer Charaktereigenschaft, die ihn als dem Hof zugehörig ausweist. Die Wendung zur Innerlichkeit markiert zugleich eine Wendung zum Subjekt.

Wendung zum Subjekt

Die Deutungsmöglichkeit des Minnesangs als subjektive Liebeslyrik ist im hohen Mittelalter nebengeordnet, gewinnt aber in der Rezeption des 18. und 19. Jahrhunderts so viel Bedeutung, dass Minnesang nahezu ausschließlich als Ausdruck wahrer Gefühle interpretiert wird. Insbesondere in der Romantik werden Innerlichkeit, Gefühl und Liebe zu Leitbegriffen, die zur Vereinnahmung des Minnesangs für Individualitätskonzepte und Gefühlsästhetik führen.

Subjektive Liebeslyrik

6. Minnesang als literarisches Spiel

Minnesang ist nicht nur Aufführungskunst mit konkreten Bezügen zur Höfischheit, die das Publikum gemeinsamer Werte versichert und identitätsbildend wirkt. Minnelieder sind als Teil des komplexen Gefüges Literatur auch ästhetische Kunstwerke. Inhalte und Gattungen des Minnesangs werden in Minneliedern reflektiert und ein spielerisch-distanzierter Umgang mit Idealen und Formen zeigt, wie sehr auch Unterhaltung intendiert wird. Intertextualität, Gegengesänge mit Anspielungen oder Zitaten, Parodien und Andeutungen oder Anmerkungen in anderen Gattungen lassen Minnesang zum Teil eines literarischen Spiels werden.

Gegengesänge

Definition

Wenn in einem Minnelied das Ideal der hohen Minne oder Topoi des Minnesangs parodiert werden, spricht man von Gegensang oder Gegengesang. Der Begriff ist eine Übersetzung des französischen Ausdrucks *contre-texte*. Gegengesänge konterkarieren den Minnesang mit seinen eigenen Mitteln. „Es sind Lieder, in denen höfische Liebe nur Folie für andere Liebesauffassungen ist, Lieder, welche dem zeremoniellen Handeln entgegengesetzt sind und die private und damit auch kreatürliche, menschlichem Verhalten zugeneigte Phänomene spiegeln und sexuelle Tabus brechen" (Tervooren 1990, S. 254). Solche *contre-textes*, die aus der französischen Trobadorlyrik bekannt sind, parodieren die Szenarien der hohen Minne, indem das Personal oder die Orte des Minnegeschehens geändert werden oder das Ideal der unerfüllbaren Liebe durch erotische Konnotationen ersetzt wird.

Publikum und Autoren

Die Gegengesänge setzen die Kenntnis der Minneideologie und Minnesangterminologie voraus, so dass nur ein Publikum, das mit dem hohen Sang vertraut ist, die parodistischen Elemente verstehen kann. Während in der französischen Tradition kein Zweifel daran besteht, dass höfische Lieder und *contre-textes* von den gleichen Autoren verfasst worden sind, ist dies in der germanistischen Forschung nicht unstrittig. Dies liegt zum einen daran, dass für die Autoren der Minnelieder deutlich weniger Lebensdaten überliefert sind als für die Trobadors, und zum anderen die Unechtheitserklärungen der frühen Editoren langfristige Nachwirkungen haben. Viele Gegengesänge werden anonymen Schreibern des späten Mittelalters zugerechnet, selbst wenn sie in den Handschriften unter den Namen von Minnesängern geführt werden. Dass mittelhochdeutsche Minnelieder und Gegengesänge eng zusammengehören und denselben Autoren zugerechnet werden können, hat Helmut Tervooren am Beispiel Reinmars gezeigt (Tervooren 1990). Eher unstrittig ist die Formenvielfalt für das Werk Walthers von der Vogelweide, das sowohl Minnelieder als auch Gegengesänge enthält.

Spielerischer Umgang mit dem Minneideal

Viele Lieder, die dem Textbestand des hohen Sanges zugerechnet werden, enthalten Ambivalenzen, die einen spielerischen Umgang mit dem Minneideal offenbaren. Deutlich ist dies in Lied XV Hartmanns von Aue, in dem das lyrische Ich den *wîp* den Vorzug vor den *vrouwen* gibt und ankündigt, sie so zu behandeln, wie er von ihnen behandelt wird. Aber auch wenn der Kürenberger Frauen mit Jagdvögeln vergleicht, wenn Heinrich von Morungen offen lässt, ob nur die Arme der Dame oder ihr ganzer Körper entblößt ist und wenn Reinmar vom Kussraub berichtet, dann sind dies erotisch konnotierte Anspielungen, die dem Minneideal entgegenstehen und an die Grenze zum Gegengesang führen.

Gattungsparodien

Andere Oeuvres, wie das Neidharts, beinhalten vorwiegend Gegengesänge. In seinen Liedern konkurrieren Ritter mit den Knechten um die Zuneigung von Mägden und Bauernmädchen. Nicht der Hof, sondern das Dorf ist

Ort des Geschehens, nicht die wohlwollende Zuneigung, sondern die sexuelle Befriedigung ist Ziel des Mannes. In anderen Gegengesängen werden Gattungen parodiert, als Beispiel sei Steinmars Tagelied genannt, in dem Knecht und Magd am Morgen scheiden müssen, weil der Hirte laut ruft und mahnt, die Herde hinauszutreiben.

Die Erotisierung von Minnegeschehen ist ein nahezu konstitutives Moment von Gegengesängen. Das gilt sowohl für Lieder, die die Minnelyrik flankieren als auch für Lieder, deren Überlieferung erst später einsetzt. In den Liederbuchliedern des späten Mittelalters finden sich anonym tradierte Lieder, in denen die Minnedame demontiert wird, indem nicht ihre Unnahbarkeit, sondern ihre sexuelle Unersättlichkeit und Überlegenheit als Grund ihrer Unerreichbarkeit betont werden. Die minnesangtypischen Topoi wie Dienst oder Lohn werden konkretisiert und erotisiert und damit auf derb erotisches Geschehen gewendet.

Erotisierung von Minne

Parodie und Polemik

Intertextuelle Bezüge sind in der mittelhochdeutschen Literatur häufig. Dichter nennen einander, verweisen auf die Werke anderer, spielen auf sie an oder parodieren sich gegenseitig, indem sie Textpassagen aufgreifen und verfremden. Sowohl in lyrischen als auch in epischen Texten sind solche Formen literarischer Kommunikation überliefert.

Literarische Kommunikation

In einer Reihe von Minneliedern übernehmen Dichter Strophenformen oder Motive ihrer Kollegen, sie zitieren Wendungen und Zeilen oder verkehren Inhalte so, dass sie sie ad absurdum führen. Walther von der Vogelweide parodiert Heinrich von Morungen und Reinmar den Alten und wird seinerseits von Ulrich von Singenberg, Frauenlob und Heinrich von Rugge parodiert, um nur einige Beispiele zu nennen. Solche Anspielungen sind meist humoristischer Art, und sie zeigen vor allem, dass Minnesang einen hohen Bekanntheitsgrad gehabt haben muss, denn nur ein Publikum, das die Originale kennt, kann Zitate und Parodien als solche identifizieren.

Parodien

Die Grenze zwischen humoristischer Parodie und beißender Polemik ist bei performativen Akten nicht eindeutig, denn nicht nur die Texte, sondern auch das persönliche Verhältnis der Dichter zueinander und die Aufführungssituationen bestimmen darüber, ob es sich um einen wirkungsvollen Witz oder einen ernst gemeinten Affront handelt. Es ist daher nicht möglich, durch eine reine Textanalyse festzustellen, welchen Intentionen die intertextuellen Verweise folgen.

Polemik

Die in der Sekundärliteratur tradierte Bezeichnung „Dichterfehde" für gegenseitiges Parodieren ist daher eher fragwürdig. Insbesondere die so genannte Reinmar-Walther-Fehde hat viel Beachtung gefunden und wird immer noch kontrovers beurteilt. Der Fehde-Gedanke hat Wurzeln im „Wartburgkrieg", einem fiktiven Sängerstreit, der aus verschiedenen Dichtungen des 13. bis 15. Jahrhunderts besteht. In der literarischen Erzählung treten Sänger in einem Wettkampf um Leben und Tod gegeneinander an. Dies führte zu der Annahme, dass es ernst gemeinte Kontroversen zwischen Sängern gegeben haben müsse. Auf dieser Folie wurden Ende des 19. Jahrhunderts die Lieder, in denen textuelle Bezüge zwischen Reinmar und Walther von der Vogelweide sichtbar werden, interpretiert. Da in dieser Zeit Walther als der bedeutendste mittelalterliche Dichter überhaupt gehandelt wur-

Dichterfehde zwischen Walther und Reinmar?

de und vielfache Bemühungen um eine Waltherbiographie eingesetzt hatten, lag es nahe, die Texte auf Walther hin zu deuten, um so weitere Aufschlüsse über seine Lebensstationen zu gewinnen (Bauschke 1999, S. 13). Der adlige Reinmar soll Hofpoet in Wien und Lehrer des Fahrenden Walther gewesen sein. Sowohl die unterschiedliche soziale Herkunft als auch der Altersunterschied und ihr Lehrer-Schüler-Verhältnis seien Anlass zu persönlichen Differenzen geworden. Als Walther dann eine andere Minneauffassung vertreten und Reinmar es darüber hinaus nicht ertragen habe, von seinem Schüler übertroffen zu werden, habe er aufgrund seines höheren Einflusses Walther aus Wien vertrieben. Walther, der immer den Wunsch zur Rückkehr an den Wiener Hof gehegt habe, habe nun den Konkurrenten mit seinen Liedern zu diskreditieren versucht. Aus den Texten selbst lässt sich eine solch gnadenlose Konkurrenz kaum ableiten und betrachtet man den Nachruf Walthers auf Reinmar (L 82, 24 und L 83,1), so liegt es näher, die parodistischen Bezüge als ein poetisches Scheingefecht und literarisches Spiel zu deuten, das in erster Linie zur Erheiterung des Publikums gedacht war.

Minnesang im Spiegel der Epik

Minnesang wird auf zwei Weisen in epischen Werken aufgegriffen. Zum einen äußern sich Dichter in so genannten Literaturkatalogen über Minnesänger und zum anderen wird Minnesang selbst zum Gegenstand des Erzählten.

Gottfrieds von Straßburg „Tristan" Den bekanntesten Verweis auf Minnesänger gibt Gottfried von Straßburg (Tristan, V. 4589–4852). Anlässlich der Schwertleite Tristans sollen der höfische Prunk und die Hochstimmung des Festes beschrieben werden. Gottfried gibt vor, diese nicht angemessen schildern zu können und zeigt auf, welche Dichter vor ihm solche *ritterlîchiu zierheit* treffend dargestellt haben. Er nutzt dies zum Anlass, sich über die Dichtkunst seiner Kollegen zu äußern. Minnesänger geben der Welt *hôhen muot* (V. 4760) und erinnern alle, die jemals geliebt haben, mit ihrem Gesang an die Liebe und an das Gute (V. 4765–4767). Namentlich nennt er Bligger von Steinach und Heinrich von Veldeke. Mit der Nachtigall von der Hagenaue (V. 4779), die alle anderen Sänger anführte, wird in der Regel Reinmar identifiziert. Nach ihrem Tod komme nun Walther von der Vogelweide die Führung der Minnesänger zu (V. 4800 f.). In *„Der Aventiure Crône"* Heinrichs von Türlîn würdigt der Autor zunächst das Wirken Hartmanns von Aue. Dann zollt er den mittlerweile verstorbenen Minnesängern, die *tugentbilde* und *werde lêre* vortrugen und das Lob und die Ehre der Frauen mehrten (V. 2421 f.), Bewunderung. Namentlich werden Reinmar, Dietmar von Aist, Heinrich von Rugge, Friedrich von Hausen, Ulrich von Gutenberg und Hug von Salza (dessen Werk nicht überliefert ist) genannt. Weitere positive Erwähnungen von Minnesängern und ihrer Kunst finden sich unter anderem bei Rudolf von Ems und Hugo von Trimberg. Aus allen Belegen lässt sich eine Hochschätzung des Minnesangs ablesen, der zur höfischen Freude und zum Lob der Frauen maßgeblich beiträgt.

Hartmanns von Aue „Der arme Heinrich" Das Ideal der hohen Minne ist als repräsentative Form der höfischen Utopie auch in epischen Werken zu finden. Der Dienst für die *vrouwen* gehört konstitutiv zu den Tugenden eines idealen Ritters. Allerdings zeigt sich die

Dienstbarkeit in der Regel nicht im Gesang, sondern in der ritterlichen Tat. Der Ritter kämpft und siegt für die Dame und mehrt so ihren Ruhm gleich dem seinen. Dennoch wird Minnesang zu den ritterlichen Fähigkeiten und Fertigkeiten gerechnet. Hartmann von Aue zählt im Prolog zum „Armen Heinrich" die Tatsache, dass er *sanc vil wol von minnen* (V. 71), zu den Vorzügen des Protagonisten.

In anderen Werken stellen Autoren das Minneideal und insbesondere den Minnesang humorvoll kritisch dar und verweisen auf den utopischen Charakter der hohen Minne, die wenig alltagstauglich sei. Der Stricker schlägt in einer Rede vor, wie ein höfischer Minnesänger behandelt werden sollte, würde er als Gast um Essen und Trinken bitten. Dem höfischen Benehmen eines solchen Gastes entspreche es nicht, wie ein Vielfraß nach Essen zu gieren. Daher solle er sich von der Minne ernähren, und man möge ihm Blumen, Laub und Gras auftischen, dazu einen singenden Vogel und eine sprudelnde Quelle unter einer Linde, aber weder Sauerkraut noch Kohl oder Rinderbraten. Auch sei kaltes Wasser das angemessene Getränk, um seine Hitze zu vertreiben, die ihm das Höllenfeuer des Teufels eingegeben habe. Offensichtlich zählt der Stricker Minnesang nicht zu den Künsten, die einer Entlohnung wert sind, er sieht im höfischen Minnesänger eher eine latente Gefahr für die Frauen.

Der Stricker

Der Protagonist des anonym überlieferten Werks „Mauricius von Craûn" wird als idealer Minnediener beschrieben, dessen ganzes Streben auf die Liebe zu der Gräfin von Beamunt gerichtet ist (V. 263–269). Er folgt dem in der Epik üblichen Handlungsmuster, denn er veranstaltet zu Ehren der Dame ein Turnier, dessen Prunk alle Vorstellungen überschreitet. Dennoch wird sein Verhältnis zu der Gräfin mit minnesangtypischen Topoi beschrieben, so dass er als Typus des Minnesängers gelten kann. In seiner Verzweiflung, nicht erhört zu werden, wendet er sich an die Dame, weil er Gewissheit haben möchte, ob sein Werben ihm Lohn einbringen könne. Sie sagt ihm den Lohn zu, wenn er ein Turnier veranstalte. Nach dem Turnier gleitet die Erzählung ab ins Schwankhafte. Die Gräfin gerät in eine ausweglose Situation. Wenn sie ihre Zusage einhält, verliert sie ihre Ehre, weil sie Ehebruch begeht. Gewährt sie den versprochenen Lohn nicht, verliert sie ihre Ehre wegen des gebrochenen Versprechens. Sie entschließt sich zum Ehebruch und Mauricius verlässt sie, weil sie die höfischen Konventionen gebrochen und ihre Ehre verloren hat: *wærn alliu wîp als ir sit, ich gediente ir keiner nimmer mê* (Wären alle Frau wie ihr, dann diente ich keiner mehr, V. 1632f.) Die Paradoxie des Minneverhältnisses wird hier deutlich vor Augen geführt. Der Minnediener leidet an der Verweigerung des Lohns, den er als höchstes Ziel seines Strebens ansieht. Gelangt er aber zum Ziel und wird ihm der Lohn gewährt, ist dem Minneverhältnis der Boden entzogen.

„Mauricius von Craûn"

Ein weiteres Werk, das die Fragwürdigkeit des Minneverhältnisses thematisiert, ist Ulrichs von Lichtenberg Frauendienst. Zentrum dieses strophischen Romans, in den 57 Minnelieder, ein Leich, drei „Büchlein" und sieben Briefe eingestreut sind, ist der Minnedienst, der sowohl in den Traditionen des Minnesangs als auch in den Traditionen der epischen Überlieferung entfaltet wird, denn der Protagonist umwirbt die *vrouwen* mit Gesängen und Turnierkämpfen zu ihren Ehren. Scheinbar authentisch schildert der Autor seine skurrilen Erlebnisse im Dienst zweier Frauen, die unterschiedliche

Ulrichs von Lichtenstein „Frauendienst"

Typen der Minnedame verkörpern. Zunächst als Frau Venus und später als König Artus verkleidet, zieht er umher und veranstaltet Turniere. Er schlürft das Handwasser seiner Auserkorenen, lässt sich ihr zuliebe seine Hasenscharte operieren, verharrt frierend in der Burgkloake und gerät unter Aussätzige. Schließlich schickt er der verärgerten *vrouwe* als Beweis seiner Liebe einen amputierten Finger, damit sie die Verletzung sehen kann, die er im Turnier für sie erlitten hat. Der Protagonist ist also unzähligen Peinlichkeiten ausgesetzt und weit davon entfernt als ritterlicher Held zu erscheinen. Er wird zur komischen Figur, die scheitert, weil sie den literarischen Entwurf höfisch-idealer Lebensweise konsequent in die Realität umzusetzen versucht. Minnedienst wird entlarvt als literarische Fiktion, die nicht zur Anwendung taugt. Der Minnediener erweist sich als früher Don Quichote, das Werk als gelungene Minneparodie.

IV. „Phasen" und Autoren des Minnesangs

1. Die „Phasen" des Minnesangs

Um die vielfältigen Formen und Ausprägungen des Minnesangs zu strukturieren, unterteilt man ihn in Phasen. Diese Einteilung ist problematisch, denn es gibt kaum Hinweise auf Autoren oder Datierungen. Die Ursprünge liegen im Dunkeln, ab der Mitte des 12. Jahrhunderts lässt Minnesang sich nachweisen, und sehr schnell setzt eine Formenvielfalt ein, die keine Rückschlüsse auf eine genaue Entwicklung zulässt. Dass man dennoch Entwicklungsphasen annimmt, geht auf das Wissenschaftsverständnis in den Anfängen der Minnesangforschung zurück. Ende des 19. Jahrhunderts war die Biologie Leitwissenschaft, und andere Disziplinen übernahmen Erklärungsmuster und Begriffe. Die Übertragung des organologischen Entwicklungsmodells auf die Literatur führte zu der Annahme, dass Gattungen und Formen sich analog zu biologischen Vorgängen entwickeln. Ein zarter Anfang mit wenig ausgeprägten Strukturen führe allmählich zu einer Blütezeit, in der sich Formen vollständig entfalteten und differenzierte Texte von hoher Qualität böten. Dem Muster der Vergänglichkeit folgend setze dann ein Verfall ein, bei dem die Texte immer minderwertiger würden, bis schließlich die gesamte Form untergehe. Die Problematik dieser Sichtweise liegt auf der Hand. Qualitätsurteile werden herangezogen, um chronologische Abfolgen zu konstruieren. Solche Urteile stützen sich nicht selten auf moralische Bewertungen, mit denen eine Entwicklung von der hohen Minne über die „ebene" Minne bis hin zur niederen Minne oder zum erotischen Lied aufgezeigt werden soll.

Entwicklungsmodell

Dennoch ist die Einteilung des Minnesangs in Phasen eine nützliche Forschungstradition, die der Übersicht dient. „Phasen sind nicht als zeitlich lineare Abfolge zu verstehen. Sie laufen vielmehr parallel oder sich überschneidend und überlagernd" (Schweikle 1989, S. 79). Der Begriff Strömungen des Minnesangs wäre also treffender. Es gibt kein verbindliches Modell der Einteilung, und es ist sinnvoll, je nach Forschungsansatz einzelne Dichter unterschiedlichen Phasen zuzuschlagen. Das Folgende dient daher nur einem groben Überblick.

Phasen oder Strömungen

Erste Phase oder Donauländischer Minnesang:

Die frühen Minnelieder, die auf die Zeit von 1150/60 bis 1170 datiert werden, fasst man unter der Bezeichnung „Donauländischer Minnesang" zusammen, weil man vermutet, dass die Dichter aus dem Donaugebiet stammen. Zu dieser Frühphase zählt man Meinloh von Sevelingen, den Burggrafen von Regensburg, den Kürenberger und Dietmar von Aist. Der Burggraf von Rietenburg kann ebenso dazu gerechnet werden, aber man kann ihn auch der zweiten Phase zuordnen. Kennzeichnend für den Donauländischen Minnesang sind weitgehende Einstrophigkeit, Langzeilenstrophen und Paarreime. Wechsel und Frauenstrophen sind häufiger als in anderen Phasen, und gegenseitige Liebe, die verheimlicht werden muss, steht

Donauländischer Minnesang

im Vordergrund. Die Motive der hohen Minne sind nicht voll ausgeprägt, aber die sprachliche Fassung verweist auf einen höfischen Kontext.

Rheinischer Minnesang

Zweite Phase oder Rheinischer Minnesang:

Der Rheinische Minnesang gilt als erste Hochphase in der Zeit von 1170 bis 1190/1200. Friedrich von Hausen, der urkundlich bezeugt ist, gilt als bedeutendster Dichter dieser Phase. Sein künstlerischer Einfluss wird hoch geschätzt, und man findet den Begriff „Hausen-Schule" als Kennzeichnung seiner Wirksamkeit. Außer ihm zählt man Bligger von Steinach, Bernger von Horheim, Ulrich von Gutenburg, Otto von Botenlaube, Heinrich von Veldeke, Rudolf von Fenis, Heinrich von Rugge und Albrecht von Johansdorf zu den Dichtern des Rheinischen Minnesangs. Da Friedrich von Hausen am Stauferhof bezeugt ist und Heinrich von Veldeke in seinem Werk „Eneit" behauptet, die Schwertleite der Söhne Barbarossas selbst miterlebt zu haben, vermutet man den Stauferhof als Wirkungsort des gesamten Kreises. Man geht von einem starken Einfluss der okzitanischen und französischen Dichtung aus, der die Übernahme des Konzepts der hohen, nicht erfüllbaren Minne befördert haben soll. Die Lieder sind mehrstrophig, die in der Regel reinen Reime folgen differenzierten Reimschemata. Die Motive der hohen Minne sind ausgeprägt, Minneklage und Kreuzzugsthematik beherrschen den Inhalt der Lieder.

Heinrich von Morungen, Reinmar, Hartmann von Aue

Dritte Phase: Die Dritte Phase gilt als zweite Hochphase und wird auf 1190–1210/20 datiert.

Als führende Dichter werden Heinrich von Morungen, Reinmar und Hartmann von Aue angegeben. Die Lieder zeigen ausgeprägte Formkunst und sind thematisch vielfältig. Auffallend im Werk aller drei Dichter ist die Tendenz zur Reflexion über Minnekonzept und Minnesang. Jeder von ihnen prägt seine Lieder in besonderer Weise. Heinrich von Morungen greift antike Motive auf und arbeitet mit einer differenzierten Lichtmetaphorik. Reinmar treibt das Lob der *vrouwe* in manchen Liedern auf die Spitze und preist sie in so überhöhter Weise, dass er Walther von der Vogelweide Anlass zur Parodie gibt, und aus Hartmanns Lieder lässt sich herauslesen, dass ihm die hohe Minne durchaus fragwürdig erscheint.

Höhepunkt, Walther von der Vogelweide

Vierte Phase: Diese Phase verläuft fast parallel zur Dritten Phase, man datiert sie von 1190 bis 1230. Walther von der Vogelweide ist ihr herausragender Vertreter, Wolfram von Eschenbach und Gottfried von Straßburg, deren epische Werke bedeutender sind als ihre Minnelieder, werden ebenfalls hinzugerechnet, spielen aber eine geringe Rolle. Dies liegt nicht zuletzt an der Hochschätzung Walthers im 19. Jahrhundert, die ihm den Ruhm einbrachte, der größte Dichter des Mittelalters überhaupt zu sein. Seine Minnelieder wurden als Höhepunkt des Minnesangs ausgewiesen, weil er formal die Reimkunst und inhaltlich die Minnekonzeption vollendet habe. Da Walther aber nicht nur über hohe Minne dichtet, sondern auch Gegengesänge verfasst, der Gleichstellung der Partner in der Liebesbeziehung („ebene Minne") einen Platz in seinem Werk einräumt und der niederen Minne ein Loblied singt, sieht man in ihm zugleich den Überwinder des höfischen Minnesangs.

Nachklassische Zeit, Neidhart

Fünfte Phase: Die Fünfte Phase, von 1210–1240, gilt als erste Spätphase oder nachklassische Epoche des Minnesangs. Hugo Kuhn hat den Begriff von „Minnesangs Wende" eingeführt (Kuhn 1952). Die Dichtung nach

Walther, so die These, ist gekennzeichnet durch Objektivierung und Formalismus. Da mit Walther das Konzept der hohen Minne vollendet sei, beschränke sich der Umgang der nachfolgenden Dichter auf eine immer neue Zusammenstellung schon vorhandener inhaltlicher Versatzstücke in immer weiterer stilistischen Variationen. Vorgegebene Motive und Muster würden tradiert, aber nicht weiterentwickelt. Die Auseinandersetzung mit der Idee der hohen Minne weiche zudem einer Hinwendung zum Realismus. In der früheren Forschung wurde der späte Minnesang wenig beachtet, da man ihn für konventionell und schablonenhaft hielt. Der einzige Dichter des nachklassischen Minnesangs, der Beachtung fand, war Neidhart. Er entwirft in seinen Sommer- und Winterliedern eine bäuerliche Gegenwelt zum höfischen Minnesang, die starke schwankhafte Züge und derb-erotische Konnotationen hat. Viele seiner Strophen und Lieder fielen zunächst Unechtheitserklärungen zum Opfer. Neidharts Lieder sind die ersten, zu denen einige Melodien überliefert sind.

Sechste Phase: Von 1210 bis 1300 wird die zweite Spätphase des Minnesangs angenommen, in der über 90 Dichter, von denen nur wenige Lieder oder Strophen überliefert sind, zusammengefasst werden. Zu ihnen zählt man u. a. die Dichter des Schweizer und des Schwäbischen Minnesangs. Ulrich von Lichtenstein, Reinmar von Brennenberg und der Tannhäuser gelten als Vertreter des Bairisch-Österreichischen Minnesangs. Die zahlreichen Dichter der Spätphase zeigen in ihren Liedern eine so große formale und thematische Vielfalt, dass sich kaum allgemeine Aussagen treffen lassen.

Schweizer Minnesang, Schwäbischer Minnesang, Bairisch-Österreichischer Minnesang

2. Autorendarstellungen und Zuschreibungen

Es ist eher die Ausnahme als die Regel, wenn sich die historische Existenz eines Autors nachweisen lässt, zumal es noch nicht einmal sicher ist, ob die mit den Liedern überlieferten Namen in jedem Fall den Autor bezeichnen, denn auch Nachsänger, die Lieder von anderen übernommen haben, oder Sammler von Liedern könnten gemeint sein. Das hat verschiedene Gründe.

Vor Ende des 13. Jahrhunderts sind genaue Autorbezeichnungen in der Literatur insgesamt selten. Literarische Werke waren Auftragsdichtung und damit ein eher handwerkliches Schaffen, für das der Autor Unterstützung eines Auftraggebers oder Mäzens erwarten konnte. So ist zu erklären, dass in mittelhochdeutschen Dichtungen häufig die adligen Gönner, aber nur selten Autoren genannt werden. Selbst wenn sie, bevorzugt im Prolog oder Epilog, ihren Namen nennen und möglicherweise den Hörer oder Leser bitten, für sie zu beten, lassen sich daraus kaum biographische Erkenntnisse gewinnen. Im 19. Jahrhundert wird, motiviert durch die Genieästhetik der Romantik, die Frage nach der Identität mittelalterlicher Autoren aufgeworfen. Der Hochschätzung der Texte gemäß wurden Biographien der Autoren erstellt. Da es zu den meisten von ihnen keine Informationen gibt, versuchte man, solche aus den Werken zu gewinnen. Dieses Verfahren ist nicht unproblematisch, denn selbst bei Hartmann von Aue, der relativ viele Angaben in Ich-Form macht, ist nicht unstrittig, ob diese Zuschreibungen wirklich dem Autor oder lediglich der Erzählerrolle des Textes zuzurechnen sind.

Autoren epischer Werke

Autordarstellungen in der Minnesangüberlieferung

Im Minnesang scheint die Lage auf den ersten Blick anders. Offensichtlich hatten die Sammler ein Interesse daran, mit den Liedern die Namen ihrer Dichter festzuhalten. Minnelieder sind daher in der Regel mit Autorennamen und in den großen Handschriften sogar mit Miniaturen überliefert, die sie in „typischen" Posen zeigen. Jedem Dichter wird in seiner Miniatur ein Wappen zugeordnet. Diese werden in der Anfangszeit der Minnesangforschung als Belege für den adligen Stand der Minnesänger gedeutet. Das ist jedoch problematisch. Zwar gibt es Wappen, die mit den Namen der Träger übereinstimmen, aber es gibt ebenso falsche Zuordnungen, und es gibt Phantasiewappen, die sich überhaupt nicht nachweisen lassen. Die Miniaturen „spiegeln wider, was die Maler am Anfang des 14. Jahrhunderts für ‚richtig' hielten" (Bumke 1976, S. 42), und hatten offensichtlich nicht den Anspruch, die genaue Herkunft der Dichter nachzuweisen.

Ministerialenthese

Die mit den Minneliedern überlieferten Namen geben ebenfalls nur scheinbar Sicherheit über die Identifikationsmöglichkeiten der Autoren, auch wenn in einigen Fällen mit den Namen zugleich Titel angegeben sind. Die Anordnung der Lieder in der Manessischen Liederhandschrift erweckt den Eindruck, als seien die Dichter nach Ständen geordnet. Den Anfang macht Kaiser Heinrich, ihm folgen Grafen und Fürsten, Freiherren, Herren bis zu den Nichtadligen, die den Abschluss bilden. Aloys Schulte hat 1897 auf der Grundlage der Heerschildordnung versucht, ein genaues Ständeschema zu erstellen und dabei nach Freien und Ministerialen unterschieden. Als zu Beginn des 20. Jahrhunderts die These aufgestellt wurde, Minnesang sei vorwiegend eine Kunst der unfreien Ministerialen, die sich so dem hohen Adel annähern wollten, schien die Annahme bestätigt. Die Idee, dass es sich bei den Minnesängern weitgehend um Ministeriale handeln müsse, hat sich manifestiert und wird bis heute sogar in seriösen Nachschlagewerken tradiert, obwohl Joachim Bumke schon in den 1970er Jahren aufgezeigt hat, wie problematisch diese Annahmen sind (Bumke 1976, S. 17). Da die Ministerialen keinen eigenen Stand bilden und die Grenzen zwischen Freien und Unfreien fließend sind, lassen sich genaue Zuordnungen der Minnesänger zu Ständen nicht treffen.

Leitnamen, Geschlechtsnamen, Familiennamen

Die überlieferten Dichternamen, die wie die Wappen den Eindruck erwecken, es handle sich um Adlige, helfen ebenfalls nicht weiter. Bis zum 12. Jahrhundert findet man bei adligen Geschlechtern vorwiegend Leitnamen, das sind Vornamen, die über Generationen immer weitergegeben werden. Die Benennung nach Stammsitzen erfolgt erst allmählich und umfasst zunächst alle Zugehörigen des Geschlechts und damit auch diejenigen, die als Nichtadlige dem entsprechenden Rechtskreis unterstehen. Mit der Entstehung bürgerlicher Familiennamen in den Städten wird die Bezeichnung „von" als regionale Herkunftsbezeichnung üblich und erfasst vorwiegend Nichtadlige.

Nachweis von Adligen in außerliterarischen Dokumenten

Ausgehend von der Annahme, dass sich Adlige mit hoher Wahrscheinlichkeit in außerliterarischen Dokumenten nachweisen lassen, hat man nach Dokumenten gesucht, mit denen sich die Namen verifizieren lassen und Regesten der entsprechenden Urkunden erstellt (z. B. Meves 2005). Die Namen, die meist in Zeugenlisten aufgeführt sind, geben Hinweise, aber sie sind nicht eindeutig, denn Namensgleichheiten über Generationen hinweg erschweren eine genaue Identifikation. Es bleibt also ein Rest von Unge wissheit, ob man damit den Dichter gefunden hat. Über die Standeszugehörigkeit von Dichtern, deren Namen bisher in keinem Dokument gefunden worden sind, lässt sich gar nichts aussagen.

Es ist unbestritten, dass für den mittelhochdeutschen Minnesang ähnlich wie für die okzitanische Trobadorlyrik Adlige als Verfasser und Sänger in Frage kommen. Zweifelhaft ist hingegen, Minnesang ausschließlich als Adelskunst auszuweisen, denn vieles spricht dafür, dass auch professionelle Unterhaltungskünstler sich als Autoren und Sänger betätigten. Eine solche Vorstellung war den Minnesangliebhabern jedoch äußerst suspekt. Fahrende und Spielleute des Mittelalters wurden nämlich wie die mobilen Randgruppen des 18. und 19. Jahrhunderts zu nichtsesshaftem Gesindel gezählt, das man als ehrlose soziale Randgruppe moralischer Verkommenheit bezichtigte (Hartung 2003, S. 19 f.). Die romantische Hochschätzung mittelalterlicher Dichtkunst insgesamt und die Auffassung, dass Minnesang zur moralischen Läuterung beitragen könne, ließ eine Verortung der Minnesänger in den Kontext der Spielleute nicht zu. Das Standesbewusstsein der Rezipienten prägte ein Autorenbild, das zur Pauschalnobilitierung der Minnesänger führte. Sogar Walther von der Vogelweide wurde eine ritterliche Herkunft unterstellt, obwohl er sich selbst als „Fahrenden" einstuft.

Adel oder Spielleute

Für Walther von der Vogelweide gibt es nur einen einzigen außerliterarischen Nachweis seiner Existenz. Im Rechnungsbuch Wolfgers von Erla, des Bischofs von Passau, ist am 12. November 1203 vermerkt, dass der „cantor" Walther von der Vogelweide fünf lange Schilling für einen Pelzmantel erhalten hat. Gleichwohl gibt es zahlreiche Biographien über Walther von der Vogelweide, in denen sein Leben ausführlich beschrieben wird. Grundlage sind Ich-Aussagen in seinen Liedern und Sangsprüchen. Da Walther häufig nachweisbare Personen und Geschehnisse erwähnt, wird unterstellt, dass er an den Ereignissen, die er schildert, beteiligt war und dass seine Selbstaussagen Wahrheitscharakter haben. Aus der Gesamtheit dieser Textstellen wird versucht, seine Biographie zu rekonstruieren. Die meisten Minnesänger haben im Gegensatz zu Walther keine Spruchdichtung hinterlassen, die Hinweise auf reale Ereignisse gibt. Von ihnen ist oft nur der Name überliefert. Dennoch sind Biographien versucht worden, bei denen die Minnelieder als einzige Grundlage der Autorkonkretisierung genommen wurden. Die naive Gleichsetzung von Rollen-Ich und Autor-Ich wird zwar immer wieder hinterfragt, tut aber der Biographisierungswut letztlich keinen Abbruch.

Biographisierung / Walther von der Vogelweide

3. Gattungseinteilungen

Gattungseinteilungen sind immer problematisch, weil sie idealtypischen Definitionen folgen. Die einzelnen Werke weisen jedoch in den seltensten Fällen alle Momente einer Gattungsbestimmung auf und können meist sogar mehreren Gattungen zugerechnet werden. Dies trifft auch auf den Minnesang zu, da sich die Vielfalt von Formen und Themen in den Liedern nur schwer kategorisieren lässt. Anderseits ist die Differenzierung in Liedtypen nicht nur notwendige Voraussetzung einer literaturwissenschaftlichen Betrachtung, sondern auch von den Texten her naheliegend.

Gattungsbestimmungen

Reinmar der Fiedler

Schon in mittelhochdeutschen Texten werden Gattungsbezeichnungen verwendet. Die bekannteste derartige Stelle ist eine Strophe von Reinmar dem Fiedler, in der es heißt:

tageliet klageliet hügeliet zügeliet tanzliet leich er kan,
er singet kriuzliet twingliet schimpfliet lobeliet rüegeliet alse ein man
der mit werder kunst den liuten kürzet langes jâr.
(KLD, Reimar der Videler, III, 1, 44–6)

Tagelieder, Klagelieder, Freudelieder, Zügelieder (?), Tanzlieder, Leich kennt er, / er singt Kreuzlieder, Streitgedichte, Spottlieder, Loblieder, Rügelieder wie ein Mann, der mit hoher Kunst den Leuten das lange Jahr verkürzt.

Einige der Liedbezeichnungen wie Tagelied, Klagelied, Tanzlied, Leich, Kreuzlied, Schimpflied, Loblied und Rügelied sind bis heute gängig, andere wie *hügeliet* = Freudenlied, *twingliet* = Streitgedicht oder *schimpfliet* = Spottlied lassen sich erschließen. Die Bedeutung der Bezeichnung *zügeliet* ist unbekannt, dass es sich dabei um Lieder mit besonders langen Zügen der Fidel handelt, wie gelegentlich vermutet wird, ist wenig plausibel.

Genres subjectifs
und *genres objectifs*

Seit den 1960er Jahren ist eine Unterteilung der Lieder in *genres subjectifs* und *genres objectifs* üblich. In den subjektiven Gattungen spricht ein lyrisches Ich, in den objektiven Gattungen wird über eine Person berichtet. Im Kontext des Minnesangs können das ein Ritter, eine Dame oder ein Bote sein.

Systematisierungs-
aspekte

Darüber hinaus gibt es tradierte Gattungsbezeichnungen, die differente Systematisierungsaspekte zugrunde legen. Die Bezeichnungen Monolog, Dialog, Wechsel oder Erzähllied folgen strukturellen Eigenschaften. Unterscheidet man nach Inhalten, ergeben sich Gattungen wie Tagelied, Pastourelle, Abschiedslied, Kreuzlied oder Alterslied. Werden die Intentionen zugrunde gelegt, spricht man von Preis- und Klageliedern, Scheltliedern und Trutzstrophen. Daneben ist es möglich, nach dem Personal der Lieder zu ordnen, also Frauenlieder von Mädchenliedern, Botenliedern oder Wächterliedern zu unterscheiden. Jahreszeiten und Funktionen können als Kriterien der Gattungseinteilung herangezogen werden. Sommer- und Winterlieder oder Trink- und Tanzlieder sind Beispiele.

Uneindeutigkeit
von Gattungs-
zuordnungen

Jedes Lied kann mehreren Gattungen zugeordnet werden, je nachdem, welche unterscheidenden Merkmale in den Blick genommen werden. Ein Kreuzlied kann zugleich als Abschiedslied oder Klagelied qualifiziert werden. Ein Tagelied kann zugleich als Wechsel, ein Sommerlied als Tanzlied gestaltet sein. Im Folgenden werden einige Gattungen, die häufig im Zusammenhang mit Minnesang genannt werden, kurz charakterisiert.

Dialoglied

In dialogisch gestalteten Liedern reden verschiedene Sprecher miteinander. Diese Gespräche können zwischen dem lyrischen Ich und der Minnedame stattfinden, es können aber auch andere Gesprächspartner wie Boten oder allegorische Gestalten (Frau Welt, Frau Minne) einbezogen sein. Die Gesprächsanteile können innerhalb der Strophen oder strophenweise wechseln. Tagelieder und Pastourellen sind oft als Dialoglieder konstruiert.

Wechsel

Beim Wechsel reden die Personen, meist sind es Mann und Frau, nicht miteinander, sondern über einander. Die Liebesbeziehung wird aus verschiedenen Perspektiven geschildert. In der Regel sind die Gesprächspartien strophenweise den einzelnen Sprechern zugeordnet.

Die meisten Frauenlieder findet man im Donauländischen Minnesang. Diese Lieder werden zwar dem Minnesang zugerechnet, aber sie folgen nicht dem Konzept der Hohen Minne. Das lyrische Ich ist eine Frau, die ihren Trennungsschmerz beklagt, ihre Sehnsucht nach dem Geliebten äußert oder an vergangenes Glück denkt. Die Tatsache, dass die Lieder aus der Perspektive von Frauen geschrieben werden, bedeutet nicht, dass Frauen sie verfasst haben. Viel eher ist davon auszugehen, dass die Minnedichter, unter deren Namen sie überliefert sind, mit dieser Rollenlyrik weibliche Sichtweisen entwerfen.

Frauenlieder

Die Minneklage ist die Gattung, die das Bild des Minnesangs am stärksten prägt. Das Konzept der hohen, nicht erfüllbaren Minne und die höfischen Bezüge kommen hier deutlich zum Ausdruck. Die meisten Minneklagen sind monologisch gestaltet. Die Klage kann direkt an die Frau oder an das Publikum gerichtet sein. Die Reflexion über die Minnekonzeption hat in diesen Liedern ihren Platz.

Minneklage

Wie die Minneklage, so ist auch das Tagelied inhaltlich definiert. Tagelieder handeln nicht von unerfüllter Liebe, sondern vom schmerzvollen Abschied zweier Liebender nach einer gemeinsam verbrachten Nacht. Ihre Liebe muss geheim bleiben, und so ist der nahende Morgen, angekündigt durch den Gesang der Lerche oder den Ruf des Wächters, Zeichen, sich trennen zu müssen. In der Regel kommt es zu einer letzten sexuellen Begegnung, bevor der Mann von dannen zieht.

Tagelied

Kreuzlieder verbinden die Minnethematik mit der Kreuzzugsthematik. Der Kreuzzugsaufruf des Papstes Urban des II. im Jahr 1095 war der Auftakt zu einer Reihe militärischer Angriffe zur Befreiung des Heiligen Landes aus den Händen der Sarazenen. Bis zum Fall von Akkon, der letzten Kreuzfahrerbastion, im Jahr 1291 dauerten die „bewaffneten Wallfahrten" an. Die Kreuzzugsbewegung trug maßgeblich zur Konstituierung des höfischen Ritterbegriffs bei. In den Kreuzliedern wird die Minnethematik mit der ritterlichen Kreuzzugsthematik verbunden. Einerseits ist der Mann der Dame zum Minnedienst verpflichtet und muss an ihrer Seite bleiben, andererseits ist er zum Kreuzzug aufgerufen, um im Heiligen Land das Grab Christi zu befreien und so seine Pflicht als christlicher Ritter zu erfüllen. Der Widerspruch zwischen Minnedienst und Gottesdienst nötigt dem Mann eine Entscheidung ab. Wenn er die Dame verlässt, bricht er seinen Treueschwur ihr gegenüber, wenn er bei ihr bleibt, verletzt er seine Pflicht gegenüber Gott und setzt sein Seelenheil aufs Spiel.

Kreuzlieder

In einer Pastourelle wird die Begegnung eines adligen oder ritterlichen Mannes mit einem einfachen Mädchen erzählt. Der Mann versucht, sie mit mehr oder weniger Erfolg zu verführen. Die Lieder haben in der Regel deutliche erotische Konnotationen. In der französischen Lyrik erfreut sich diese Gattung großer Beliebtheit, in der deutschsprachigen Liebeslyrik sind nur wenige Beispiele überliefert.

Pastourelle

V. Einzelanalysen

1. Dietmar von Eist: *uf der linden obene*

(Aus: Des Minnesangs Frühling. Unter Benutzung der Ausgabe von Karl Lachmann und Moritz Haupt, Friedrich Vogt und Carl von Kraus bearbeitet von Hugo Moser und Helmut Tervooren. 38., erneuert revidierte Auflage, Stuttgart 1988, Bd. I, Dietmar von Eist III, 4–5, S. 58.)

Überlieferung

Unter dem Namen Dietmars von Aist oder Eist sind in der Manessischen Liederhandschrift 42 und in der Weingartener Handschrift 16 Strophen überliefert. Einige dieser Strophen sind in anderen Handschriften anderen Dichtern zugeordnet oder anonym überliefert. Die Strophen sind stilistisch und inhaltlich so heterogen, dass schon früh die Frage aufgeworfen wurde, ob es sich um das einheitliche Werk eines Dichters handeln könne oder ob nicht mindestens zwei Namensträger anzunehmen seien.

Zeugnisse zur Person des Dichters

Zur Person des Dichters ist wenig bekannt. Heinrich von dem Türlin erwähnt ihn in seinem um 1230 entstandenen Artusroman *Diu Crône* als verstorben. In insgesamt zehn Urkunden aus dem oberösterreichischen Raum wird für die Zeit um 1136 bis 1161 ein Edelherr namens Dietmarus de Ageste (Diettmar de Agaste) als lebend bezeugt. Eine weitere Urkunde aus dem Jahr 1171 setzt seinen Tod voraus. Ob der in den Urkunden nachgewiesene Dietmar von Aist mit dem Minnesänger identisch ist, lässt sich letztlich nicht eindeutig klären. Wenn es sich um den Dichter handelte, wäre er der erste Edelherr, dessen literarisches Wirken bezeugt ist. Er stammt aus einer edelfreien Familie, deren Stammsitz die Burg Aist bei Ried in Oberösterreich ist, und hinterlässt keine direkten Erben, so dass mit seinem Tod die Familie in männlicher Linie ausstirbt. Für die Annahme, dass es sich um den Dichter handelt, spricht die Tatsache, dass dieser Dietmar von Aist in mehreren Urkunden zusammen mit anderen Adligen aufgeführt wird, die als Auftraggeber oder Förderer literarischer Werke in Frage kommen. Gegen die Annahme spricht, dass die für den Minnesang angenommene Entwicklung den Sänger allerdings auf die siebziger und achtziger Jahre des 11. Jahrhunderts datiert, in eine Zeit also, in der der urkundlich bezeugte Dietmar von Aist schon verstorben ist. Zu einem jüngeren Namensträger, der Minnelieder verfasst haben könnte, gibt es keine Belege. Die Wappen der Miniaturen in den Handschriften B und C geben ebenfalls keinen Aufschluss, denn sie gehören zu den Edelherren von Tengen, so dass wahrscheinlich ist, dass sie aus rein dekorativen Erwägungen der Darstellung des Dichters beigegeben sind.

Werk

Dietmar von Aist wird dem donauländischen Minnesang zugerechnet, aber die Einordnung seines Werks bereitet Schwierigkeiten, weil es nach formalen und minnetheoretischen Aspekten einerseits zwar in die Frühzeit des Minnesangs datiert werden kann, andererseits aber Züge aufweist, die ihn in die Nähe von Reinmar und Walther rücken. Daher gilt nur ein Teil der unter seinem Namen überlieferten Lieder als echt (Tervooren 1980, S. 95 f.).

Die Lieder Dietmars von Aist weisen Formvielfalt auf. Paarweise gereimte Langzeilen, vier- und sechshebige Verse im Abgesang, ausgefeilte Reimkunst und Rhythmik kennzeichnen seine Lieder, die inhaltlich nicht nur dem Ideal der hohen Minne verpflichtet sind, sondern auch von gegenseitiger Liebe handeln.

1. (34, 3 – 10 CB, Veltkilchen 10 A)   **Text**
   Ûf der linden obene dâ sanc ein kleinez vogellîn.
   vor dem walde wart ez lût. dô huop sich aber daz herze mîn
   an eine stat, dâ ez ê dâ was. ich sach dâ rôsebluomen stân,
   die manent mich der gedanke vil, die ich hin zeiner vrouwen hân.

2. (34, 11 – Veltkilchen 9 A, 11 BC)
   ,Ez dunket mich wol tûsent jâr, daz ich an liebes arme lac.
   sunder âne mîne schulde vremedet er mich menegen tac.
   sît ich bluomen niht ensach noch enhôrtè der vogel sanc,
   sît was mir mîn vröide kurz und ouch der jâmer alzelanc.'

1. Oben auf der Linde, da sang ein kleines Vögelchen.   **Übersetzung**
   Vor dem Wald tönte es laut. Da erhob sich mein Herz
   an eine Stelle, wo es früher einmal war. Ich sah dort Rosen stehen,
   die erinnern mich heftig an die Gedanken, die ich zu einer Frau hege.

2. ,Es dünkt mich wohl tausend Jahre her, als ich in den Armen des Geliebten lag.
   Ohne jede Schuld von mir ist er mir viele Tage fern.
   Seither sah ich keine Blumen und hörte keinen Vogelsang.
   Seither war mir meine Freude kurz und auch der Kummer allzu lang.'

In der Handschrift A sind die beiden Strophen, mit abweichendem Wortlaut, Teil eines dreistrophigen Liedes, das einem Heinrich von Veltkilche zugeordnet ist. In der Überlieferung der Handschriften B und C sind sie unter dem Namen Dietmars von Aist tradiert und Teil eines insgesamt fünf Strophen umfassenden Tones. Über die Zusammengehörigkeit dieser Strophen ist heftig gestritten worden und die Meinungen dazu reichen von der Annahme, dass es sich um fünf unabhängige Einzelstrophen handle, bis zur Auffassung, dass die drei ersten und die beiden letzten Strophen jeweils eine Einheit bilden. Mittlerweile herrscht weitgehend Konsens darüber, die beiden oben aufgeführten Strophen dem Werk Dietmars von Aist zuzurechnen und sie als eigenständiges Lied aufzufassen.   **Interpretation/ Liedüberlieferung**

Das Lied ist ein treffliches Beispiel für einen Wechsel, eine Gattung, die als Kennzeichen des frühen Minnesangs gilt. Der Männerstrophe folgt eine Frauenstrophe, aber Mann und Frau reden nicht miteinander, sondern beide reflektieren monologisch über ihr Minneverhältnis aus räumlicher Distanz und aus verschiedenen Perspektiven. Beide Sprecher aktualisieren ihr Minneverhältnis im Modus der Erinnerung. Die Zusammengehörigkeit beider Strophen ergibt sich aus der Verwendung gleicher Topoi.   **Wechsel**

In der ersten Strophe wird mit den Topoi Linde, Vogelgesang und blühende Rosen die Szene eines *locus amoenus* entworfen, der auf die Minnethematik weist. Derartige Natureingänge sind in der mittellateinischen Lyrik fest verankert und könnten von dort aus Eingang in den Minnesang gefunden haben. In der Beschreibung des *locus amoenus* wird mit den Präpositio-   *locus amoenus* nen *ûf, obene, vor*, und *dâ* ein realer Raum imaginiert, in dem das lyrische Ich das frühlingshafte Ambiente sinnlich wahrnimmt.

Erinnerung

Der laute Vogelsang auf der Linde setzt bei dem Mann einen Prozess der Erinnerung in Gang. Sein Herz erhebt sich „an eine Stelle, wo es früher schon einmal war". Die Konstruktion des Raumes und die Herzmetapher verweisen auf eine im Mittelalter verbreitete Erkenntnistheorie. Die Seele als Erkenntnisorgan hat ihren Sitz im Herzen. Ihr unterstehen die vier Seelenkräfte *imaginatio, memoria, ratio* und *intellectus*. Der *intellectus* ist der Bote zu Gott und den Engeln. Die anderen drei Seelenkräfte richten sich auf das unmittelbar Wahrnehmbare. Die fünf Sinne sind ihre Knechte, die erfassen, was an sie herangetragen wird. *Imaginatio* bringt die wahrgenommenen Dinge mit den Gedanken zusammen und legt sie dann *memoria* vor. Diese behält, was *imaginatio* gewonnen hat, so dass auch dasjenige, was lange nicht von den Sinnen erfasst wurde, mit den Gedanken zusammengebracht werden kann. Alles, was auf diese Weise begriffen wurde, wird nun der *ratio* vorgestellt, die über gut und böse entscheidet. Das Gute wird *memoria* zur dauernden Aufbewahrung anempfohlen. Der Anblick der Linde und der Gesang des Vogels sind die Sinneseindrücke, die eine solche Erinnerung hervorbringen und die früheren Gedanken an die Frau wieder präsent werden lassen. Die Prozesshaftigkeit der Erkenntnis spiegelt sich im Wechsel vom Präteritum ins Präsens in der letzten Zeile der Strophe. Es bedarf eines konkreten Anlasses, der sinnlichen Wahrnehmung der frühlingshaften Natur, um die Gedanken an die Frau zu wecken. Während die physischen Eindrücke des *locus amoenus* vergänglich sind, sind die Gedanken an die Frau, sobald er sich ihrer erinnert, wieder so präsent wie *ê*, wie damals.

Herzmetaphorik, Liebe

Die Art der Gedanken wird nicht konkret genannt, sie kann nur erahnt werden, denn die Herzmetaphorik weist nicht nur auf Erinnerung, sondern auch auf Innerlichkeit und Liebe. Mit der Verbreitung mystischer Vorstellungen wird das Herz zum profanen Symbol von Liebe und Leidenschaft. Wenn also sein Herz sich erhebt, deutet dies darauf, dass sich seine Liebe zu der Frau in freudiger Erinnerung erneuert und ihn in den Zustand versetzt, in dem er war, bevor er sie verlassen hat.

Sehnsucht und Leid

In der zweiten Strophe erinnert sich die Frau des Mannes. Diese Strophe ist durch ihre antithetische Konstruktion deutlich auf die erste bezogen. Die Andeutung des Mannes auf das Liebesverhältnis am Ende der ersten Strophe wird in der ersten Zeile der zweiten Strophe aufgegriffen und konkretisiert. Sie hat „in seinen Armen gelegen". Dies ist eine gängige Umschreibung des Koitus, die zum Beispiel in Tageliedern Verwendung findet, und sie zeigt die sexuelle Erfüllung ihrer Liebe an. Wenn seine Erinnerung gebunden ist an die räumliche Vorstellung des *locus amoenus*, dann ist ihre Erinnerung geprägt durch Zeitempfindung. „Tausend Jahre" scheinen vergangen zu sein, seit sie in seinen Armen lag, und „viele Tage" ist er ihr fern. „Seither" ist sie in einem Zustand, der sich nicht verändert. Die Abwesenheit des Frühlings ist kennzeichnend für den scheinbaren Stillstand der Zeit. Seit seinem Weggang hat sie weder Blumen gesehen noch Vogelsang gehört. Die Erinnerung der Frau an ihren Geliebten ist dauerhaft präsent und zwar in einem solchen Maße, dass sie ihr ganzes Denken überschattet und die sinnliche Wahrnehmung der Zeichen von Minne verhindert, während der Mann über die sinnliche Wahrnehmung des Frühlings seine Liebe erinnert. Die letzte Zeile fasst den Zustand der Frau zusammen. Seit seinem Weggang war ihre Freude kurz, ihr Leid hingegen allzu lang.

Das Lied folgt zwar nicht dem Konzept der höfischen Minne, weist aber durch seine Topik und die Darstellung des Mannes dennoch auf den höfischen Sang. Thematisiert wird ein erfülltes Liebesverhältnis, das vergangen ist. Die Rollen sind gleichsam vertauscht, denn nicht der Mann, sondern die Frau leidet an der Trennung. Solange er fern ist, empfindet sie ausschließlich Sehnsucht und Leid. Der Mann hingegen bedarf ihrer Anwesenheit nicht. Angesichts des Frühlings lösen die Erinnerungen und Gedanken an sie ein Hochgefühl von Liebe und Freude in ihm aus, das dem höfischen Minneideal entspricht.

Minnekonzeption

2. Albrecht von Johannsdorf: *Ich vant si âne huote*

(Aus: Des Minnesangs Frühling. Unter Benutzung der Ausgabe von Karl Lachmann und Moritz Haupt, Friedrich Vogt und Carl von Kraus bearbeitet von Hugo Moser und Helmut Tervooren. 38., erneuert revidierte Auflage, Stuttgart 1988, Bd. I, Albrecht von Johannsdorf, XII, S.192.)

13 Minnelieder mit insgesamt 42 Strophen sind in den Handschriften A, B und C unter dem Namen Albrecht von Johannsdorf überliefert, darunter fünf Kreuzlieder.

Überlieferung

Es ist nicht genau auszumachen, wer Albrecht von Johannsdorf war. Insgesamt achtzehn außerliterarische Zeugnisse aus der Zeit von ca. 1138 bis 1255 weisen auf mehrere Namensträger, die verschiedenen Familien und drei bis vier Generationen angehören. Es handelt sich dabei um Urkunden, auf denen Zeugen dieses Namens erfasst sind. Es ist also auch denkbar, dass die überlieferten Lieder mehreren Autoren gleichen Namens zugehören.

Zeugnisse

Es herrscht in der Literatur weitgehend Einigkeit darüber, den 1180 und 1185 als *filius Alberti* bezeichneten Albrecht von Johannsdorf als den Minnesänger anzunehmen. Er kann in den niederbayrischen Weiler Jahrsdorf an der Vils bei Landau verortet werden und ist bis 1206 urkundlich nachweisbar. Die Johannsdorfer treten wahrscheinlich um 1200 in die Ministerialität der Passauer Kirche ein. Für einen der in Frage kommenden Namensträger ist ein Dienstverhältnis zu Bischof Wolfger von Erla anzunehmen, der mit der Aufzeichnung des Nibelungenliedes in Verbindung gebracht wird, und auf den das einzige außerliterarische Lebenszeugnis Walthers von der Vogelweide zurückgeht. Über diese Verbindung könnte der Sänger mit provenzalischer Dichtung in Berührung gekommen sein, die sein Werk deutlich beeinflusst hat. Mitte des 13. Jahrhunderts beklagt Reinmar von Brennenberg den Tod Albrechts von Johannsdorf.

Kennzeichnend für das Werk Albrechts von Johannsdorf sind seine Kreuzlieder, in denen im Gegensatz zu anderen Bearbeitungen der Thematik Kreuznahme und Minnedienst als miteinander vereinbar dargestellt werden. Die Liebe zu Gott schließt die Liebe zur Minnedame nicht aus. Der große Anteil an Kreuzliedern ist Anlass zu der Vermutung, dass der Dichter 1189/90 am Kreuzzug Friedrich Barbarossas teilgenommen haben könnte. Das fol-

Werk

gende Beispiel ist kein Kreuzlied, sondern ein Minnelied, in dem das lyrische Ich die geliebte Dame direkt anspricht, um sie um Minnelohn zu bitten.

Text 1. (93, 12 – 29 C)
Ich vant si âne huote
die vil minneclîche eine stân.
jâ, dô sprach diu guote:
,waz welt ir sô eine her gegân?'
„Vrowe, ez ist alsô geschehen."
,sagent, war umbe sint ir her? des sult ir mir verjehen.'

2. (93, 18 – 30 C)
„Mînen senden kumber
kláge ích, liebe vrowe mîn."
,wê, waz sagent ir tumber?
ir mugent iuwer klage wol lâzen sîn.'
„Vrowe, ich enmac ir niht enbern."
,sô will ich in tûsent jâren niemer iuch gewern.'

3. (93, 24 – 31 C) *„Neinâ, küniginne!*
daz mîn dienst sô iht sî verlorn!"
,ir sint âne sinne,
daz ir bringent mich in selhen zorn.'
„Vrowe, iuwer haz tuot mir den tôt."
,wer hât iuch, vil lieber man, betwungen ûf die nôt?'

4. (93, 30 – 32 C)
„Daz hât iuwer schoene,
die ir hânt, vil minneclîchez wîp."
,iuwer süezen doene
wolten krenken mînen staeten lîp.'
„Vrowe, niene welle got."
,wert ich iuch, des hetet ir êre; sô waer mîn der spot.'

5. (93, 36 – 33 C)
„Sô lânt mich noch geniezen,
daz ich iu von herzen ie was holt."
,iuch mac wol verdriezen,
daz ir iuwer wortel gegen mir bolt.'
„Dunket iuch mîn rede niht guot?"
,jâ si hât beswaeret dicke mînen staeten muot.'

6. (94, 3 – 34 C)
„Ich bin ouch vil staete,
ob ir ruochent mir der wârheit jehen."
,volgent mîner raete,
lânt die bete, diu niemer mac beschehen.'
„Sol ich alsô sîn gewert?"
,got der wer iuch anderswâ, des ir an mich dâ gert.'

7. (94, 9 – 35 C)
„Sol mich dan mîn singen
und mîn dienst gegen iu niht vervân?"
,iu sol wol gelingen,
âne lôn sô sult ir niht bestân.'
„Wie meinent ir daz, vrowe guot?"
,daz ir dest wérdèr sint unde dâ bî hôchgemuot.'

1. Ich fand sie ohne Aufsicht,
   die Liebenswerte, alleine stehen.
   Nun, da sprach die Edle:
   ‚Warum kommt ihr so alleine daher?'
   „Herrin, es hat sich so ergeben."
   ‚Sagt, warum seid ihr hier? Das müsst ihr mir erklären.'

2. „Meinen sehnsuchtsvollen Kummer
   beklage ich, meine liebe Herrin."
   ‚Ach, was sagt ihr, Dummkopf?
   Ihr könnt eure Klage bleiben lassen.'
   „Herrin, ich kann sie nicht unterdrücken."
   ‚Trotzdem will ich euch in tausend Jahren nicht erhören.'

3. „Nicht doch, Königin!
   Dass mein Dienst so vergeblich sein soll!"
   ‚Ihr seid von Sinnen,
   dass ihr mich in solchen Zorn bringt.'
   „Herrin, euer Hass tötet mich."
   ‚Wer hat euch, lieber Mann, diese Not aufgezwungen?'

4. „Das hat die Schönheit,
   die ihr habt, liebenswerte Frau."
   ‚Eure süßen Töne
   sollen meine Standhaftigkeit schwächen.'
   „Herrin, das verhüte Gott."
   ‚Ließe ich euch gewähren, dann hättet ihr Ehre und mir bliebe der Spott.'

5. „So lasst mir doch zugute kommen,
   dass ich euch immer von Herzen hold war."
   ‚Euch soll verdrießen,
   dass ihr mir solches Gesülze entgegenschleudert.'
   „Dünkt euch meine Rede nicht gut?"
   ‚Ja, sie hat meine beständige Gesinnung beschwert.'

6. „Ich bin auch sehr beständig,
   wenn ihr mir die Wahrheit zugestehen wollt."
   ‚Folgt meinem Rat,
   lasst die Bitte, die nie erfüllt wird.'
   „Soll mir das so gewährt sein?"
   ‚Gott gewähre euch anderswo, was ihr von mir begehrt.'

7. „Soll mir also mein Singen
   Und mein Dienst für euch nichts einbringen?"
   ‚Euch soll etwas gelingen,
   ohne Lohn sollt ihr nicht bleiben.'
   „Wie meint ihr das, edle Herrin?"
   ‚Dass ihr umso edler seid und zugleich von hoher Gestimmtheit.'

Das Lied ist nur in der Handschrift C überliefert. Es ist einer provenzalischen Vorlage, die dem Marquis von Montferrat zugeschrieben wird, nachgebildet. Die ersten Zeilen der ersten Strophe dieses Dialogliedes leiten aus der Ich-Perspektive erzählend in den Kontext, die unvermutete Begegnung zwischen Mann und Frau, ein. Der Mann findet sie ohne *huote*, also ohne Begleitung und Aufsicht, und kann unbefangen mit ihr reden. Dies ist eine ungewöhnliche Situation, die in manchen Liedern schon als Form der Erfüllung herbeigesehnt wird. Während in der Regel die *vrouwe* nur Anlass zum

Minnesang ist, kommt sie in diesem Lied selbst zu Wort. Sie beginnt das Gespräch und verlangt selbstbewusst eine Erklärung dafür, dass der Mann sie aufsucht. Seine Ausrede, dass es sich so ergeben habe, lässt sie nicht gelten.

Klage   In der zweiten Strophe wird eine minnesangtypische Situation entfaltet. Indem er seinen sehnsuchtsvollen Kummer beklagt, und sie ihn auffordert, die Klage zu unterlassen, wird der Kontext der hohen, unerfüllten Minne deutlich. Die Dame reagiert eher unhöflich als höfisch, sie bezeichnet ihn als *tumben*, als Dummkopf, und weist ihn schroff ab, denn selbst „in tausend Jahren" wird sie ihn noch nicht erhören.

Minnetod   Die dritte Strophe enthält den Topos des Minnetodes. Der Sänger, der sein Werben als Dienst auffasst, fürchtet, an ihrer Nichtachtung zu sterben. Sie weist ihn erzürnt ab und wirft ihm vor, er sei von Sinnen. „Von Sinnen sein" ist ebenso wie *tumpheit* gelegentlich als Selbstzuschreibung eines Sänger-Ichs zu finden. Der Mann ist wahnsinnig und verhält sich wie ein Tor, weil er der Liebe so verfallen ist, dass seine Vernunft ihn verlassen hat. In der direkten Anrede einer höfischen Dame wirken diese Bezeichnungen nicht nur selbstbewusst, sondern auch ironisierend, weil sie das Bild höfischer Vornehmheit konterkarieren. Die eher rhetorische Frage, wer ihm eine solche Not aufgezwungen habe, beantwortet der Mann in der vierten Strophe minnesangtypisch mit dem Hinweis auf ihre Schönheit.

Angst um die Standhaftigkeit   In der folgenden Strophe weist die Frau den Werber mit einem sehr realitätsbezogenen Argument endgültig ab. Mit seinen süßen Tönen versuche er, ihre Standhaftigkeit zu schwächen. Wenn sie diese aufgäbe, so gereiche ihm das zu Ehren, sie jedoch würde sich dem Spott aussetzen. Nicht grundsätzliche Erwägungen sprechen dagegen, ihn zu erhören, sondern die Tatsache, dass sie ihre Ehre verlöre, ließe sie sich mit ihm ein. Damit wird das Konzept der Hohen Minne verlassen und die konkrete Ebene einer profanen Liebesbeziehung angesprochen. Die *vrouwe* entspricht mit der Begründung ihrer Abweisung nicht dem im hohen Sang gepriesenen Ideal, denn statt ihrer Tugendhaftigkeit führt sie praktische Erwägungen an, die es ihr unmöglich machen, ihn zu erhören.

Diskreditierung des Minnedienstes   Diese Entgegnung entmutigt den Mann zunächst wenig und er fordert in der nächsten Strophe Lohn für seinen Minnedienst. Sie ist offensichtlich nicht gewillt, seinen Dienst anzuerkennen und diskreditiert statt dessen seinen Minnesang grob unfreundlich mit der Bezeichnung *worteln boln*, „Wörtchen schleudern", wobei „Wörtchen" treffender umgangssprachlich mit „Gesülze" zu übersetzen ist. In den vorherigen Strophen hat die Frau den Mann befragt. Ihre Fragen waren eher provokative Aufforderungen zur Rechtfertigung. Nun fragt der Mann, ob ihr seine Rede nicht gefalle. Ihr „ja" ist zweideutig. Einerseits kann es zustimmend gedeutet werden, andererseits ironisch abwehrend. Durch diese Rede werde ihr standhafter Mut beschwert. Im Kontext der vierten Strophe lässt sich dies als energischer Versuch verstehen, seinen Verführungskünsten nicht nachzugeben.

Abweisung   In der sechsten Strophe greift der Mann den Verweis auf Beständigkeit auf. Er sei ebenso beständig wie sie, nur sein Beharren drücke sich in der Liebe zu ihr aus. Sie lässt diesen Einwand nicht gelten und rät ihm nun, sein vergebliches Bitten zu lassen und wünscht, dass Gott ihm anderswo Erfüllung gewähre. Sie schickt ihn weg, damit er sein Glück bei einer anderen

Dame versuchen möge, und zeigt damit auf, dass sie austauschbar ist. Mit dieser wiederholten Abweisung versucht sie ihn endgültig aus dem Minnedienst zu entlassen.

Das Lied endet mit der Lohnforderung des Sängers. Seine Frage, ob sein Singen und sein Dienst ohne Lohn bleiben sollen, wird am Ende des Liedes von ihr eindeutig beantwortet. Indem er beständig vergeblich bitte und abgewiesen werde, werde er selbst edler und gerate in den Zustand der hohen Gesinnung, die das Ziel höfischer Freude schlechthin ist. Die Abweisung selbst wird damit zum Lohn.

Abweisung als Lohn

Auffällig ist der selbstbewusste Ton der *vrouwe* und ihr pragmatischer Umgang mit dem Ansinnen des Werbers. Während der Sänger minnesangkonform seinen Gesang als Dienst versteht, sieht sie in seiner Annäherung eine Belästigung, die sie nicht zulassen kann, ohne ihre Ehre zu gefährden. Die Symbolik höfischer Repräsentation wird auf den ersten Blick zugunsten der Darstellung eines persönlichen Verhältnisses aufgegeben. Zugleich aber verdeutlichen die energische Abweisung der Dame und ihr Hinweis darauf, dass auch die Abweisung als Lohn genommen werden kann, wie marginal die Rolle der *vrouwe* ist, denn letztlich singt der Mann für sich selbst. Das aber weist auf die grundsätzliche Funktion des Minnesangs im Kontext des Hofes.

Höfische Repräsentation

Dieses Lied Albrechts von Johannsdorf ist Anlass geworden, ein erzieherisches Verhältnis zwischen Ritter und Dame im Minnesang zu definieren. Die unerreichbare Vollkommenheit der Dame bedingt, dass der Mann von ihr nicht erhört werden kann und ist zugleich Anlass für ihn, sich dennoch stetig zu bemühen und damit sich selbst sittlich zu vervollkommnen. Diese Auffassung von hoher Minne, die oft als typisch bezeichnet wird, und in vielen Definitionen von Minnesang zu finden ist, ist jedoch nur in diesem Lied explizit dargelegt (Willms 1990, S. 9).

Minne als Erziehungsinstanz

3. Heinrich von Morungen:
Vil süeziu senftiu toeterinne

(Aus: Des Minnesangs Frühling. Unter Benutzung der Ausgabe von Karl Lachmann und Moritz Haupt, Friedrich Vogt und Carl von Kraus bearbeitet von Hugo Moser und Helmut Tervooren. 38., erneuert revidierte Auflage, Stuttgart 1988, Bd. I, Heinrich von Morungen, XXXIV, S. 282.)

Von Heinrich von Morungen sind 115 Strophen in 35 Tönen überliefert, 104 davon in der Heidelberger Liederhandschrift C, in der auch der vollständige Name *her Heinrich von Morungen* aufgeführt ist. In der Liederhandschrift A wird als Autorname *Der von Morunge* angegeben, in der Liederhandschrift B *H. von Morungen*. Sein Wirken wird auf Ende des 12. und Anfang des 13. Jahrhunderts datiert, als sein Lebens- und Wirkungsraum gilt Ostmitteldeutschland. Es herrscht weitgehend Konsens darüber, dass der Ort Morungen bei Sangershausen in der Nähe von Halle/Saale namensgebend für den Dichter war. Als Beleg wird die Darstellung des Wappens in der Manessischen Liederhandschrift herangezogen, das dort verortet werden kann. Wie unsicher Zuordnungen über die Abbildungen sind, weist

Überlieferung

Bumke nach (Bumke 1976) und es ist ratsam, die Thesen mit entsprechender Vorsicht zu handhaben. Es wird vermutet, der Minnesänger habe sich nach der Burg Altmorungen genannt, die im Besitz von Reichsministerialen war. In einer Urkunde des Markgrafen Dietrich von Meißen von 1217 verzichtet ein Henricus de Morungen *miles emeritus* zugunsten des Thomasklosters auf seine jährlichen Zinsen aus der Münze zu Leipzig und in einer zweiten Urkunde vom 17. August 1218 wird ein Heinrich von Morungen als Zeuge aufgeführt. Beide Urkunden sind im Umfeld des Markgrafen Dietrich von Meißen entstanden, der in Sangsprüchen Walthers von der Vogelweide Erwähnung findet, und dessen Sohn, Markgraf Heinrich III., als Minnesänger überliefert ist. Die Bekanntschaft Heinrichs von Morungen mit dem Meißener Markgrafen kann daher vorausgesetzt werden. Gewissheit über die Identität des Minnesängers lässt sich jedoch damit nicht gewinnen, auch wenn man in der Forschung mangels anderer Hinweise diesen Namensträger als Sänger annimmt. Die Frage, ob Heinrich von Morungen in dem von Dietrich von Meißen gegründeten Thomaskloster in Leipzig gestorben und beerdigt ist, lässt sich ebenfalls nicht eindeutig beantworten, denn entsprechende Hinweise stammen erst aus späterer Zeit.

Autor Es gibt nur wenige innerliterarische Zeugnisse über Heinrich von Morungen aus dem Mittelalter. Sein Name fehlt im Literaturexkurs Gottfrieds von Straßburg und auch andere Kollegen scheinen ihn nicht zur Kenntnis genommen zu haben. Erst Seifried Helbling nennt Ende des 13. Jahrhunderts seinen Namen in einer satirischen Erzählung und zählt ihn unfreundlich zu den Minnedieben, die sich bei Anbruch des Tages von der Geliebten wegschleichen müssen. Hugo von Trimberg lobt in einem Dichterkatalog Morungen und andere Minnesänger, weil sie als edle Herren vorbildlich gesungen und geliebt haben.

Der Autor als literarische Figur Mitte des 14. Jahrhunderts wird Heinrich von Morungen ein literarisches Denkmal gesetzt. Er wird zum Protagonisten der Moringer-Ballade, der nach Indien, in das Land des Heiligen Thomas, reist. Sein Gegenspieler in dieser Ballade ist Gottfried von Neifen, der während seiner Abwesenheit seine Frau heiraten will. Die gelegentlich angeführte Indienreise Heinrichs von Morungen hat hier ihren Ursprung.

Werk Heinrich von Morungen wird wie Reinmar und Hartmann von Aue zu der zweiten Hochphase des Minnesangs gerechnet, in der sich die Thematik stark differenziert und unverwechselbare Züge der Dichter zum Tragen kommen. Heinrich von Morungen nimmt in seinem Werk Anregungen aus den Liedern der Troubadours und Trouvères ebenso auf wie Anklänge an die geistliche Lyrik. Seine Lieder zeigen ausgefeilten Strophenbau und differenzierte Verskunst. Seine Sprache ist bildhaft, poetisch, mit vielen Bezügen zur antiken Mythologie und einer ausgeprägten Lichtmetaphorik. Minne wird als magische und mythische Kraft dargestellt, deren Gewalt sich der Liebende nicht entziehen kann.

Text (147, 4 – 104 C, 43 Cª)
Vil süeziu senftiu toeterinne,
war umbe welt ir toeten mir den lîp,
und ich íuch sô herzeclîchen minne,
zwâre vróuwè, vür elliu wîp?
Waerent ir, ob ir mich toetet,

daz ich iuch iemer mêr beschouwe?
nein, iuwer minne hât mich des ernoetet,
daz iuwer sêle ist mîner sêle vrouwe.
sol mir hie niht guot geschehen
von iuwerm werden lîbe,
so muoz mîn sêle iu des verjehen,
dazs iuwerre sêle dienet dort als einem reinen wîbe.

So süße, sanfte Mörderin,   Übersetzung
warum wollt ihr mich töten,
wo ich euch so von Herzen verehre,
wahrhaftig, Herrin, mehr als jede andere Frau?
Glaubt ihr, wenn ihr mich tötet,
würde ich euch nicht mehr mit meinen Blicken bewundern?
Nein, die Liebe zu euch hat mich genötigt,
dass eure Seele meiner Seele Herrin ist.
Sollte mir hier eure Gunst nicht zuteil werden
durch euren irdischen Leib,
so muss meine Seele euch versichern,
dass sie eurer Seele dort dienen wird wie einer Frau ohne jeden Makel.

Die Dame wird als sanft und süß und doch zugleich als Mörderin angeredet. Dieser Widerspruch lässt sich vor dem Hintergrund des Konzepts der Hohen Minne auflösen, denn die *vrouwe* ist in ihrer Schönheit und Vollkommenheit so liebenswert und zugleich so unnahbar, dass der Mann durch sie höchste Pein leidet. Dieser Gedanke liegt allen Minneklagen zugrunde und wird hier auf die Spitze getrieben.

Interpretation
Widerspruch
der Anrede

Dass der Sänger fürchtet, Minnetorheit, Minnekrankheit oder gar den Minnetod zu erleiden, weil die Geliebte seinen Dienst nicht angemessen anerkennt, obwohl er sie mehr liebt und höher schätzt als alle anderen Frauen, gehört zur grundständigen Topik des Minnesangs. Originell modifiziert wird die konventionelle Darstellung, indem der Dame der Liebestod des Sängers als Schuld angerechnet wird. Indirekt wird ihr in den Versen fünf und sechs unterstellt, dass sie sich seiner bewundernden Blicke entledigen will (Ehlert 1993, S. 49). Diese Hoffnung nimmt er ihr, denn seine Liebe ist so gewaltig, dass sie über den Tod hinausgeht.

Übersteigerung
der Topik

Es ist gängig, dass der Sänger beteuert, der Dame bis zu seinem Tod die Treue zu halten, so dichtet Reinmar: *langer niht wan al die wîle ich lebe, /* *sô bitte ich si, daz si mir ein liebes ende gebe* = nicht länger als solange ich lebe, / bitte ich sie, dass sie mir ein glückliches Ende geben möge (MF 157, 31, V. 5–6). Auch die Furcht vor dem Tod der Geliebten als gewaltsames Ende der Minnebeziehung wird von ihm zum Ausdruck gebracht, um zu zeigen, dass er sein ganzes Sein ausschließlich ihr gewidmet hat: *stirbet si,* *sô bin ich tôt* = stirbt sie, so bin ich tot (MF 158, 21, V. 8).

Treue bis zum Tod

Walther von der Vogelweide formuliert das Abhängigkeitsverhältnis zwischen Dame und Sänger drastischer:

Abhängigkeitsver-
hältnis zwischen
vrouwe und Sänger

Dô mich des dûhte daz sie waere guot,
wer was ir bezzer danne ich?
dêst ein ende: swaz si mir getuoet,
sô mac si wol verwaenen sich,
nimt si mich von dirre nôt,
ir leben hât mînes lebens êre: sterbet si mich, sô ist si tôt. (L 73, 11)

Als ich glaubte, dass sie gut sei,
wer war ihr da mehr zugetan als ich?
Das hat ein Ende: was sie mit antut,
das kann sie auch für sich in Betracht ziehen,
erlöst sie mich von dieser Not,
hat ihr Leben die Ehre meines Lebens: lässt sie mich sterben, so ist sie tot.

In einem hohen Maße selbstbewusst macht er deutlich, dass nicht nur der Sänger von der Dame abhängig ist, sondern sie auch von ihm. Bisher war er ihr zugetan, weil er ihre Güte schätzte, doch nun droht er, Gleiches mit Gleichem zu vergelten. Wenn sie ihn erhört, wird er sein Leben ihr widmen und ihre Ehre mehren. Sollte sie sich von ihm abwenden, ihn fallen lassen, und ihm die Möglichkeit weiterer Verehrung nehmen, wird sie tot sein, denn ohne seinen Gesang über sie wird weder ihre Ehre zur Geltung gebracht, noch wird sie überhaupt zur Kenntnis genommen. Der Tod ist zwar das Ende des Minnesangs, aber umgekehrt kann das Ende des Minnesangs auch den sozialen Tod der Dame bewirken.

Transzendenter Charakter des Minneverhältnisses

Morungen überschreitet mit seinem Lied die Vorstellung, dass Minne eine weltliche Angelegenheit ist und verleiht seiner Verehrung einen transzendenten Charakter. Die Liebe zu seiner *vrouwe* nötigt ihn zur Fortsetzung des Minneverhältnisses im Jenseits. Die Gegensetzung Diesseits – Jenseits ist in die knappen Ortsangaben *hie* und *dort* gefasst, deren Deutung durch die Gegenüberstellung von *lîp* und *sêle* vorgegeben ist. Der Leib, *lîp*, bezeichnet den beseelten, lebendigen, irdischen Körper, der nach dem Tod in den *lîchnam*, den unbeseelte Körper, und die Seele zerfällt. In der rhetorischen Figur des *pars pro toto* steht *lîp* für dem Menschen als Ganzes, so dass *mîn lîp* in der Regel mit „ich" übersetzt werden kann. Die Frage im zweiten Vers, „warum wollt ihr mir den Leib töten", gewinnt daher erst vom Strophenende aus ihre spezifische Bedeutung. Der Leib der Dame (V. 10) bezeichnet die Dame in ihrer gesamten irdischen Erscheinung, also die Dame zu ihren Lebzeiten. Wenn sie im Diesseits den Sänger nicht erhört, wird er nicht zögern, seine Bemühungen im Jenseits fortzusetzen und seine Seele wird ihrer Seele weiterhin dienen. Damit ist impliziert, dass sich die Treue des lyrischen Ichs in die Ewigkeit fortsetzen wird. Nach mittelalterlichen Jenseitsvorstellungen ist dies die Zeit nach dem Jüngsten Gericht, bei dem das Urteil über die Gläubigen gefällt ist, das über ewige Verdammnis in der Hölle oder ewige Seligkeit entscheidet.

Religiöse Übersteigerung

Der Minnedienst im Jenseits ist keine bloße Fortsetzung des höfischen Rituals, denn nach dem Tod fallen die Standesunterschiede und sonstigen irdischen Unterscheidungsmerkmale. Da die Geliebte dann keine *vrouwe* mehr sein wird, dient er ihr wie einem *reinen wîbe*. Die Zuschreibung „reines Weib" oder „reine Frau" ist ein Attribut Mariens. Indem Morungen die *vrouwe* indirekt Maria gleichsetzt, gewinnt das Minneverhältnis eine religiöse Komponente. Als Reaktion auf die Abweisung des werbenden Mannes folgt nicht die zu erwartende Klage, sondern eine nochmalige Erhöhung der Geliebten und die Steigerung des Dienstversprechens (Ehlert 1993, S. 52).

Minnesang als Selbstzweck

Diese übersteigerte Form des Minnedienstes hat jedoch eine weitere Komponente. In der Art einer Drohung wird verdeutlicht, dass die *vrouwe* keine Möglichkeit hat, sich dem Sänger zu entziehen. Nicht einmal seine physische Vernichtung kann seinen Minnedienst beenden. Die Rolle der

Dame ist so passiv, dass sie keinerlei Einfluss zu nehmen vermag. Sie ist Anlass des Minnesangs und dieser ist letztlich Selbstzweck.

4. Reinmar der Alte: *Ich wirbe umbe allez, daz ein man*

(Aus: Des Minnesangs Frühling. Unter Benutzung der Ausgabe von Karl Lachmann und Moritz Haupt, Friedrich Vogt und Carl von Kraus bearbeitet von Hugo Moser und Helmut Tervooren. 38., erneut revidierte Auflage, Stuttgart 1988, Bd. I, Reinmar der Alte X, S. 305.)

Insgesamt sind 88 Lieder unter dem Namen Reinmars überliefert. In der Kleinen Heidelberger Liederhandschrift (A) sind 19 Lieder mit insgesamt 70 Strophen tradiert, in der Weingartner Liederhandschrift (B) 31 Lieder mit 115 Strophen, und die Große Heidelberger oder Manessische Liederhandschrift (C) erfasst 64 Lieder mit insgesamt 262 Strophen. Neben einer umfangreichen Streuüberlieferung sind in der Würzburger Handschrift (E) 30 Lieder mit 141 Strophen aufgeführt und 6 Lieder mit 23 Strophen, die nicht eindeutig zugeordnet werden können. Einige der unter dem Namen Reinmars überlieferten Strophen werden je nach Sammlung auch anderen Sängern zugeschrieben, ein Hinweis darauf, dass sie von diesen in ihr Repertoire übernommen wurden.

Reinmar, auch Reinmar der Alte oder Reinmar von Hagenau genannt, gilt neben Walther von der Vogelweide als der bemerkenswerteste Minnesänger. Zu seiner Person gibt es keine außerliterarischen Zeugnisse, wohl aber zahlreiche Spekulationen, Legenden und Mythen, die einer sachlichen Prüfung kaum standhalten.

Die Lebens- und Wirkenszeit Reinmars lässt sich aufgrund des Literaturexkurses Gottfrieds von Straßburg im Tristan erschließen, dessen Entstehungszeit um 1210 angenommen wird. Gottfried lobt die Minnesänger als Nachtigallen, deren liebliche Sommerlieder das Herz erfreuen, und fragt, wer sie nun anführen solle, nachdem die *nahtegal von Hagenouwe* verstorben sei, die aufgrund höchster Sangeskunst und Variationsbreite als *leitevrouwe* gelten konnte (V. 4751–4797). Als Nachfolgerin schlägt er Walther von der Vogelweide vor (V. 4798–4820). Es ist in der Forschung weithin unstrittig, dass mit der „Nachtigall von Hagenau" Reinmar gemeint ist, da zahlreiche zeitgenössische Texte Reinmar und Walther zugleich nennen (Schweikle 1994, S. 195ff.).

Die Zuschreibung „von Hagenau" war Anlass, daraus entweder seinen Geburtsort oder die Zugehörigkeit zu einem elsässischen Adelsgeschlecht abzuleiten, obwohl nur Gottfried von Straßburg diesen Namenszusatz Reinmars verzeichnet. Schweikle hat plausibel dargelegt, dass beide Schlüsse zu kurz greifen. Reinmar selbst führt den Beinamen „von Hagenau" offenkundig nicht, sonst wäre er mit hoher Wahrscheinlichkeit auch in die Autorennennung der Liederbücher übernommen worden. Die Bezeichnungen „herre Reinmar" in der Weingartner Handschrift und „her reymar" in der Würzburger Handschrift legen nahe, dass Reinmar keinem Adelsgeschlecht angehörte und vermutlich, ähnlich wie Walther von der Vogelweide, als fahrender Sänger unterwegs war. Mit Hagenau könnte die staufische Kaiserpfalz im Elsass gemeint sein, die Gottfried von Straßburg als eine der

Überlieferung

Autor

Literaturexkurs Gottfrieds von Straßburg

„von Hagenau"

Wirkstätten Reinmars aufführt, zumal sich daraus eine Analogie zu Vogelweide ergibt, die sich in den Kontext der Nachtigallen-Metapher einfügt.

Forschungslegenden   Eine weitere Forschungslegende ist die Bestimmung Reinmars als Hofdichter der Babenberger in Wien. Sie hat ihren Ursprung in einem Irrtum
Melchior Goldasts (1578–1635), der den in Wien nachweisbaren Reinmar
von Zweter als Sohn Reinmars annimmt und so dessen in der Manessischen
Handschrift aufgeführten Beinamen „der Alte" erklärt. Gestützt wurde diese
Annahme durch die Gleichsetzung des in MF 167,31 genannten *herren liut-
polt* mit Herzog Leopold V., als dessen Totenklage das Lied aufgefasst wurde. Abgesehen davon, dass das Lied selbst nur bedingt derart interpretiert
werden kann (Schweikle 1994, S. 205 ff.), lässt es keine Rückschlüsse auf
ein langjähriges Wirken in Wien zu.

Reinmar-Walther-   Mit dieser Feststellung wird auch der in der Forschung tradierte Mythos
Fehde?   der Reinmar-Walther-Fehde fragwürdig (vgl. Parodie und Polemik). Die intertextuellen Bezugnahmen beider Dichter aufeinander wurden (und werden) als ernsthafte Fehde gedeutet, die ihren Ursprung darin haben soll,
dass der Hofdichter Reinmar Walthers Rückkehr an den Wiener Hof nach
dem Tod Herzog Friedrichs verhindert habe. Dies lässt sich aber weder aus
den Liedern der beiden Dichter noch aus außerliterarischen Quellen ableiten. Walther wendet sich zwar in mehreren Texten gegen den Wiener Hof
und dagegen, dass Herzog Leopold ihm seine Gunst vorenthalte, erwähnt
Reimar in diesem Zusammenhang jedoch nicht. Auch der Nachruf Walthers
auf Reinmar (L 82,24) lässt keinen Schluss zu auf „die persönliche Dimension der Fehde, und dass Walther noch nach dem Tode des Kontrahenten
nicht bereit war, zu verzeihen" (Reichert 1992, S. 62). Es muss nicht zwin-
gend als Ausdruck „persönlicher Rache" (ebd., S. 63) gedeutet werden,
wenn Walther dichtet, dass ihn der Tod Reinmars mehr schmerzt, als diesen
sein Tod geschmerzt hätte, und dass er weniger um die Person Reinmars als
vielmehr um dessen Kunst klage, die die Freude der Welt vermehrt habe
und nun vergangen sei. Naheliegender ist es, daraus eine Hochschätzung
der Sangeskunst Reinmars abzulesen, die Walther sogar über die eigene erhebt. Der Schluss des Liedes zeigt persönliche Verbundenheit: *Daz dû niht
eine wîle mohtest bîten! So leist ich dir geselleschaft: min sîngen ist niht
lanc. Dîn sêle müeze wol gevarn, und habe dîn zunge danc.* (Dass Du nicht
eine Weile warten konntest! Ich hätte dir Gesellschaft geleistet: mein Singen
dauert nicht mehr lang. Deine Seele steige wohl auf und deiner Zunge sei
Dank.)

Werk   Das Werk Reinmars ist außerordentlich umfangreich und vielfältig (Tervooren 1989). Die Themen seiner Lieder reichen von unerfüllbarer Liebe
bis zu erotisch konnotierten Strophen, sie sind gefasst als Klagelieder, Frau-
en- und Botenlieder, Tagelieder, Kreuzlieder und Streitgedichte und weisen
eine breite Rollenvarianz auf. So vielfältig wie das inhaltliche Spektrum
sind die dichterischen Mittel, derer sich der Autor bedient. Zu diesem Ergebnis kommt man allerdings nur, wenn man die Gesamtheit der unter seinem Namen überlieferten Lieder betrachtet und die Echtheitszuschreibun-
gen, wie sie seit Uhland getroffen wurden, außer Acht lässt. Bis zur Ausgabe
von Minnesangs Frühling durch Carl von Krauss (1940) wurde nämlich die
Zahl der als echt akzeptierten Lieder auf 35 reduziert, um dem organologischen Modell des Minnesangs gemäß Reinmar als Vollender und Höhe-

punkt eines Entwicklungsprozesses darzustellen. Unter Einbezug der Fehde-Theorie kann Walther von der Vogelweide dann als Überwinder und Neuerer gegen Reinmar abgesetzt werden. Betrachtet man die gesamte Überlieferung, stehen beide als gleichwertige Sängerkollegen nebeneinander, so, wie es Gottfried von Straßburg und andere Zeitgenossen empfunden haben.

1. (159, 1 – *1 b*, 6 A, 35 C, 297 E)   Text

> *Ich wirbe umbe allez, daz ein man*
> *ze wéltlîchen vröiden iemer haben sol.*
> *daz ist ein wîp, der ich enkan*
> *nâch ir vil grôzem werde niht gesprechen wol.*
> *Lobe ich si, sô man ander vrouwen tuot,*
> *daz engenímet si niemer tac von mir vür guot.*
> *doch swer ich des, si ist an der stat,*
> *dâs ûz wîplîchen tugenden nie vuoz getrat.*
> *daz ist in mat!*

2. (159, 19 – *2 b*, 8 A, 36 C, 299 E)

> *Alse eteswenne mir der lîp*
> *durch sîne boese unstaete râtet, daz ich var*
> *und mir gevriunde ein ander wîp,*
> *sô will iedoch daz herze níendér wan dar.*
> *Wol íme des, dáz ez sô réhte welen kan*
> *und mir der süezen árbéite gan!*
> *doch hân ich mir ein liep erkorn,*
> *deme ích ze dienst- und waer ez al der welte zorn-*
> *will sîn geborn.*

3. (159, 37 – *3 b*, 9 A, 37 C, 301 E)

> *Unde ist, daz mirs mîn saelde gan,*
> *daz ich ábe ir wol rédendem múnde ein küssen mac versteln,*
> *gît got, daz ich ez bringe dan,*
> *sô wíl ich ez tougenlîchen tragen und iemer heln.*
> *Und ist, daz sîz vür grôze swaere hât*
> *und vêhet mich durch mîne missetât,*
> *waz tuon ich danne, unsaelic man?*
> *dâ nim eht ichz und trage ez hin wider, dâ ichz dâ nan,*
> *als ich wol kann.*

4. (159, 10 – *4 b*, 7 A, 38 C, 298 E)

> *Si ist mir liep, und dunket mich,*
> *wie ich ir volleclîche gar unmaere sî.*
> *waz darumbe? daz lîde ich:*
> *ich was ir ie mit staeteclîchen triuwen bî.*
> *Nu waz, ob lîhte ein wunder an mir geschiht,*
> *daz sî mich eteswenne gerne siht?*
> *sâ denne lâze ich âne haz,*
> *swer giht, daz ime an vröiden sî gelungen baz:*
> *der habe im daz.*

5. (159, 28 – *5 b*, 5 A, 39 C, 300 E)

> *Diu jâr diu ich noch ze lebenne hân,*
> *swie vil der waere, ir wurde ir niemer tac genomen.*
> *sô gar bin ich ir undertân,*
> *daz ich niht sanfte ûz ir gnâden mohte komen.*
> *Ich vröiwe mich des, daz ich ir dienen sol.*

si gelônet mir mit lîhten dingen wol,
geloube eht mir, swénne ich ir ságe
die nôt, die ich [...] an dem herzen trage
dicke án dem tage.

Übersetzung

1. Ich werbe um alles, was ein Mann
   zu weltlichen Freuden jemals haben kann:
   Das ist eine Frau, die ich nicht
   ihrem übergroßen Wert entsprechend preisen kann.
   Lobe ich sie, so wie man es mit anderen Frauen tut,
   nimmt sie es mir niemals als angemessen ab.
   Doch schwöre ich es, sie ist in solcher Stellung,
   dass sie nie einen Fuß breit weibliche Tugend verließ.
   Das setzt euch matt.

2. Wenn manchmal mir der Leib
   mit seiner üblen Unstetigkeit rät, dass ich sie verlasse
   und mich mit einer anderen Frau anfreunde,
   so will jedoch das Herz nirgends hin als dorthin.
   Wohl ihm, dass es so richtig wählen kann
   und mir die süße Mühsal gönnt,
   habe ich mir doch eine Liebste erkoren,
   der zu Dienst ich, und wäre es der Zorn der ganzen Welt,
   geboren bin.

3. Und ist es so, dass mir mein Glück vergönnt,
   dass ich von ihrem wohl redenden Mund einen Kuß stehlen kann,
   gebe Gott, dass ich ihn fortbringe,
   so will ich ihn heimlich bei mir tragen und immer verbergen.
   Und ist es so, dass sie deshalb große Schmach hat
   Und mich wegen meiner Missetat befehdet,
   was tue ich dann, ich unglücklicher Mann?
   Dann nehme ich ihn und trage ihn dahin zurück, woher ich ihn nahm,
   wie ich es gut kann.

4. Sie ist mir lieb und mich dünkt,
   dass ich ihr völlig gleichgültig bin.
   Was soll es? Das erleide ich.
   Ich war ihr immer in stetiger Treue verbunden.
   Nun was, ob vielleicht ein Wunder an mir geschieht,
   so dass sie mich irgendwann einmal gerne sieht?
   So lasse ich den ohne Neid,
   der angibt, dass ihm bessere Freude gelungen sei.
   Soll er sie haben.

5. Die Jahre, die ich noch zu leben habe,
   wie viele es auch sein mögen, ihr würde kein Tag davon genommen.
   So sehr bin ich ihr untertan,
   dass ich nicht leicht aus ihrer Gnade kommen kann.
   Ich freue mich, dass ich ihr dienen darf,
   sie lohnt es mir gut mit kleinen Dingen.
   Glaube sie mir, wenn ich ihr sage
   die Not, die ich an dem Herzen trage
   oft am Tage.

Interpretation/
Frauenpreis

In diesem Frauenpreislied wird die Dame schon zu Beginn der ersten Strophe als höchste weltliche Freude ausgewiesen, die einem Mann zuteil wer-

den kann. Über ihr stehen damit nur die jenseitigen, göttlichen Freuden. Mit einem Unsagbarkeitstopos lobt das lyrische Ich ihren nicht in Worte zu fassenden Wert, der es unmöglich macht, sie so zu preisen wie andere Frauen. Der herkömmliche Minnesang als Form des Frauenpreises ist also unzureichend, um ihre spezielle Auszeichnung vor anderen Frauen zum Ausdruck zu bringen. Sie selbst sieht das offenkundig genauso, da sie einen solchen Preis als unangemessen ablehnen würde. Das lyrische Ich schwört, sie sei in einer Stellung oder Position, von der aus sie nie den Pfad der weiblichen Tugend verlassen habe. Es ist unklar, ob in der letzten Zeile *iu* oder *in* steht, ob es also heißt „das setzt sie (die andern Frauen) matt" oder ob es heißt „das setzt euch matt" und die im Publikum anwesenden Frauen meint. In beiden Fällen ist es ein Affront gegen die *vrouwen*, weil diese eine Dame ihnen vorgezogen wird, da nur ihr wahrhafte Tugendhaftigkeit eigen ist. Dass sie alle anderen Frauen übertrifft, zeugt von der Qualität des Sanges, der auf diese Weise aus dem üblichen Minnesang herausgehoben ist. Indirekt werden damit nicht nur die anderen *vrouwen*, sondern auch der auf sie und ihre Tugend bezogenen Minnesang in Frage gestellt. Dass diese Strophe für Walther von der Vogelweide und Wolfram von Eschenbach Anlass zur Parodie war, ist kaum verwunderlich.

Zugleich wird mit der Metapher „matt setzen" auf das Schachspiel verwiesen, das sich als Spiel der Könige in der höfischen Gesellschaft großer Beliebtheit erfreute. Das Spiel war über die Kontakte mit dem arabischen Reich an die europäischen Höfe gelangt und schnell adaptiert worden. Die ursprüngliche Spielfigur des Wesirs, des Königsberaters, wurde ersetzt durch die Dame, die allerdings nur sehr eingeschränkte Aktionsmöglichkeiten hatte. Bis zum 15. Jahrhundert war sie die schwächste Figur auf dem Feld, denn sie konnte nur diagonal auf das nächste Feld ziehen. Im Kontext des Schachspiels wird der Dame eine passive, untergeordnete Rolle zugeschrieben.

Schachspiel

In der zweiten Strophe werden Leib und Herz als Opponenten in Liebesdingen aufgeführt. Während der Leib rät, eine andere Frau zu suchen, rät das Herz, zu bleiben. Diese Gegenüberstellung ist als Motiv sowohl in der Lyrik als auch in der Epik, zum Beispiel in Hartmanns von Aue *Klage*, einem Lehrgedicht über die Hohe Minne, überliefert. Das Herz spricht sich dabei für die höfische Minne aus und überzeugt den trägen Leib, sich dieser ebenfalls in den Dienst zu stellen. Das lyrische Ich schließt sich der Wahl des Herzens an, die es als die bessere empfindet, weil ihm so vergönnt ist, weiterhin die Mühsal der Liebe zu erleiden, zu der es geboren ist. Damit wird die Konstruktion der Hohen Minne und des Minnesangs gefestigt. Die vergebliche Liebe, die unerfüllbar bleibt, und das Leid und die Klage darüber sind unausweichlich, denn das lyrische Ich ist dazu geboren. Es kann nicht davon lassen, auch dann nicht, wenn die ganze Welt sich dagegen stellte. Der Dienst der Hohen Minne ist ihm schicksalhaft als Lebensaufgabe zugewiesen.

Opposition von Leib und Herz

Mit dem Motiv des Kussraubes in der dritten Strophe wird die Ebene des Frauenpreises verlassen. Der Kuss wird materiell begriffen. Die Beteuerung, ihn wieder zurückgeben zu wollen, verleiht dem Motiv eine ironische Wendung. Die letzte Zeile *als ich wol kann* lässt sich auf zwei Weisen deuten: entweder soll der Kuss, so gut es eben geht, zurückgegeben werden, oder

Kussraub

aber das lyrische Ich beteuert, den Kuss gut zurückgeben zu können und weist damit auf seine erotischen Fähigkeiten.

Minne als Selbstzweck

Die vierte Strophe greift den Kontext der Hohen Minne wieder auf und stellt diese als Selbstzweck dar, der unabhängig von der Dame besteht. Die Gleichgültigkeit der Frau ist dem lyrischen Ich unwichtig, auch wenn es auf ein Wunder hofft, damit der Minnelohn in Form eines Blickes gewährt wird. Das Ziel des Strebens beschränkt sich darauf, dass sie ihn einmal gerne sieht und ihm damit die minnekonforme Aufmerksamkeit zukommen lässt, die er aber nicht mehr erwartet. Die *vrouwe* ist zwar Anlass zum Minnesang, aber sie tritt gleichzeitig hinter diesen zurück. Letztlich ist ihm egal, wie sie handelt, denn er ist zum Minnedienst geboren und wird an ihm sein Leben lang festhalten, auch wenn nur ein Wunder den Lohn bewirken kann. Dass andere Männer „bessere Freuden", also höhere Erfüllung erreichen, lässt ihn neidlos.

Minne bis zum Tod

Bekräftigt werden die Standhaftigkeit des lyrischen Ichs und die Unausweichlichkeit seiner Liebe noch einmal in der letzten Strophe. So wie zuvor betont wurde, das lyrische Ich sei zum Minnedienst geboren, wird jetzt beteuert, dass das Verhältnis bis zum Tod andauern werde. Keinen Tag seines Lebens wird er der Dame nehmen. Dabei ist er so untertänig, dass keine Gefahr besteht, aus ihrer Gnade zu fallen. Die Strophe endet mit dem Hinweis auf die minnesangtypische Freude, die im Dienst selbst liegt. Wenn die Dame ihm seine Not glaubt, wenn sie also seinen Minnesang als solchen erkennt, dann ist diese „Kleinigkeit" als Lohn des Dienstes ausreichend.

Tugend der vrouwe als Maß für die Qualität des Gesangs

Auch wenn dieses Lied mit dem höchstmöglichen Frauenpreis beginnt, spielt die Dame eine untergeordnete Rolle. Wie die Dame des Schachspiels kaum das Spiel zu beeinflussen vermag, ist die *vrouwe* im Minnesang nur insofern wichtig, als dass sie Anlass zum Singen ist. Ihre übergroße Tugend verspricht einen übermäßig hohen Sang, sie qualifiziert diesen Sang, der letztlich ohne sie stattfinden kann.

5. Walther von der Vogelweide: *ein man verbiutet ein spil*

(Aus: Walther von der Vogelweide, Werke. Gesamtausgabe. Mhd./Nhd. Bd. 2: Liedlyrik. Hg., übersetzt und kommentiert von Günther Schweikle. Stuttgart 1998 S. 166f.)

Autor

Walther von der Vogelweide ist der bekannteste und spektakulärste Sänger des Mittelalters. Nur ein außerliterarisches Dokument belegt seine Existenz und sein Wirken. Am 12. November 1203 ist in den Reiserechnungen Wolfgers von Erla, des Passauer Bischofs, vermerkt, dass in Zeiselmauer dem *Walthero cantori de Vogelweide pro pellicio v. sol. longos* ausgezahlt worden sind. Offenkundig ist Walther für diesen Bischof tätig gewesen, der auch Albrecht von Johannsdorf und Thomasin von Zirklaria beschäftigt hat und mit der Abfassung des Nibelungenliedes in Zusammenhang zu bringen ist. Unklar ist die Bezeichnung *cantor*, die eher auf den geistlichen Bereich weist, und die Tatsache, dass Walther eine ungewöhnlich hohe Gage erhalten hat. Ob dies auf eine längerfristige Tätigkeit oder auf einen besonderen

Status innerhalb der Sänger hinweist, ist nicht zu beantworten. Da Fahrende traditionell mit meist getragener Kleidung entlohnt wurden, zeigt die Auszahlung „für einen Pelz" möglicherweise an, dass Walthers Image höher als das anderer Künstler gewichtet wurde.

Schon seinen Zeitgenossen galt er als herausragender Sänger, zahlreich sind die Bemerkungen und Anspielungen seiner Kollegen, die sich teils lobend, teils kritisch mit ihm auseinandersetzen, ihn zitieren oder Nachrufe auf ihn verfassen (Schweikle, Anthologien 1970; 1986). Schon bald nach seinem Tod setzt die Mythisierung seiner Person ein, als Sänger im Wartburgkrieg wird ihm ein literarisches Denkmal gesetzt und die Meistersänger reklamieren ihn als eine ihrer Gründerfiguren.

Mythos

Walther von der Vogelweide hat zusammen mit Reinmar das Themen- und Formenspektrum des Minnesangs beträchtlich erweitert, indem er sich neben der hohen, unerfüllbaren Minne auch der natürlichen Gegenseitigkeit der Liebenden in seinen Liedern zuwendet. Eine weitere, für seine Dichtung typische Neuerung ist die Personifikation von Abstrakta. Die Tugenden *saelde* und *mâze* werden ebenso wie die Welt als Frauen zu Agierenden seiner Lieder. Auffallend sind die hohen ethischen Ansprüche, die in Walthers Liedern zum Ausdruck kommen und seiner Dichtung durchgängig eine didaktisch-moralisierende Note verleihen. Auch wenn er sich in erster Linie als Minnesänger verstand, hat er nicht nur Minnelieder, sondern auch Spruchdichtung, bzw. Sangspruchdichtung verfasst. Diese literarische Form, die vor ihm nur von Spervogel überliefert ist, bezieht sich auf historische Personen und Ereignisse, die datierbar sind und vage Rückschlüsse auf Wirkungsstätten des Autors ermöglichen. Es ist erkennbar, in welchem Kontext bestimmte Lieder entstanden sind und wer als Auftraggeber in Frage kommen kann. Walther dichtet als Fahrender am Wiener Hof, am Hof des Landgrafen Hermann von Thüringen und im Umfeld des Stauferhofes. Offenkundig ist er weit gereist, vom Pariser Hof bis Ungarn, von der Trave bis zum Po reicht sein Reisegebiet (L 31,13), wenn man den Aussagen in seinen Liedern Glauben schenkt. Mit seiner Dichtung bezieht er Position zu aktuellen politischen Fragen und schreckt nicht davor zurück, seine Gegner mit Spott und Polemik zu überziehen. Ungewiss bleibt indessen, ob solche Stellungnahmen auch seine eigene Meinung wiedergeben oder ob er damit dem Anliegen seiner Auftraggeber Genüge tut. Die Tatsache, dass er mehrfach mit dem Gönner auch die politische Position wechselt, macht letzteres wahrscheinlich. Einige Aussagen wie die Bitte um *milte*, Kritik an Herrschern, die sich geizig zeigen, der Wunsch nach einem Lehen und der Dank an Friedrich II., der ihm schließlich eines gewährte, lassen sich als Selbstäußerungen deuten. Im 19. Jahrhundert wurden daraus Biographien konstruiert, die den Eindruck konkreter Lebensbeschreibungen eines politischen Autors erwecken und vergessen lassen, dass nicht einmal seine regionale und seine soziale Herkunft zu ergründen sind. Die Tatsache, dass seine Lieder darauf deuten, dass er sich jeweils im Zentrum der Macht aufgehalten hat, hat eine historisch-patriotische Waltherrezeption gefördert, die ihn als Vorreiter für vaterländische Belange und Lehrer der Deutschen profilierte. Daneben entsteht das triviale Bild eines Autorgenies, das unter Verzicht auf persönliches Glück und Güter unstet herumzieht, um für das Wohl des Reiches zu sorgen (Ehnert 1979, S. 236). Im Zuge der nationalen Verehrung sind dem Sänger

Minnesang und Spruchdichtung

Denkmäler gesetzt worden und sein Bild aus der Manessischen Handschrift, das ihn auf einem Stein sitzend und denkend darstellt, gilt seither als Inbegriff des Mittelalters schlechthin.

Werk   Insgesamt sind mehr als 500 Strophen vom Werk Walthers von der Vogelweide überliefert, die meisten davon, 444, in der Manessischen Liederhandschrift. 151 Strophen verzeichnet Handschrift A und 112 Strophen Handschrift B. Insgesamt tradieren ca. 30 Handschriften Strophen von ihm.

Die ersten Strophen aus C wurden von Melchior Goldast herausgegeben, der Walther von der Vogelweide als Kritiker von Lastern und Sitten anführt. Martin Opitz und Hoffmann von Hoffmannswaldau führen seine Dichtung als Beweis für die hohe Qualität der deutschen Dichtung an, die ihrer Meinung nach neben der lateinischen zu bestehen vermag. Mit den Veröffentlichungen von Johann Jacob Bodmer und Johann Jacob Breitinger aus der Manessischen Liederhandschrift wurden weitere Lieder Walthers publik. Die erste kritische Edition leistete Karl Lachmann 1827. Mit der zweibändigen Ausgabe der Werke Walthers von der Vogelweide durch Günther Schweikle steht seit 1994 eine textkritische, kommentierte Ausgabe zur Verfügung, die die Texte leicht zugänglich macht.

Text   *ein man verbiutet ein spil*

1. (L 111,23)
   Ein man verbiutet âne pfliht
   ein spil des im wol niemàn gefolgen mag.
   ér giht, wénne ein wîp ersiht
   sîn ouge, si sî sin ôsterlîcher tag.
   wie wære uns andern liuten sô geschehen,
   sollten wir im sînes willen jehen?
   ich bin der, dérz versprechen muoz:
   bezzer wære mîner frouwen senfter gruoz.
   dâ ist mates buoz!

2. (L 111,32)
   ‚Ich bin ein wîp dâ her gewesen,
   sô stæte an êren únd ouch alsô wolgemuot.
   ich trûwe ouch noch vil wol genesen,
   daz mir mit stelne nieman keinen schaden tuot.
   swer küssen hie ze mir gewinnen will,
   der wérbe éz mit fuoge und ander spil.
   íst daz éz im wirt ê sâ-
   er múoz sîn iemer sîn mîn dieb und habe imz dâ
   und lege ez anderswâ!‘

Übersetzung   In dem Ton: Ich werbe um alles, das ein Mann

1. Ein Mann bietet in einem Spiel so viel,
   dass ihm wohl niemand folgen kann.
   Er behauptet, wenn eine Frau sein Auge sieht,
   sei sie sein österlicher Tag.
   Was wäre mit uns anderen Leuten,
   sollten wir ihm seinen Willen lassen?
   Ich bin derjenige, der es aussprechen muss:
   Besser wäre meiner Dame ein zarter Gruß.
   Damit ist das Matt aufgehoben.

2. Ich bin bisher eine Frau gewesen,
    so standhaft an Ehren und auch so hochgestimmt,
    ich traue mir zu, weiterhin so zu bleiben,
    so dass niemand mir mit Diebstahl schaden kann.
    Wer einen Kuss von mir gewinnen will,
    der werbe darum mit Anstand und einem anderen Spiel.
    Ist es so, dass er ihm so zufällt,
    dann muss er für mich immer ein Dieb sein und er behalte ihn
    und lege ihn irgendwo anders ab.

Das Lied ist nur in der Handschrift C überliefert. Walther von der Vogelwei- **Interpretation/** de „antwortet" damit auf das Lied Reinmars, der direkte Bezug ergibt sich **Parodie** aus der einführenden Zeile: Zu der Melodie *„ich wirbe umb allez daz ein man"*. Die Strophenform weicht jedoch erheblich von der Vorlage Reinmars ab, so dass der Hinweis nicht auf die Melodie, sondern eher auf den Inhalt des Liedes zu beziehen ist. Diese Parodie ist die bekannteste Walthers. Das Lied umfasst zwei Strophen, von denen die erste als Erwiderung der anderen Minnesänger, zu deren Wortführer sich Walther macht, und die zweite als Erwiderung der Dame konzipiert sind. Damit hat das Lied die Form eines Wechsels, beide reden über dieselbe Situation, aber nicht miteinander, son- dern aus unterschiedlichen Perspektiven.

In der ersten Strophe spricht kein liebender Mann von einer Dame, die er **Vorwurf der** verehrt, sondern ein Kollege beurteilt den Gesang eines anderen. Walther **Übertreibung** greift das mit der Schachmetapher angedeutete Motiv des Spiels auf. Ein Mann bietet im Spiel so hoch, dass ihm niemand folgen mag, er „pokert" zu hoch, könnte man frei ins Neuhochdeutsche übertragen. Er behauptet näm- lich, wenn sein Auge die Dame erblicke, sei sie sein österlicher Tag. Damit nimmt Walther Bezug auf ein anderes Lied Reinmars (MF 170,1), in dem es heißt: *„si ist mîn ôsterlîcher tac* – sie ist mein österlicher Tag" (4, 5). Ostern ist das höchste christliche Fest, das an die Auferstehung Christi und die da- mit verbundene Erlösung der Christenheit erinnert. Wenn nun der Anblick der Dame dem Osterfest gleichgesetzt wird, ist dies eine gleichsam blasphe- mische Überhöhung ihrer Wertschätzung. Das aber können die anderen Sänger Reinmar nicht zugestehen. Das lyrische Ich der ersten Strophe spricht dies im Namen aller Minnesänger aus. Die Dame oder ihre Eigen- schaften spielen keine Rolle bei diesem Urteil. Es geht nicht um die Frage, ob die Huldigung ihr angemessen ist, sondern um die Frage, ob diese Art der Lobpreisung dem Minnesang überhaupt entspricht. Walthers Antwort ist eindeutig, ein solch überzogenes Lob, das einen Ausschließlichkeitsan- spruch impliziert, können die anderen nicht zulassen und daher ist ein an- gemessener Preis auf der Ebene des konventionellen Minnesangs wie ein zarter Gruß vorzuziehen. Damit ist aber zugleich die Mattsetzung aller Da- men, die ebenfalls als überhöhte Lobpreisung gelten kann, aufgehoben. Reinmars Dame kann nicht durch übertriebenen, quasi-religiösen Tugend- preis den anderen Frauen vorgezogen werden.

Die zweite Strophe ist aus der Perspektive von Reinmars Minnedame ge- **Perspektive der** dichtet und richtet sich gegen die Kussraub-Strophe. Eben weil sie ihrer ***vrouwe*** Ehre gewiss ist, wird niemand ihr einen Kuss rauben. Wenn Reinmar in sei- nem Lied das Glück schildert, einen Kuss stehlen und heimlich forttragen zu können, zeigt sich darin seine mangelnde Ehre. Er verhält sich nicht rollenkonform, weil er die für einen Sänger notwendige eigene Zurückhaltung und die Bereitschaft zu leiden aufgibt. Stattdessen durchbricht er gewaltsam die Ebene der verehrenden Minne, um sich sinnliche Erfüllung zu verschaffen. In Zeile 6 wird noch einmal die Spielmetapher aufgegriffen. Wer einen Kuss gewinnen will, muss dies mit Anstand tun und es in einem anderen Spiel zuwege bringen. Der Anstand wird dem Lied Reinmars abgesprochen, er hält sich nicht an die Regeln. Wer den Kuss stiehlt, ist ein Dieb und soll ihn behalten und anderswo ablegen, er hat sich nicht nur als Minnesänger, sondern auch als Liebender disqualifiziert.

Die Parodie Walthers bezieht sich auf die Neigung Reinmars zu poetischer Überhöhung. Er stellt dem übertriebenen Lob die konventionellen Minnetopoi entgegen, die von allen Sängern benutzt werden und das Spiel Minnesang bestimmen. Ob sich daraus ein feindschaftliches Verhältnis der beiden Sänger ableiten lässt, wie die Beiträge zur sogenannten Reinmar-Walther-Fehde nahelegen, sei dahingestellt. Festzuhalten bleibt, dass diese Parodie nur dann Wirksamkeit entfalten kann, wenn dem Publikum die Lieder Reinmars bekannt sind, wenn also für beide Sänger oder zumindest für ihre Werke derselbe Aufführungsort angenommen werden kann.

6. Hartmann von Aue: *Maniger grüezet mich alsô*

(Aus: Des Minnesangs Frühling. Unter Benutzung der Ausgabe von Karl Lachmann und Moritz Haupt, Friedrich Vogt und Carl von Kraus bearbeitet von Hugo Moser und Helmut Tervooren. 38., erneut revidierte Auflage, Stuttgart 1988, Bd. I, Hartmann von Aue XV, S. 426.)

Überlieferung Unter dem Namen Hartmanns von Aue sind 18 Lieder mit 60 Strophen in der Manessischen Liederhandschrift überliefert. Die Handschrift A enthält 10 Strophen, die Handschrift B 28. Einige Strophen sind in anderen Handschriften Reinmar oder Walther von der Vogelweide zugeordnet. Von den in C überlieferten Liedern werden nur 14 eindeutig Hartmann zugerechnet.

Autor Hartmann von Aue gehört zu den bedeutendsten höfischen Dichtern, aber über seine Person ist nichts bekannt, denn es gibt keine außerliterarischen Zeugnisse über ihn. Der Namenszusatz *von Ouwe* und die Bezeichnung *Ouwære* gehen auf seine eigenen Nennungen in seinen Werken zurück. Welches Au oder welches Aue gemeint sein könnte, ist strittig. In Frage kommen Obernau bei Rottenburg am Neckar, Owen bei Teck, Au bei Freiburg im Breisgau, Eglisau am Rhein und die Reichenau. Das Wappen auf der Miniatur zu seiner Person in der Heidelberger Liederhandschrift zeigt einen roten Adler, so dass die Ähnlichkeiten mit dem Wappen der Zähringer Anlass wurden, Au bei Freiburg im Breisgau wahrscheinlich zu finden, da dort Zähringer Herzöge ansässig waren. Da man annimmt, Hartmann von Aue sei ein Minsterialer gewesen, könnte die urkundliche Erwähnung eines *Henricus de Owen* aus dem 12. Jahrhundert im Umfeld dieser Herzöge auf ihn bezogen werden.

Selbstzeugnisse? Gemeinhin ist der Eindruck entstanden, man könne über Hartmann von Aue wesentliche Informationen aus seinen Texten eruieren. In den Prologen seiner Werke nennt er sich mit Namen, er gibt sich als Ritter und Dienstmann aus, verweist auf seine Bildung, sein Buchwissen und sein literarisches Schaffen. Bei der biographischen Deutung dieser Verse ist allerdings Vorsicht geboten, denn eine genaue Betrachtung zeigt, dass diese Aussagen auch der Erzählerrolle zugeordnet werden können. Die Angaben zur Person korrespondieren jeweils mit den Inhalten der Texte. Als Ministerialer und Ritter gibt er sich nur aus, wenn die Erzählungen im höfischen Kontext stehen. In der *Klage* gibt er sich passend zum Thema als unglücklich Liebender aus und im Prolog zum *Gregorius*, das Werk handelt von wissentlichen und unwissentlichen Sünden, bekennt er sich zu seinen Sünden. Zu sehr habe er in jungen Jahren auf den Beifall der Welt geachtet. Zieht man in Betracht, dass Hartmanns Selbstäußerungen möglicherweise dem Erzähler zuzuschlagen sind, reduziert sich das Wissen um die Person des Autors beträchtlich.

Sein literarisches Schaffen wird für die Zeit zwischen 1180 und 1200 angenommen, ein sicherer Hinweis ist eine Bemerkung Wolframs von Eschenbach über Hartmann im *Parzival*, der auf 1205 datiert werden kann. Als Dichter war Hartmann von Aue in seiner Zeit bekannt und hoch geschätzt. Gottfried von Straßburg, Heinrich von dem Türlîn und Rudolf von Ems erwähnen ihn lobend in ihren Dichterkatalogen. Der Pleier und Konrad von Stoffeln loben die Vorbildlichkeit seiner Dichtung und weitere Dichter nennen ihn in ihren Werken im Zusammenhang mit der Artusthematik.

Von Hartmann von Aue sind die beiden Artusromane *Iwein* und *Erec* überliefert, die auf Vorlagen des französischen Dichters Chrétien de Troyes zurückgehen. Mit diesen Dichtungen gelangt der Artus-Stoff in die deutsche Literatur und zeigt langfristige Wirkung, weil auf seiner Grundlage die literarische Verarbeitung der höfischen Utopie überhaupt möglich wird. König Artus gilt als der idealtypische Herrscher, der Maßstäbe für Herrschaft und Hofführung setzt. Die Tapferkeit und Tugendhaftigkeit seiner Ritter gewinnt Vorbildcharakter für alle, die sich dem Ideal höfischen Lebens verschrieben haben. Die Artusepen werden zu Exempeln höfischer Lebensführung, die Werte und Normen vorgeben, an denen sich die höfische Gesellschaft orientieren kann.

Deutliche religiöse Züge trägt die Erzählung über den *Armen Heinrich*, einen überaus edlen Ritter, der trotz seiner Tugendhaftigkeit von Gott mit Aussatz geschlagen wird und erst, nachdem er dem Weltlichen abgesagt hat, geheilt werden kann. Im *Gregorius*, einer Erzählung, die legendenhafte Momente mit Elementen des höfischen Romans verbindet, wird die Notwendigkeit rechtzeitiger Reue und Buße verhandelt. Der gute Sünder ist ein Exempel für die Gnade Gottes, die dem gewährt wird, der an seinem Glauben festhält. Das Thema Liebe verhandelt Hartmann in seiner *Klage*. Aus der Ich-Perspektive des Erzählers wird ein Streitgespräch zwischen Herz und Leib über die Minne wiedergegeben. Der Leib beklagt die Vergeblichkeit der Minne, während das Herz den fehlenden Einsatz des Leibes für die Tugend bemängelt. In einer Minnelehre werden die Tugenden als Möglichkeit dargestellt, die Anerkennung der *vrouwe* zu erringen.

Die Minnelieder Hartmanns thematisieren die Hohe Minne in unterschiedlicher Weise. Es ist versucht worden, die Lieder so in eine Reihenfolge zu bringen, dass sich daraus ein Zyklus ergibt, der eine fortlaufende Liebesgeschichte erzählt (Blattmann 1968). Diese Konstruktion war dem Bemühen um konsequente Biographisierung geschuldet und hat wenig Bestand, wenn die Lieder nicht als Erlebnislyrik gelesen werden. Unter den Minneliedern Hartmanns sind drei Kreuzlieder, in denen der Aufbruch nach Jerusalem höher gewertet wird als der Minnedienst.

Marginalien:

Vorbildlicher Dichter

Werk

Themen

Minnelieder

Text   1. (216,29 – 52 C)

Maniger grüezet mich alsô
– der gruoz tuot mich ze mâze vrô –:
„Hartman, gên wir schouwen
ritterlîche vrouwen."
mac er mich mit gemache lân
und île er zuo den vrowen gân!
bî vrowen triuwe ich niht vervân,
wan daz ich müede vor in stân.

2. (216, 37 – 53 C)

Ze vrowen habe ich einen sin:
als sî mir sint, als bin ich in;
wand ich mac baz vertrîben
die zît mit armen wîben.
swar ich kum, dâ ist ir vil,
dâ vinde ich die, diu mich dâ wil;
diu ist ouch mînes herzen spil.
waz touc mir ein ze hôhez zil?

3. (217,6 – 54C)

In mîner tôrheit mir beschach,
daz ich zuo zeiner vrowen gesprach:
„vrowe, ích hân mîne sinne
gewant an iuwer minne."
dô wart ich twerhes an gesehen.
des will ich, des sî iu bejehen,
mir wîp in solher mâze spehen,
diu mir des niht enlânt beschehen.

Übersetzung   1. Mancher grüßt mich so
     – der Gruß macht mich nur mäßig froh –
     „Hartmann, lass uns ritterliche Damen
     anschauen gehen."
     Soll er mich in Ruhe lassen
     und zu den Damen eilen!
     Bei Damen traue ich mir nichts zu,
     außer dass ich müde vor ihnen stehe.

2. Zu Damen habe ich eine Meinung:
     wie sie zu mir sind, so bin ich zu ihnen;
     denn ich kann mir besser vertreiben
     die Zeit mit armen Frauen.
     Wohin ich komme, gibt es viele von ihnen,
     da finde ich die, die mich ebenfalls will;
     die ist auch meines Herzens Spiel.
     Was taugt mir ein zu hohes Ziel?

3. In meiner Dummheit geschah es mir,
     dass ich zu einer Dame sprach:
     „Herrin, ich habe meine Sinne
     auf die Liebe zu euch gerichtet."
     Da wurde ich schief angesehen.
     Deshalb will ich, das sei euch versichert,
     mir solche Frauen aussuchen,
     die mir so etwas nicht passieren lassen.

Dieses Lied wird auch als Unmutslied bezeichnet, weil es eine kritische Einstellung zur Hohen Minne aufscheinen lässt. Der Dichter übernimmt die Erzählerrolle, wie im dritten Vers der ersten Strophe mit der Anrede „Hartmann" deutlich wird. Diese Selbstnennung war Anlass zu Interpretationen, die voraussetzen, dass eigenes Erleben Hartmanns von Aue die Motivation zur Dichtung war. Scheinbare Authentizität kann aber auch komische Effekte erzeugen, weil sie einen größeren Spielraum in den Aufführungsformen erlaubt.

Das Thema Minnesang wird in den ersten Versen anzitiert, indem minnesangtypische Signalwörter so verwendet werden, dass Verfremdungseffekte entstehen. Mit den Verben *grüezen* (V. 1), *gruoz* (V. 2) und *schouwen* (V. 3) klingen Gruß und Blick an, die vom Minnesänger als Lohn für das stete Bemühen um edle Damen herbeigesehnt werden. Hier grüßt und blickt aber nicht die Dame, sondern andere Männer grüßen das lyrische Ich und fordern es auf, einen Blick auf ritterliche, d. h. höfische Damen zu werfen. Die Art der Aufforderung lässt die aus anderen Minneliedern geläufige Verehrung und Hochschätzung der *vrouwen*, die das Denken und Handeln des Mannes gewöhnlich dominieren, vermissen. Hohe Minne und Minnesang erscheinen als höfischer Zeitvertreib ohne besondere Bedeutung.

Das lyrische Ich sieht offenkundig keine angemessene Beschäftigung darin, Damen anzuschauen. Es ist nur *ze mâze*, in Maßen, also mäßig oder wenig froh über solche Einladungen. Der Ausdruck *mâze*, der in diesem Zusammenhang negativ konnotiert ist, bezeichnet im höfischen Kontext eine der wesentlichen ritterlichen Tugenden, die Fähigkeit, das richtige Maß in Verhalten und Handeln zu finden. Dies kann als erster Hinweis gedeutet werden, dass die verhaltene Reaktion auf die Einladung angemessen ist.

Die Begründung dafür, dass „Hartmann" seine Ruhe vorzieht und die anderen zu den Damen eilen lässt, folgt in den letzten beiden Versen der ersten Strophe. Er weiß nicht, was er bei den Damen soll, denn er traut sich nichts anderes zu, als müde oder gelangweilt vor ihnen zu stehen. Das Verb *triuwen*, sich zutrauen, lässt *triuwe*, Treue, und damit die wichtigste Komponente des Minnedienstes, anklingen. Auch hier wird mit der parodistischen Verwendung eines Signalwortes Komik erzielt. Die Situation, die aufscheint, bezieht sich auf den Topos der Minnestummheit. Der liebende Mann, dessen größter Wunsch es ist, die Dame zu sehen und mit ihr zu reden, steht überwältigt vor ihr und bringt keinen Ton heraus. Hier lassen jedoch nicht die Schönheit und Tugendhaftigkeit der *vrouwe* den Sänger verstummen, sondern sein Desinteresse an ihr und die Tatsache, dass er gar nicht weiß, was er bei den Damen überhaupt soll.

Im ersten Vers der zweiten Strophe wird mit *sin* ein weiterer Begriff aus dem Minnesangvokabular aufgegriffen. Der Minnesänger hat üblicherweise seinen Sinn, sein Denken, allein auf die Dame gerichtet, so dass er nichts anderes mehr wahrnehmen kann. Sie geht ihm nicht aus dem Sinn und sein Handeln und Fühlen sind nach ihr ausgerichtet. Hier wird *sin* in einer anderen Bedeutung benutzt. Das lyrische Ich dieses Liedes hat zu Damen im Allgemeinen einen ganz eigenen Sinn, eine eigene Meinung. Es zahlt ihnen mit gleicher Münze heim und verhält sich ihnen gegenüber so, wie sie sonst sich angesichts ihrer Minnediener verhalten. Die Langeweile, die es angesichts der *vrouwen* empfindet, ist nichts anderes als eine Erwiderung der Ungerührtheit, mit der die Damen die Minnegesänge der Männer aufnehmen.

(Marginalien)
Interpretation

Signalwörter

Minnestummheit

wîp statt *vrouwe*

Ein weniger langweiliger und besserer Zeitvertreib sind arme Frauen. Hartmann setzt hier die allgemeine Geschlechtsbezeichnung *wîp* gegen die für adlige Damen gebräuchliche Bezeichnung *vrouwe* und betont durch *arme*, dass er es auf Frauen von geringem Stand abgesehen hat. Seine Argumentation ist bestechend: wohin er auch kommt, nichtadlige Frauen gibt es im Gegensatz zu höfischen Damen überall. Bei einer so großen Auswahl findet er eine, die sein Begehren erwidert und ihn ebenfalls will. Die Wendung zu nichtadligen Damen ist eine Abkehr von der Hohen Minne, denn damit wird die Erfüllung des Liebeswunsches greifbar. Eine einfache Frau kann sein Herzensspiel werden. Die Spielmetaphorik ist erotisch konnotiert, Spielen, ein Spiel treiben oder deutlichere Formen wie Freudenspiel oder Herzensspiel werden im mittelalterlichen Sprachgebrauch zur Umschreibung des Geschlechtsverkehrs benutzt. Der Vorzug der Nichtadligen liegt also darin, dass bei ihnen das Ziel der sexuellen Vereinigung, das beim Minnesang zwar immer mitschwingt, aber unerfüllbar bleiben muss, erreicht werden kann. Der letzte Vers der Strophe stellt die höfische Minnekonzeption deutlich in Frage. Was nützt ein zu hohes Ziel, bei dem von vorn herein klar ist, dass es nicht erreicht werden kann?

Absage an den Minnedienst

Mit der letzten Strophe begründet das lyrische Ich seine Abwendung von den adligen Damen und vom Minnedienst mit den schlechten Erfahrungen, die es gemacht hat. In seiner Dummheit, *tôrheit*, hat es sich zum Minnedienst hinreißen lassen. Die Minnetorheit gehört zu den Topoi des Minnesangs, die in vielen Liedern benutzt werden. Der Mann, der weiß, wie vergeblich sein Mühen ist, und trotz aller Aussichtslosigkeit im Minnedienst verharrt, nennt sich selbst einen Toren. Hartmann nennt es nun Dummheit, sich überhaupt auf den Minnedienst eingelassen zu haben. Minnesangkonform hat er eine Dame angesprochen und erklärt, dass er seine Gedanken auf die Liebe zu ihr gerichtet hat. Ebenfalls minnesanggemäß hat die höfische Dame ihn abgewiesen und schief angesehen. Statt nun den Dienst mit Treue und Beständigkeit weiterzuführen, nimmt er die Ablehnung zum Anlass, den Minnesang ganz aufzugeben. Das Lied endet mit einer Anrede des Publikums, mit der das lyrische Ich seinen Vorsatz formuliert. Es versichert, dass es sich künftig solche Frauen aussuchen wird, die ihm eine derartige Abweisung nicht zumuten werden. Der Begriff *in solher mâze* ist auf *wîp* bezogen und lässt sich in zweifacher Weise deuten. Vordergründig sind ‚solche' Frauen gemeint, die ihn nicht abweisen werden. Fasst man *mâze* jedoch als höfische Tugend auf, wird er sich Frauen suchen, die maßvoll in ihrem Umgang sind und den Verehrer nicht wie die adligen Damen übermäßig hart behandeln. Ihnen kann letztlich ein höheres Maß an Tugend zugesprochen werden.

Hartmanns Minnelied ist eine Absage an die Hohe Minne, die keine Herzensangelegenheit, sondern eher ein sinnloser Zeitvertreib ist, der zu nichts führt und den Mann als Dummkopf dastehen lässt.

Den unerreichbaren adligen Damen werden die armen Frauen, die gegenseitige Liebe erwarten lassen, vorgezogen. Ob diese Hinwendung zur „ebenen" oder niederen Minne eine grundsätzliche Kritik an der höfischen Liebeskonzeption ist, sei dahingestellt. Auffallend ist der parodistische Umgang mit den Signalwörtern und Topoi des Minnesangs, der dem Lied eine komische Note verleiht und es zu einem gelungenen Sprachspiel macht.

7. Ulrich von Winterstetten:
Sumer wil uns aber bringen

(Aus: Deutsche Liederdichter des 13. Jahrhunderts. Hg. v. Carl von Kraus. Zweite Auflagen, durchgesehen von Gisela Kornrumpf. Tübingen 1978, Bd. I, Uolrich von Winterstetten IX, S. 519.)

In der Großen Manessischen Liederhandschrift C sind fünf Leiche und 155 Strophen, die zu 40 Liedern zusammengefasst werden, unter dem Namen Ulrichs von Winterstetten überliefert. In keiner anderen Handschrift ist der Name des Dichters genannt. Einzelne Strophen oder Teile von Strophen seiner Lieder sind in verschiedenen Handschriften überliefert und dort anderen Autoren zugerechnet oder in andere Lieder integriert.

Ulrich von Winterstetten, dessen vollständiger Name Ulrich von Schmalnegg-Winterstetten lautet, gehört einem württembergischen Ministerialengeschlecht an, das in Biberach ansässig war. In einem Leich nennt er sich selbst *schenke* und weist damit auf sein Amt als Reichsschenke. Das Schenkenamt, abgeleitet von Mundschenk, ist ein erbliches Hofamt, das zu den vier Erzämtern gehört und eine bedeutende Vertrauensstellung bezeichnet. Der Großvater Ulrichs von Winterstetten, Konrad von Tanne-Winterstetten, war als Schenk des Herzogtums Schwaben ein Vertrauter Kaiser Friedrichs II. und Vormund des unmündigen Königs Heinrich VII. Als Mäzen wird er von den Dichtern Ulrich von Türheim und Rudolf von Ems genannt. Der Vater Ulrichs von Winterstetten war der Reichsministeriale Konrad von Schmalegg, über den er den Titel des Schenken erbte. Ulrich, der vierte Sohn Konrads, ist als Zeuge in Urkunden aus der Zeit von 1249 bis 1280 dokumentiert. Im Jahre 1258 tritt er als Kanoniker in Augsburg auf.

Der überwiegende Teil des Werks Ulrichs von Winterstetten umfasst Minnekanzonen. Daneben finden sich fünf Tagelieder, zwei Dialoglieder und Lieder, die in ihrer Abwendung vom höfischen Ideal an die Dichtung Neidharts erinnern. Einige Lieder sind hinsichtlich ihrer Thematik und ihres Aufbaus ohne direkte Parallelen. Die Minnekanzonen Ulrichs sind relativ gleichförmig, weshalb man ihm Formalismus oder Schematismus unterstellt. Charakteristisch für seine Lieder sind die an den Abgesang angehängten Refrains. Ulrich von Winterstetten gehört zu den späten Dichtern und offenkundig überblickt er die Formen des Minnesangs so gut, dass er in seinen eigenen Liedern mit Topoi und Motiven versatzstückartig agieren kann und an vielen Stellen pointiert überraschende oder komische Wendungen zu präsentieren vermag.

Überlieferung

Autor

Werk

1. (31 C)

Text

> Sumer wil uns aber bringen
> grüenen walt und vogel singen;
> anger hât an bluomen kleit;
> berc und tal in allen landen
> sint erlôst ûz winters banden,
> heide rôte rôsen treit.
> sich fröit al diu welt gemeine,
> nieman trûret wan ich eine,
> sît mir diu vil süeze reine
> frümt sô manic herzeleit.

> *Swer vil dienet âne lôn*
> *mit gesange, tuot erz lange,*
> *der verliuset mangen dôn.*

2. (32 C)
Ich wil al den liuten künden
daz si lebt mit grôzen sünden
der ich ie was undertân,
die si hât an mir verschuldet,
sît mîn herze kumber duldet:
des wil sî sich niht entstân.
wie mac sî die sünde büezen?
mir wart nie lieplich grüezen,
dâ von wir uns scheiden müezen:
ich wil urloup von ir hân.
> *Swer vil dienet âne lôn*
> *mit gesange, tuot erz lange,*
> *der verliuset mangen dôn.*

3. (33 C)
Frouwe, diu mir vor in allen
wîlent muoste wol gevallen,
noch vernemt ein liedelîn:
ir sît âne lougen schoene,
doch ist schoene dicke hoene;
daz ist leider an iu schîn.
nû wil ich mîn singen kêren
an ein wîp diu tugende lêren
kan und alle fröiden mêren:
seht, der diener wil ich sîn.
> *Swer vil dienet âne lôn*
> *mit gesange, tuot erz lange,*
> *der verliuset mangen dôn.*

4. (34 C)
Werdiu Minne, ich wil dich strâfen,
dû bist gen mir harte entslâfen:
sît ich strûchte in dîniu bant,
ich bin mîner wîse ein tôre:
mîn sanc gât dir für dîn ôre,
dîner helfe ich nie bevant.
hilf, ich bin mit spilnden ougen
wunt inz herze sunder lougen.
daz tet mir ein wîp sô tougen,
an der ist wol dienst bewant.
> *Swer vil dienet âne lôn*
> *mit gesange, tuot erz lange,*
> *der verliuset mangen dôn.*

5. (35 C)
Minne, heile mîne wunden
diu mir in vil kurzen stunden
von der strâle dîn geschach.
mich hât ob zwein liehten wangen
sêre ir ougen blic gevangen:
ach waz ich dar under sach
einen munt von roete brinnen!

daz betwanc mich in dien sinnen
daz ich sî mouz iemer minnen:
ir blic mir durz herze brach.
  swer vil dienet lange zît
  ist sîn frouwe in tugende schouwe
  wizzet daz si lôn im gît.

Übersetzung

1. Der Sommer will uns wieder bringen
 grünen Wald und Vogelsingen;
 der Anger hat ein Blumenkleid;
 Berg und Tal in allen Landen
 sind erlöst aus des Winters Fesseln,
 die Heide trägt rote Rosen.
 Die gesamte Welt freut sich,
 niemand trauert außer mir,
 seit mir die süße Reine
 bereitet so viel Herzeleid.
   Wer viel dient ohne Lohn
   mit Gesang, tut ers lang,
   der verliert so manches Lied.

2. Ich will allen Leuten verkünden,
 dass sie lebt mit großen Sünden,
 der ich immer untertan war.
 Sie hat sich an mir verschuldet,
 weil mein Herz Kummer duldet:
 deshalb wird sie nicht entgehen.
 Wie kann sie die Sünde büßen?
 Mir wurde nie ein liebliches Grüßen zuteil,
 deshalb müssen wir scheiden:
 ich will Urlaub von ihr haben.
   Wer viel dient ohne Lohn
   mit Gesang, tut ers lang,
   der verliert so manches Lied.

3. Geliebte, die mir mehr als alle
 einstens wohl gefallen hat,
 vernehmt noch ein Liedlein:
 ihr seid ohne Lüge schön,
 doch ist Schönheit oft eine Schmach,
 das wird leider an euch offenkundig.
 Nun will ich mein Singen richten
 an eine Frau, die Tugend lehren
 kann und jede Freude vermehren:
 seht, deren Diener will ich sein.
   Wer viel dient ohne Lohn
   mit Gesang, tut ers lang,
   der verliert so manches Lied.

4. Werte Minne, ich will dich strafen,
 du hast mir arg mitgespielt:
 seit ich in deine Fesseln gestrauchelt bin,
 bin ich weise wie ein Tor:
 mein Gesang geht an deinem Ohr vorbei,
 deine Hilfe habe ich nie gemerkt.
 Hilfe, ich bin mit leuchtenden Augen

verwundet bis ins Herz, ungelogen.
Das tat mir eine Frau so heimlich,
an die muss der Dienst sich wenden.
  Wer viel dient ohne Lohn
  mit Gesang, tut ers lang,
  der verliert so manches Lied.

5. Minne, heile meine Wunden,
 die mir in kurzer Zeit
 dein Blitz/Pfeil zugefügt hat.
 Mich hat oberhalb zweier heller Wangen
 der Blick ihrer Augen gefangen:
 ach, was ich darunter sah
 einen brennend roten Mund!
 Das zwang mich so in deinen Sinn,
 dass ich sie immer lieben muss:
 ihr Blick brach mir das Herz.
  Wer über lange Zeit viel dient,
  weiß, wenn seine Dame tugendhaft ist,
  dass sie ihm Lohn gibt.

Interpretation Bindung an die Tradition des hohen Sanges

Ulrich von Winterstetten gehört zu den „späten" Minnesängern, so dass er auf eine lange Tradierung von Minneliedern zurückblicken kann. Aus den Liedern anderer Minnesänger sind ihm Motive und Topoi des hohen Sangs bekannt. Aus dieser Tradition schöpft er, indem er in seinen Dichtungen unterschiedliche Formen zusammenführt, zitiert und parodiert. Die Zuweisung von Schematismus und Einfallslosigkeit wird seinem Werk nicht gerecht, denn er spielt mit den überlieferten Formen und Sprachbildern. Seine Lieder stehen zwischen Minnesang und Minnesangrezeption und sind eine kreative Aneignung und Verarbeitung des allseits Bekannten.

Natureingang

Das Lied beginnt mit einem typischen Natureingang. Der Sommer bringt das Laub des Waldes, den Vogelsang und die Blumen zurück. Das ganze Land ist erlöst von den Fesseln des Winters. Die roten Rosen, die nun in der Heide blühen, weisen auf das Thema Minne. Rosen gelten seit der Antike als Blumen der Liebe und dort, wo sie blühen, ist ein Ort der Liebesbegegnung. Im Minnesang ist das Motiv eher selten, im spätmittelalterlichen Liebeslied jedoch bieten rote Rosen ein unmissverständliche Vorausdeutung, dass im weiteren Verlauf eine erotische Begegnung zu erwarten ist. Minnesangtypisch wird der Frühling als Zeit der Freude ausgewiesen, die alle Menschen fröhlich macht.

Minneklage

Das lyrische Ich, in der Rolle des Sängers, nimmt sich von dieser Hochstimmung aus, denn die von ihm auserwählte Minnedame, die, ebenfalls minnesangtypisch, mit den Attributen süß und rein belegt ist, bereitet ihm Herzeleid. Wie aus dem Refrain zu erfahren ist, dient der Sänger seiner Angebeteten schon lange und emsig mit seinem Gesang, ohne einen Lohn dafür zu bekommen. Damit wird deutlich, dass das Lied eine Minneklage ist. Die Abweisung der Dame beeinträchtigt jedoch nicht nur die Stimmung des lyrischen Ichs, sie gefährdet zugleich den Minnesang überhaupt, weil sie droht, den Sänger verstummen zu lassen.

Absage

In der zweiten Strophe mündet die Klage in eine Absage. Der Sänger will dem Publikum verkünden, dass die Dame, der er sich so treu unterworfen hat, Sünden begangen hat und an ihm schuldig geworden ist. Sie hat ihm nämlich den Minnelohn verwehrt und nun klagt er sie an und fordert Buße. Der Lohn, den er einklagt, ist nicht etwa die Erhörung seines Flehens, sondern der liebliche Gruß, der so häufig als minimales Zeichen der Zuneigung angeführt wird. Da sie ihm selbst diese geringe Anerkennung seines Bemühens verwehrt, will er sich von ihr trennen und sie um *urloup* bitten. Der mittelhochdeutsche Begriff *urloup* meint sowohl Erlaubnis als auch Abschied und zeigt an, dass jemand sich mit dem Einverständnis dessen, dem er verpflichtet ist, entfernt. Da Minne als ein Dienstverhältnis aufgefasst wird, bedarf es also der Erlaubnis der *vrouwe*, diesen Dienst zu quittieren.

Die dritte Strophe ist direkt an die Dame gerichtet, die ihm immer mehr als alle anderen gefallen hat. Die Herausgehobenheit der Geliebten vor allen anderen Frauen ist ein weiterer charakteristischer Topos im hohen Sang. Ein letztes Lied widmet der Sänger ihr, bevor er geht. Er preist ihre nicht zu bestreitende Schönheit, die er zugleich als Schmach empfindet, weil die Dame ihn nicht erhört. Die Klage über die Schönheit der *vrouwe* als Grund für das Leiden des Sängers ist aus anderen Liedern ebenso wohlbekannt wie das Motiv der Absage, das sich daran anschließt. Der Sänger will nämlich seinen Abschied nehmen, um einer einfachen Frau zu dienen, einem *wîp*. Während die Bezeichnung *vrouwe* der adligen Dame vorbehalten ist, umfasst *wîp* als allgemeine Geschlechtsbezeichnung alle Frauen.

Abschied

Der Wunsch, sich nichtadligen Frauen zuzuwenden, die dem Werber eher Gehör schenken, wird auch von Walther von der Vogelweide und Hartmann von Aue verwendet. Originell ist an der Variation Ulrichs von Winterstetten der Gedanke, einer einfachen Frau zu dienen, weil sie Tugend lehren und Freude mehren kann. Abgesehen davon, dass Minnedienst eng an den höfischen Kontext gebunden ist, sind das Lehren von Tugend und die Erzeugung von Freude die originären Zuschreibungen der Minnedame. Wenn der Sänger dies nun bei nichtadligen Frauen zu finden glaubt, stellt er damit den Minnesang insgesamt in Frage.

wîp statt *vrouwe*

Mit der vierten Strophe wendet sich der Sänger an die personifizierte Minne, die ihm Verderben gebracht hat und die er daher bestrafen will. Er ist ihr in die Falle gegangen, in ihre Fesseln gestrauchelt und somit ihr Gefangener. Das ist ein erster Hinweis auf die gewalttätige Macht der Minne und den Liebeskampf.

Personifizierung der Minne

Die direkte Folge dieser Gefangennahme ist die Minnetorheit. Der Sänger ist der Liebe so verfallen, dass er von Sinnen ist, seine Weisheit verloren hat und wie ein Tor dasteht. Dieses in vielen Minneliedern, zum Beispiel bei Morungen (MF 135, 22; MF 138, 35), Reinmar (MF 172, 1) und Walter (L 115, 25) erwähnte Motiv hat seine Entsprechung in der Schwankdichtung. Das prägnanteste Beispiel für den minnebedingten Verlust an Weisheit ist Aristoteles, der nach mittelalterlichen Maßstäben größte Philosoph, der sich so sehr in Phyllis verliebt, dass er sich zum Spott der Leute schließlich von ihr satteln und wie ein Reitpferd nutzen lässt.

Minnetorheit

Der Sänger wirft der Minne nicht nur vor, ihn in die missliche Lage der wahnhaften Liebe gebracht zu haben, sondern auch seine Lieder nicht anzuhören und ihm nicht zu helfen, obwohl sein Herz schwer verwundet ist. Seine Verletzung ist als Kampfwunde ausgegeben, die ihm die leuchtenden Augen der Frau zugefügt haben. Liebe als Kampf oder Krieg ist ein weiteres Motiv, das aus der Antike überliefert ist und über den Minnesang zum spät-

Liebe als Kampf

mittelalterlichen Liebeslied tradiert wird. Zunächst kämpfen die Liebesgottheiten gegen die Liebenden und treffen sie mit ihren Pfeilen direkt ins Herz. Daraus entwickelt sich der Kampf der Liebenden gegeneinander, der die negativen Seiten der Liebe wie Trennung oder Unzugänglichkeit der Geliebten verbildlicht. Die leuchtenden Augen der Frau als scharfe, verletzende Waffen verbildlichen den Weg der Liebe durch das Auge direkt ins Herz. Insbesondere Morungen benutzt die Metapher des verwundenden Blicks häufig in seinen Liedern. Im letzten Vers der Strophe wird der Vorwurf gegen die Frau relativiert, denn die Blicke, die solche Schmerzen zufügen, sind auch Anlass zu lohnendem Minnedienst für die Dame.

Liebe als Krankheit Die letzte Strophe richtet sich zunächst wieder an die Minne, die um Heilung der Wunden gebeten wird, die ihr *strâl* verursacht hat. Der *strâl* bezeichnet einerseits einen Blitz und greift die Metapher der leuchtenden Augen auf, kann andererseits aber auch mit Pfeil übersetzt werden und weist dann auf die konventionelle Metaphorik des Liebespfeiles. In beiden Fällen steht dahinter die Auffassung von Liebe als Verursacherin der Liebeswunde, die den Liebenden krank macht. Eine durch die Minne ausgelöste Krankheit kann nur durch die Minne selbst, nicht aber durch andere Heilmittel wieder geheilt werden. Die Medizin, die dem Sänger helfen könnte, wird am Ende der Strophe umschrieben.

Schönheits-
beschreibung Mit dem vierten Vers wird eine Schönheitsbescheibung eingeleitet. Konkrete Schönheitsbeschreibungen, die über die allgemeine Erwähnung von Zuschreibungen wie schön, sanft, süß etc. hinausgehen und spezifische körperliche Merkmale in den Blick nehmen, folgen dem Muster „vom Scheitel bis zur Sohle" und beginnen in der Regel mit den Augen. Ulrich von Winterstetten beginnt mit den Wangen, die, dem Schönheitsideal folgend, hell und strahlend sind. Oberhalb sind die Augen, deren Blicke ihn gefangen genommen und seine missliche Situation ausgelöst haben. Darunter ist ein brennend roter Mund, der ihn so sehr in den Bann der Minne gezogen hat. Der brennend rote Mund steht für den Kuss und dieser ist als probates Heilmittel gegen die Minnekrankheit bekannt. Auch als Lohn für treuen Minnedienst wird er begehrt und gepriesen. Er ist es, der den Sänger so in den Bann der Minne gezogen hat, dass der Blick der *vrouwe* sein Herz brechen konnte und er gilt dem Sänger als Lohnversprechen.

Verbleiben im
Minnedienst Der in den ersten vier Strophen gleichlautende Refrain wird nun abgewandelt. An die Stelle der Klage über den vergeblichen Dienst ohne Lohn tritt die zuversichtliche Aussage, dass eine tugendhafte Dame den Dienst sicher lohnen wird. Der rote Mund fasziniert den Sänger so sehr, dass er seine Absage widerruft und im Dienst verbleibt. Ob ihm allein der Anblick der Schönen als Lohn genügt oder ob er auf einen Kuss hofft, bleibt unklar.

Minnesang –
Liebeslied In dem Lied Ulrichs von Winterstetten sind weit mehr minnesangtypische Topoi und Motive zusammengeführt als in anderen Liedern. Es ist die Konstruktion eines Minneliedes, in dem die Perfektion des hohen Sanges anvisiert zu sein scheint. Indem der Dichter aus dem Vollen schöpft und zusammenbindet, was aus dem Werk anderer Minnesänger bekannt ist, überschreitet er die Funktion des Minnesangs als Form höfischer Repräsentation. Die Häufung von Topoi und Metaphern und der eingängige Refrain, der zum Mitsingen einlädt, rücken das Lied in die Nähe spätmittelalterlicher Liebeslieder mit geselligem Charakter.

8. Friedrich von Hausen:
Mîn herze und mîn lîp diu wellent scheiden

(Aus: Des Minnesangs Frühling. Unter Benutzung der Ausgabe von Karl Lachmann und Moritz Haupt, Friedrich Vogt und Carl von Kraus bearbeitet von Hugo Moser und Helmut Tervooren. 38., erneut revidierte Auflage, Stuttgart 1988, Bd. I, Friedrich von Hausen VI, S. 81.)

In der Manessischen Liederhandschrift sind 53 Strophen unter dem Namen *Her Friderich von Husen* überliefert, in der Weingartner Handschrift 36. Ein weiteres Lied in der Weimarer Liederhandschrift F wird ebenfalls ihm zugerechnet.

    Friedrich von Hausen ist in außerliterarischen Quellen so gut nachzuweisen wie kaum ein anderer Minnesänger, er findet in 18 Dokumenten Erwähnung. Seine Zugehörigkeit zu einem Adelsgeschlecht, das bei Rheinhausen nahe der Neckarmündung ansässig war, gilt als unumstritten. Die erste urkundliche Erwähnung, die ihn zusammen mit seinem Vater Walther von Hausen als Zeugen nennt, stammt aus dem Jahr 1171. Er lässt sich 1175 am Kaiserhof in Pavia nachweisen. Erst 1186 tritt er in Borgo San Donnino wieder als Zeuge für König Heinrich VI. auf. Vermutlich war er bei dessen Hochzeit mit Konstanze, der Tochter des Normannenkönigs Roger II., in Mailand anwesend. Für die Zwischenzeit gibt es bis auf zwei schwer zu datierende Zeugnisse keine Nachweise. Ob er sich nach dem Tod des Vaters um Familien- und Besitzangelegenheiten kümmerte oder sich über längere Zeit in Burgund aufgehalten hat, kann nur vermutet, nicht aber belegt werden. Nach 1187 begibt sich Friedrich von Hausen in das Gefolge Kaiser Friedrichs I. und übernimmt wesentliche Rechtsgeschäfte für den staufischen Hof. Trotz seiner edelfreien Herkunft wird er als Ministerialer bezeichnet und es ist anzunehmen, dass er für das attraktive Amt eines Reichsministerialen seine Freiheit aufgab. Anhand der von ihm unterzeichneten Urkunden lassen sich Reisewege des Sängers nachvollziehen. Beim Dritten Kreuzzug gehört er zum Gefolge des Kaisers und bricht mit ihm in Richtung Jerusalem auf. Auf dem Hinweg wird er am 6. Mai 1190 in dem anatolischen Ort Aksehir (Philomelium) in eine Auseinandersetzung mit seldschukischen Reitern verwickelt und verletzt sich bei einem Sturz vom Pferd tödlich. Die überlieferten Reaktionen auf seinen Tod zeigen die Hochachtung und Bewunderung, die ihm seine Zeitgenossen entgegenbrachten.

    Im Umfeld Friedrichs von Hausen tauchen die Namen vieler Minnesänger auf. Ob sein Vater ebenfalls dichtete, lässt sich nicht nachvollziehen, wird aber gelegentlich vermutet, da in einem Gedicht Hergers der Name von Husen Walther erwähnt wird (MF, Herger 25,20). Eine Beziehung zwischen Friedrich von Hausen und Ulrich von Gutenberg ist anzunehmen, weil beide zu gleichen Zeiten im selben Umfeld als Zeugen auftreten. Da Heinrich VI. ein Förderer von Minnesang ist und möglicherweise selbst gedichtet hat, ist der Kontakt zu anderen Sängern im Gefolge des Stauferhofes sehr wahrscheinlich. Dass man ihn kannte und schätzte, ist aus Erwähnungen seiner Person bei anderen Dichtern ersichtlich. Reinmar von Brennenberg (KLD 44, IV, 13) nennt ihn ebenso wie Heinrich von Türlin (Crône, V. 2443) mit anderen mittlerweile verstorbenen Minnesängern und Der von

Überlieferung

Autor

Beziehungen zu anderen Minnesängern

Gliers (SM XX 3) führt ihn als Leichdichter an. Direkte Kontakte zu französischen und provenzalischen Sängern lassen sich nicht nachweisen, auch wenn ein möglicher Aufenthalt in Burgund als Indiz gewertet wird und den deutlichen romanischen Einfluss erklären würde.

Werk Friedrich von Hausen gilt als der führende Dichter des sogenannten Rheinischen Minnesangs, der am staufischen Hof verortet wird. Er greift formale und motivliche Eigenheiten der altfranzösischen und der provenzalischen Liebesdichtung auf und verarbeitet sie zu einem eigenen Stil. Seine Lieder sind ohne Melodien überliefert, aber es wird angenommen, dass einige von ihnen Kontrafakturen zu französischen und provenzalischen Liedern sind.

Hausenschule In der Forschung ist man lange von einer sogenannten Hausenschule ausgegangen, weil man dachte, dass andere Dichter romanische Einflüsse über die Dichtung Friedrichs von Hausen aufgegriffen hätten. Die Untersuchungen von Anton H. Touber lassen jedoch darauf schließen, dass sich auch Bligger von Steinach, Bernger von Horheim, Ulrich von Gutenburg und Rudolf von Fenis unmittelbar auf die romanische Dichtung und nicht auf Friedrich von Hausen beziehen (Touber 2005).

Kreuzzugslieder Das Ideal der Hohen Minne ist in den Texten Friedrichs von Hausen konsequent umgesetzt. Die Liebe bleibt unerfüllbar und das ist nicht nur der *huote*, sondern auch der *vrouwe* selbst zuzurechnen. Dass der Mann trotz oder gerade wegen dieser Unerfüllbarkeit in unermüdlicher Dienstbereitschaft verharrt, macht den Kern der Minne aus und lässt sie zu einer Gnade Gottes werden. Die Kreuzzugslieder Friedrichs von Hausen gehören zu den ältesten in mittelhochdeutscher Sprache. Es sind Abschiedsklagen, in denen sich der Sänger zwischen dem Minnedienst und dem Dienst an Gott entscheiden muss. Schließlich zieht er den Gottesdienst als den höheren vor.

Text 1. (47,9 – 10 B, 25 C)
Mîn herze und mîn lîp diu wellent scheiden,
diu mit ein ander wâren nu manige zît.
der lîp will gerne vehten an die heiden,
sô hât iedoch daz herze erwelt ein wîp
Vor al der welt. Daz müet mich iemer sît,
daz siu ein ándèr niht volgent beide.
mir habent diu ougen vil getân ze leide.
got eine müese scheiden noch den strît.

2. (47,25 – 11 B, 26 C)
Sît ich dich, herze, niht wol mac erwenden,
du wellest mich vil trûreclîchen lân,
sô bite ich got, daz er dich geruoche senden
an eine stat, dâ man dich welle enpfân.
Owê! wie sol ez armen dir ergân?
wie getórstest du eine an solhe nôt ernenden?
wer sol dir dîne sorge helfen enden
mít tríuwen, als ich hân getân?

3. (47,17 – 24 B, 27 C)
Ich wânde ledic sîn von solicher swaere,
dô ich daz kriuze in gotes êre nan.
✝ ez waere ouch reht, daz ez alsô waere,
wan daz mîn staetekeit mir sîn verban. ✝

Ich sollte sîn ze rehte ein lebendic man,
ob ez den tumben willn sîn verbaere.
nu sihe ich wol, daz im ist gar unmaere,
wie ez mir süle án dem ende ergân.

4. (47,33 – 28 C, 25 B)
Niemen darf mir wenden daz zunstaete,
ob ich die hazze, die ich dâ minnet ê.
swie vil ich sî gevlêhte oder gebaete,
sô tuot si rehte, als sis niht verstê.
Mich dunket [.], wie ir wort gelîche gê,
rehte als ez der sumer von triere taete.
ich waer ein guoch, ob ich ir tumpheit haete
vür guot. ez engeschiht mir niemr mê.

Übersetzung

1. Mein Herz und mein Leib wollen von einander scheiden,
   die zusammen gewesen sind so lange Zeit.
   Der Leib will gerne gegen die Heiden kämpfen,
   jedoch hat das Herz eine Dame auserwählt,
   vor aller Welt. Seither macht es mir Kummer
   dass die beiden einander nicht folgen.
   Mir haben die Augen viel Leid angetan.
   Gott allein kann den Streit schlichten!

2. Da ich Dich, Herz, wohl nicht davon abbringen kann,
   dass Du mich sehr traurig ziehen lässt,
   so bitte ich Gott, dass er dich schicken möge
   an einen Ort, an dem man dich gut empfangen möge.
   O weh! Wie wird es dir Armem ergehen?
   Wie wagtest du alleine dich einer solchen Not auszusetzen?
   Wer wird dir helfen deine Sorgen zu enden
   Mit Treue, wie ich es getan habe?

3. Ich glaubte frei zu sein von solcher Beschwernis,
   als ich das Kreuz zu Gottes Ehren nahm.
   Es wäre auch rechtens, wenn es so wäre,
   aber meine Beständigkeit hat mir das verdorben.
   Ich wäre zu Recht ein heilsgewisser Mann,
   wenn es seinen törichten Willen verbergen könnte.
   Nun sehe ich, dass es ihm ganz gleichgültig ist,
   wie es mir am Ende ergehen wird.

4. Niemand soll es mir als Unbeständigkeit auslegen,
   wenn ich der feindselig bin, die ich früher liebte.
   Wie immer ich sie anflehte und bat,
   sie tut genau so, als ob sie es nicht verstünde.
   Mich dünkt recht so, also gingen ihre Worte so
   recht wie die Töne einer Maultrommel / der Sommer von Trier.
   Ich wäre ein Narr, wenn ich ihre Torheit hielte
   für gut. Das geschieht mir niemals mehr.

Keinem Lied Friedrichs von Hausen ist so viel Aufmerksamkeit geschenkt worden. Obwohl es vielfach interpretiert wurde, konnten einige Kontroversen und Unklarheiten nicht ausgeräumt werden. Die Reihenfolge der Strophen ist umstritten. In den Handschriften B und C wird zwar dieselbe Strophenfolge überliefert, aber in B sind die Strophen durch einen Einschub getrennt, so dass der Eindruck entsteht, es handle sich nicht um ein zusam-

Interpretation/
Überlieferung

menhängendes Lied. Die vierte Strophe kann hinzugerechnet werden oder auch nicht, die Überlieferung ist nicht eindeutig. Schwierigkeiten machen zudem korrupte Textstellen, die unterschiedlich interpretiert werden. Als Vorlage dieses Kreuzliedes wird gelegentlich ein Lied von Conon de Béthema angenommen, das den Titel *Ahi, Amors, com dure departie* trägt.

Kultureller Kontext der Kreuzzugslieder Das Lied ist ein Kreuzzugslied. Seit 1096 unternehmen europäische Ritter Kriegszüge ins Heilige Land, um Jerusalem und das Grab Christi aus den Händen der Heiden zu befreien. Kreuzzüge gelten als bewaffnete Wallfahrten, die zum Wohlgefallen Gottes unternommen werden. *„Deus lo vult –* Gott will es" ist der Schlachtruf, mit dem die Krieger losziehen. Aus der Heilsgeschichte leiten die Christen ihren alleinigen Anspruch auf das Heilige Land ab. Walthers von der Vogelweide Palästinalied (14,38) gibt davon ein anschauliches Zeugnis. Da die Sarazenen als Heiden gelten, die zahlreicher Untaten bezichtigt werden, ist der Kampf gegen sie ein *bellum iustum*, ein gerechter Krieg. Die Vernichtung dieser Feinde Gottes gilt den Rittern als gute Tat, die ihnen als Ablass ihrer Sünden zugerechnet wird. Gerade der Kreuzzugsablass ist Motivation, sich an den Kämpfen zu beteiligen, denn auf diese Weise kann für das Seelenheil gesorgt werden. Wer beim Kreuzzug kämpft oder sogar sein Leben verliert, wird den Märtyrern gleich ins himmlische Jerusalem einziehen. Der Lohn Gottes ist ihm gewiss. Über den Gedanken des Lohns wird die Kreuzzugsthematik mit der Minnethematik verbunden. Der Minnediener, der seiner Dame Treue geschworen hat, gerät in einen Konflikt, weil er gehalten ist, mit der Teilnahme am Kreuzzug in den Dienst Gottes zu treten. Der irdische Lohn des Minnedienstes ist ungewiss und zudem gering gegen den garantierten Lohn Gottes. Der Konflikt wird in den Kreuzzugsliedern unterschiedlich gelöst. Sowohl ein Interessenausgleich, bei dem der Dienst an Gott zugleich der Dame zur Ehre gereicht als auch eine Abwertung des Frauendienstes kommen als Lösungen in Betracht. Da der Minnediener sich als Gottesdiener von der Dame entfernt, sind Kreuzzugslieder zugleich Abschiedslieder oder sogar Absagelieder.

Reale Bezüge Es wird immer wieder versucht, durch eine genaue Zuordnung zu den Kreuzzügen einen realen Bezug der Kreuzzugslieder zu konstruieren. Das ist nicht in allen Fällen möglich, denn es ist nicht unwahrscheinlich, dass auch Dichter, die selbst an keinem Kreuzzug teilgenommen haben, sich dem Thema zuwenden. Friedrich von Hausen ist jedoch als Teilnehmer des dritten Kreuzzugs verbürgt.

Streitgedicht Das Lied ist als Streitgedicht angelegt. In einem juristisch formierten Disput streiten Ich, Leib und Herz über ein Verweilen bei der Dame oder den Aufbruch zum Kreuzzug.

Konflikt zwischen Ich, Herz und Leib In der ersten Strophe schildert das Ich den Konflikt zwischen Herz und Leib. Sie wollen sich trennen, obwohl sie so lange beisammen waren. Der Leib will gegen die Heiden kämpfen und sich dem Kreuzzug anschließen. Das Herz jedoch will bei der *vrouwe* bleiben, die es „vor aller Welt", also öffentlich, erwählt hat. Im Kontext von Recht erhält der Hinweis auf die Öffentlichkeit Gewicht. Wäre die Treue des Herzens nur eine Vereinbarung zwischen ihm und der Dame, wäre eine einfache Regelung denkbar. Ein Treuebruch gegen einen Vertrag, der öffentlich und damit rechtsgültig abgeschlossen wird, ist jedoch ein gewichtiges Vergehen, das mit Ehrverlust verbunden ist. Das Herz will also nicht aus freien Stücken bleiben, es ist rechtlich und vertraglich an den Minnedienst gebunden. Das Ich leidet darunter, dass Herz und Leib einander keine Gefolgschaft leisten, und beschuldigt die Augen, Auslöser des Leids zu sein. Die Augen als Einfallstor der Minne sind ein Topos, der häufig im Minnesang Verwendung findet. Die Schönheit der Frau wird über die Augen wahrgenommen und ihr Anblick bindet den Mann so an sie, dass er sich zu treuem Minnedienst veranlasst sieht.

Im letzten Vers wird Gott als Richter angerufen, nur er kann den Streit entscheiden, dessen Opfer das Ich geworden ist. Gott ist der höchste Richter überhaupt, alles Recht geht auf ihn zurück und jede irdische Rechtsprechung ist der himmlischen nachgebildet. Sein Urteil ist unfehlbar und nicht zu hinterfragen. Er allein kann als höchste Instanz die Bindung an weltliches Recht aufheben und dem Herzen den Weggang ermöglichen. Zudem ist Gott in den Rechtsstreit involviert, denn schließlich geht es um die Frage, ob ihm zu dienen höher gewertet werden kann als der Minnedienst. *(Gott als Richter)*

Die zweite Strophe kann mit guten Gründen dem Leib zugeordnet werden. Sie besteht aus zwei Teilen. Die ersten vier Verse wenden sich an das Herz und zugleich an Gott. Da der Leib das Herz nicht davon abbringen kann, ihn allein ziehen zu lassen, empfiehlt er es in die Obhut Gottes, der es an einen Ort bringen möge, wo es gut empfangen und aufgehoben sein möge. Wo ein solcher Ort sein könnte, wird nicht deutlich. Bliebe das Herz bei der erwählten Dame, wäre es für den Leib und das Ich endgültig verloren, denn sie hat den Konflikt indirekt ausgelöst. Eine andere *vrouwe*, die es für den Kreuzzug freigeben würde, wäre ebenso eine Option wie das Ich. Die Entscheidung liegt bei Gott, er wird wissen, welcher der rechte Weg für das Herz ist. Der zweite Teil der Strophe ist ein klagender Ausruf, der sich direkt an das Herz wendet und ihm seine Situation drastisch vor Augen führt. Es hat sich durch die Verweigerung in Nöte gebracht, denn allein wird es seine Sorgen nicht beenden können. Dazu bedarf es der Unterstützung des Leibes, der sich schon früher als getreuer Verbündeter erwiesen hat. *(Der Leib wendet sich ans Herz)*

In der dritten Strophe spricht wieder das Ich. Es leidet unter der Beschwernis, die ihm Herz und Leib verursachen, denn es dachte, davon frei zu sein, als es zur Ehre Gottes das Kreuz nahm. Der Verweis auf Recht im dritten Vers lässt sich dahingehend deuten, dass das Ich im Kontext des Streitgesprächs das Recht auf seiner Seite wähnt und erwartet, dass Leib und Herz ihren Streit aufgeben und sich ihm anschließen. Zugleich verweist Recht auf den *ordo*-Gedanken, denn in der gottgewollten Ordnung stehen der Dienst an Gott und die Ehre Gottes höher als Minnedienst und weltliche Ehre. Im vierten Vers wird die *staetekeit* des Ichs als Hindernis angeführt. Die Beständigkeit als Charaktereigenschaft wird dem Ich zugerechnet, so dass beide, Herz und Leib, daran teilhaben. Beide halten nun an ihrer Treue fest und das Herz will den Minnedienst ebenso wenig aufgeben wie der Leib den Plan des Kreuzzugs. Das Ich ist offensichtlich ohne die Unterstützung des Herzens nicht lebensfähig. Es wäre dem Recht gemäß, wenn das Herz seinen törichten Willen verbergen könnte, wenn es also von der Beständigkeit abließe und es wieder zu einem lebendigen Mann werden ließe. Mit den letzten beiden Versen klagt das Ich sein Herz an. Es sieht, dass dem Herzen gleichgültig ist, wie es ihm am Ende ergeht. „*An dem ende*" ist dop- *(Recht, Ordnung und Beständigkeit)* peldeutig. Einmal kann „schließlich" gemeint sein und auf den Ausgang des Streits bezogen werden: dem Herzen ist es egal, wenn das Ich nicht wieder ein lebendiger Mann wird. Das Ende deutet aber möglicherweise auch auf das Jüngste Gericht. Wenn das Ich am Kreuzzug teilnimmt, ist für sein Seelenheil gesorgt und es muss nicht um sein Ende fürchten, weil ihm der Platz im Himmlischen Jerusalem sicher ist. Verhindert das Herz die Teilnahme am Kreuzzug, ist das Urteil Gottes am Ende ungewiss.

Entscheidung des Herzens Schlägt man die vierte Strophe dem Gedicht zu, enthält sie die Entscheidung des Herzens. Es wendet sich unvermutet heftig gegen die *vrouwe*. Niemand soll ihm Unbeständigkeit vorwerfen, wenn es ihr gegenüber feindselig ist und die Treuebindung von sich aus löst. Die Frau hat das Flehen und Bitten des Herzens nicht erhört, sondern so getan, als habe sie es nicht verstanden (Str. 4, V. 3–4). Damit kann gemeint sein, dass die Dame den Minnedienst des Herzens missachtet hat, dass sie es nicht erhört und keinen Lohn gegeben hat. Ohne Lohn ist der Minnedienst gering zu schätzen angesichts der Alternative, im Dienst Gottes beim Kreuzzug das Seelenheil als Lohn zu erhalten. Da die *vrouwe* sich mit der Abweisung minnekonform verhält, ist in diesem Fall nicht die spezielle Dame, sondern der Minnedienst insgesamt in Frage gestellt. Die Verse 3 und 4 lassen sich aber ebenso auf den Konflikt des Herzens beziehen. Die Frau beharrt *rehte*, mit Recht, auf dem Minnedienst des Mannes, weil sie die Beständigkeit einklagt, ohne zu akzeptieren, dass der Kreuzzug nach höherem Recht ihren Anspruch außer Kraft setzt. Da sie das Herz nicht freiwillig gehen lässt, wird sie verlassen. In beiden Fällen ist die Absage endgültig, denn das Herz wäre ein Narr, würde es eine solche Dummheit gutheißen (Str. 4, V. 7–8).

Der Sommer von Trier Höchst umstritten ist die Bedeutung der Verse 5 und 6. Der Begriff *sumer von triere* ist unklar, die Deutungen reichen von Brummeisen oder Maultrommel über einen Vergleich mit dem schlechten Wetter in der Gegend um Trier bis hin zu einer Anspielung auf das Schisma von Trier, bei dem in der Zeit von 1183 bis 1189 durch die Einsetzung zweier Erzbischöfe das Verhältnis zwischen Papst und Kaiser so empfindlich berührt war, dass auch die Vorbereitung des dritten Kreuzzugs in Frage gestellt wurde.

9. Neidhart: *Ez gruonet wol diu haide* (Sommerlied 11)

(Aus: Neidhart-Lieder. Texte und Melodien sämtlicher Handschriften und Drucke. Hg. v. Ulrich Müller, Ingrid Bennewitz, Franz Victor Spechtler. Berlin/New York 2007, Bd. I, 100 ff.)

Überlieferung In mehr als 30 Handschriften aus dem 13. bis 15. Jahrhundert sind über 150 Lieder mit insgesamt ca. 1500 Strophen unter dem Namen Neidhart überliefert. Fünf Handschriften enthalten zu insgesamt 55 Liedern sogar Melodien, eine Tatsache, die für die Minnesangüberlieferung außergewöhnlich ist. Die Neidhart-Texte sind im Laufe einer langen Zeit aufgezeichnet worden. Die umfangreichste frühe Sammlung ist mit 56 Liedern die Riedegger Handschrift (R) vom Ende des 13. Jahrhunderts. Die meisten Neidhartlieder überhaupt enthält mit 131 Liedern und 1100 Strophen die Riedsche Handschrift (c) aus der zweiten Hälfte des 15. Jahrhunderts. In der Manessischen

Liederhandschrift (C) finden sich 41 Lieder, in der Kleinen Manessischen und in der Weingartener Handschrift sind 23 Lieder tradiert. Die ungewöhnlich dichte Überlieferung weist neben der Melodienüberlieferung eine weitere Besonderheit auf, denn die Textfassungen weichen in den verschiedenen Handschriften deutlich voneinander ab.

Offenkundig war es üblich, Neidhart-Lieder weiterzudichten und mit immer mehr Strophen zu versehen. Die Zahl und Reihenfolge der Strophen schwankt erheblich und deutliche Textvarianzen machen es unmöglich, eine einheitliche Textform zu eruieren. Ab 1400 wird *ain nithart* als Gattungsbezeichnung für schwankhafte Lieder üblich, die von Dörflern und Bauerntölpeln handeln, so dass nicht mit letzter Sicherheit auszumachen ist, welche Lieder dem ursprünglichen Dichter und welche Nachdichtern zuzurechnen sind.

Zuschreibungsprobleme

Der Dichter Neidhart ist als Person nicht fassbar. Es ist nicht einmal klar, ob Neidhart wirklich sein Name ist oder ob es sich dabei um eine Kunstfigur handelt, die das lyrische Ich seiner Lieder bezeichnet, das sich in ständiger Auseinandersetzung mit den *dörpern*, den tölpelhaften Bauern, befindet. Möglicherweise ist dieser Rollenname als Künstlername auf den Dichter übertragen worden.

Autor oder Rollenname?

Der Namenszusatz „von Reuental" bezieht sich auf den Ortsnamen *Riuwental*, Jammertal, der eine zentrale Rolle in den Liedern spielt. Das lyrische Ich ist in manchen Liedern „Der von Reuental". Schon im 15. Jahrhundert wurde die Ortsbezeichnung dem Namen Neidhart als Herkunftsbezeichnung angehängt und im 19. Jahrhundert haben die frühen Minnesangforscher Reuental als Stammsitz des Dichters gedeutet, dem sie eine adlige Abstammung unterstellten. Neidhart wurde in diesem Zusammenhang dem verarmten Adel zugerechnet, der seinen hoch verschuldeten Grundbesitz gegen die wohlhabenden Bauern verteidigen musste. Wie bei anderen mittelhochdeutschen Dichtern auch, ist es sehr problematisch, wenn auf diese Weise literarische Texte als Erlebnislyrik gedeutet werden, um aus ihnen eine Biographie herauslesen zu können. Dennoch lassen sich mit Hilfe der Lieder vage Einschätzungen treffen, weil sie Anspielungen auf Fakten der Zeitgeschichte enthalten.

Neidhart von Reuental

Im Winterlied 24 ist die Rede von kriegsähnlichen Unruhen und einem Wechsel des Dichters von Bayern nach Österreich. Ob er bis dahin am bayrischen Herzogshof in Landshut wirkte und ob er sich zwischenzeitlich am erzbischöflichen Hof in Salzburg aufgehalten hat, ist nicht belegt. Ihn ab ca. 1230 an den Wiener Hof Friedrichs des II. zu verorten ist plausibel, denn dort wird Literatur hoch geschätzt und auch Reinmar und Walther gehören zu den Nutznießern des dortigen Mäzenatentums. Zudem weisen Flurnamen und Flussnamen in den Liedern auf das Tullner Feld westlich von Wien und solche Konkretisierungen sind nur sinnvoll vor einem Publikum, das sie zu deuten weiß. Da es in den Liedern keine Hinweise auf historische Ereignisse nach 1240 gibt, kann man davon ausgehen, dass der Dichter um diese Zeit seine literarische Produktion eingestellt hat.

Stätten des Wirkens

Es gibt mehr als 50 literarische Zeugnisse, die einen Sänger namens Neidhart erwähnen. Viele Dichter wie Wolfram von Eschenbach, Wernher der Gärtner und Hermann von Sachsenheim spielen auf ihn an, wenn sie Szenen schildern, in denen bäuerliche Tölpelhaftigkeit, an der Neidhart sei-

Literarische Zeugnisse

ne Freude hätte, offenkundig wird. In den Totenklagen von Marner, Rubin und Hermann Damen wird er als bedeutender Sänger in einer Reihe mit Walther von der Vogelweide und Reinmar genannt, ein Zeichen dafür, dass er bei seinen Zeitgenossen sehr bekannt und hoch geschätzt war.

Neidhart als literarische Figur

Im 14. Jahrhundert wird Neidhart in dramatischen Schwänken selbst zur literarischen Figur. Als komischer Prototyp des Bauernfeinds erfreut er sich enormer Beliebtheit. Die wohl bekannteste Geschichte handelt von Neidhart und dem Veilchen. Neidhart findet das erste Veilchen und will den Damen des Hofes den Frühling verkünden. Damit er die Blume wiederfinden kann, setzt er seinen Hut darüber und eilt weg, um die Damen zu seinem Fund zu führen. Die Bauern nutzen seine Abwesenheit, um ihr Geschäft zu verrichten, und legen den Hut darüber, so dass Neidhart sich gründlich blamiert. Neidhartspiele gehören zu den ersten weltlichen Schauspielen in mittelhochdeutscher Sprache, die überliefert sind.

Werk

Mit den Neidhart-Liedern wird eine neue Dimension des Minnesangs erschlossen, die deutliche Elemente des Gegengesangs enthält. Während der konventionelle hohe Sang raumlos ist und nur in wenigen Fällen, z. B. in einigen Tageliedern die Burg als Handlungsort genannt wird, sind die Lieder Neidharts in der konkreten bäuerlichen Dorfwelt verortet. Die freie Natur, weite Felder, die Heide, aber auch die *stube* sind Fixpunkte einer dörflichen Gegenwelt, die das Hofleben kontrastiert. Der Minnesänger Neidhart pflegt dort die Rituale des hohen Sangs, er wählt die Bauernmädchen als Objekt seiner Liebe und richtet seine Lieder an die Bauern, die nur wenig Verständnis dafür aufbringen. Er erscheint deshalb seltsam deplatziert und sein Minnesang gerät zur Parodie. Dabei bleibt er der Sängerrolle treu, so dass es den Anschein erweckt, als werde der richtige Sang der falschen Dame vor dem falschen Publikum gewidmet. Es geht zwar um Liebe, aber im Sinne von Erotik. Das Vokabular ist häufig derb-erotisch oder verbindet sexuelle Metaphorik mit Komik. Die Eifersucht der Bauernburschen ist ebenso Liebeshindernis wie die sexuelle Unersättlichkeit der Mädchen. Ihre Begehrlichkeiten, die rohen Sitten und der dümmliche Hochmut der Dorfbewohner zeigen, wie weit die bäuerliche und die höfische Welt voneinander entfernt sind. Die Exklusivität und Vornehmheit des Adels kommt vor diesem Kontrast besonders schillernd zur Geltung. Das Lachen über die Bauerntölpel ist zugleich Bestätigung der eigenen Überlegenheit.

Sommerlieder und Winterlieder

Mit den Sommerliedern und den Winterliedern entwirft Neidhart zwei neue Liedtypen. Formal sind Sommer- und Winterlieder durch ihren Aufbau unterschieden. Während die Sommerlieder meist in Reienstrophen gedichtet sind und als Tanz- und Reigenlieder aufgefasst werden können, haben die Winterlieder Stollenstrophen und stehen formal den typischen Minnekanzonen nahe. Beide Formen beginnen mit einem Natureingang. Die Sommerzeit, die den *locus amoenus* erstrahlen lässt und den Dörflern Freude bringt, bedeutet für den Sänger Leid. Er kann sich an der Schönheit der Natur nicht erfreuen, weil er die auserwählte Dame nicht erobern kann. Manche Sommerlieder sind als Dialoglieder konzipiert. Mutter und Tochter, Gespielinnen oder Sänger und Mädchen unterhalten sich über die Liebe, die in der Regel als erotische Begegnung aufgefasst wird. Der Natureingang in den Winterliedern bringt das Leiden über die Abwesenheit des Sommers zum Ausdruck. In manchen Liedern ist das Leid des Sängers ein doppeltes, denn nicht nur die Unwirtlichkeit des Winters, sondern auch der Schmerz über die Liebe machen ihm zu schaffen. Das größte Liebeshindernis sind dabei die wenig zimperlichen Bauernburschen. In anderen Liedern ist ihm allerdings mehr Glück beschieden und er findet Erfüllung. In allen Winterliedern stehen Szenen aus dem Dorf, über die das lyrische Ich berichtet, im Vordergrund.

Neben dörflicher Liebeslyrik sind Alterslieder, die ebenfalls Dörperstrophen haben, und Reise-, bzw. Kreuzzugslieder von Neidhart überliefert. Reiselieder und Kreuzzugslieder sind insofern gleichzusetzen, als dass „Reise" im Mittelhochdeutschen die Bedeutung von „Kriegszug" hat und der Begriff „Kreuzzug" erst in späterer Zeit für die Kriegszüge gen Jerusalem Verwendung gefunden hat. Die Kreuzzugslieder Neidharts unterscheiden sich wesentlich von denen anderer Dichter. Nicht der Aufruf zum Kreuzzug und die Abwägung zwischen Minne- und Gottesdienst sind das Thema, sondern der Abbruch des Kreuzzugs und die Rückkehr in die Heimat.

Sonstige Lieder

Das Lied ist mit unterschiedlicher Strophenzahl und differenten Strophen überliefert. In der Riedegger Handschrift (R) sind elf, in der Manessischen Liederhandschrift C acht und in der Riedschen Handschrift (c) zwölf Strophen übermittelt. In einer weiteren Handschrift ist nur die erste Strophe erfasst. Die hier zugrunde gelegte Fassung ist die der Riedegger Handschrift R.

Text/Textfassung

1. *Ez grunet wol diu haide,*
   mit grunem loube stat der walt,
   der winder chalt
   twanch si sere bæide.
   diu zit hat sich verwandelot.
   min sendiu not
   mant mich an diu guoten, von der ich unsanfte schayde.

2. *Gegen der wandelunge*
   wol singent wol diu vogelin
   den vriunden min,
   den ich gerne sunge,
   des si mir alle sagten danch.
   uf minen sanch
   ahtent hie die Walhe nieht: sô wol dir, diutschiu zunge!

3. *Wie gerne ich nu sande*
   der lieben einen boten dar
   – nu nemt des war –,
   der daz dorf erchande,
   da ich die seneden inne lie.
   ia mein ich die,
   von der ich den muot mit stæte, liebe nie gewant.

4. *Bot, nu var bereite*
   ze lieben vriunden uber se.
   mir tut vil we
   sendiu arbeite.
   du solt in allen von uns sagen,
   in churzen tagen
   sehens uns mit vrouden dort, wan durch des wages praite.

5. *Sage der meisterinne*
   den willeclichen dienst min.
   si sol diu sin,
   die ich von herzcen minne
   vur alle vrowen hinne phur.
   [...],
   e wold ich verchiesen, der ich der nimmer teil gewinne.

6. *Vreunden unde magen*
   sag, daz ich mih wol gehab.
   vil lieber chnab,
   ob si dich des vragen,
   wi ez umb uns pilgerime ste,
   so sag, wie we
   uns die Walhen haben getan: des muoz uns hie betragen.

7. *Wirb ez endelichen,*
   mit triwen la dir wesen gach.
   ich chum dar nah
   schiere sicherliche,
   so ich aller baldist immer mach.
   den lieben tach
   lazz uns got geleben, daz wir hin heim ze lande strichen.

8. *Solt ich mit ir nu alten,*
   ich het noch etteslichen dôn
   uof minne lon
   her mit mir behalten,
   des tousent hercz wurden geil.
   gewinn ich heil
   gegen der wolgetanen, min gewerft sol heiles walten.

9. *Si reyen oder tanzen,*
   si tun vil manegen weiten schrit,
   ich allez mit.
   ê wir heime geswanczen,
   ich sage iz bei den triwen min,
   wir solden sin
   ze Œsterriche vor dem snit sô seczet man die phlanczen.

10. *Er dunchet mich ein narre,*
    swer disen ougest hie bestat.
    ez wær min tot.
    liez er sich geharre
    und vuor hin wider uber se,
    daz tut niht we.
    nindert wær ein man baz dann da heim in siner pharre.

11. *Ob sich der bot nu soume,*
    so wil ich sælbe bot sin
    zen vriunden min:
    wir leben alle chaume,
    daz her ist mer danne halbez mort.
    hey, wær ich dort!
    bei der wolgetanen læge ich gerne an minem roume.

1. Es grünt wohl die Heide,   Übersetzung
   der Wald steht in grünem Laub:
   der kalte Winter
   hatte sie beide in seiner Gewalt.
   Die Jahreszeit hat sich verwandelt.
   Meine quälende Sehnsucht
   erinnert mich an die Geliebte, von der ich schwer scheide.

2. Dem Frühling entgegen
   singen alle Vögel
   für meine Freunde,
   denen ich gerne sänge,
   damit sie mir alle Dank sagten.
   Auf meinen Gesang
   achten hier die Welschen nicht: so wohl dir, deutsches Volk!

3. Wie gerne schickte ich nun
   der Liebsten einen Boten
   – seid dessen versichert –
   der das Dorf kennt,
   in dem ich die Ersehnte zurückließ.
   Ja, ich meine die,
   von der ich meinen Sinn mit Beständigkeit und Liebe nie abwandte.

4. Bote, fahr nun schnell
   zu den lieben Freunden über das Meer.
   Mich schmerzen sehr
   die Sehnsuchtsqualen.
   Du sollst ihnen allen von uns sagen,
   in kurzer Zeit
   sähen sie uns mit Freuden dort, wenn des Meeres Breite es nicht verwehrte.

5. Sage der Meisterin
   von meinem bereitwilligen Dienst!
   Sie soll diejenige sein,
   die ich von Herzen liebe,
   weit vor allen Frauen.
   [.......................................]
   eher wollte ich darauf verzichten, überhaupt jemals eine Frau zu gewinnen.

6. Freunden und Verwandten
   sage, dass es mir gut geht.
   Lieber Junge,
   wenn sie dich fragen,
   wie es um uns Pilger stehe,
   so sage, wie weh
   die Welschen uns getan haben! Das muss uns hier verdrießen.

7. Richte es eilig aus,
   bei deiner Treue, beeile dich!
   Ich komme dorthin
   sicher bald nach,
   sobald ich es nur vermag.
   Den lieben Tag
   lasse uns Gott erleben, an dem wir nach Hause ziehen!

8. Sollte ich nun mit ihr alt werden,
   hätte ich noch etliche Lieder

um Minnelohn
auf Vorrat,
über die tausend Herzen froh würden.
Habe ich dieses Glück
bei der Geliebten, so soll mein Gewerbe Gutes bewirken.

9. Sie springen wohl im Reigen oder tanzen,
   sie machen manchen weiten Tanzschritt,
   ich mache alles mit.
   Ehe wir zu Hause tanzen,
   ich sage es bei meiner Treue,
   sollten wir
   in Österreich sein: vor der Ernte setzt man die Pflanzen.

10. Der dünkt mich ein Narr,
    wer diesen August hier bleibt.
    Es wäre mein Tod,
    Ließe er die Warterei
    und führe zurück übers Meer,
    tut das nicht weh.
    Nirgends wäre ein Mann besser aufgehoben als zu Hause in seiner Pfarre.

11. Wenn der Bote nun zögert,
    so will ich selbst der Bote sein
    bei meinen Freunden.
    Wie leben alle kaum noch,
    die Hälfte des Heeres ist tot.
    Hey, wäre ich dort!
    Bei der Geliebten läge ich gern an meinem Platz.

Interpretation   Dieses Sommerlied Neidharts ist ein Kreuzlied besonderer Art, denn es beschreibt nicht die Entscheidung für Gott oder die Minne vor dem Aufbruch ins Heilige Land, sondern die Sehnsucht nach der Geliebten, die der Kreuzfahrer nach der Trennung und angesichts der Missstände während des Kreuzzugs empfindet. In gewisser Weise lässt es sich sogar als Anti-Kreuzlied verstehen.

Fünfter Kreuzzug 1217–1221   Mit guten Gründen wird angenommen, dass der fünfte Kreuzzug (1217–1221) Hintergrund dieses Liedes ist. Der vierte Kreuzzug (1202–1204), der ursprünglich gegen Ägypten gerichtet sein sollte, verfehlte sein Ziel vollends, denn er endete mit der Eroberung und Plünderung der christlichen Stadt Konstantinopel. Papst Innozenz III. ruft 1213 erneut zu einem Kreuzzug auf. Zur Finanzierung lässt er in allen größeren Kirchen Opferstöcke aufstellen. Walther von der Vogelweide, der ohnehin gegen den Papst polemisiert, weil er ihm eine Mitschuld am Verfall des Reiches gibt, unterstellt in seinen sogenannten Opferstock-Strophen dem Papst und „seinen Welschen" Habgier und den Willen zur persönlichen Bereicherung. Diese Strophen zeigen Wirkung, denn Thomasin von Zerklaria reagiert in seinem *Welschen Gast,* indem er Walther von der Vogelweide der Verleumdung beschuldigt und ihm vorwirft, er habe die Menschen vom Spenden abgehalten.

Politische Grundlage   Zu dieser Zeit befindet sich das Römische Reich in einer bedenklichen Lage. Nach dem plötzlichen Tod Kaiser Heinrichs VI. im Jahr 1197 führen Streitigkeiten um die Nachfolge zu erbitterten Kämpfen zwischen den Parteien des Welfen Otto von Braunschweig und des Staufers Philipp von

Schwaben, die beide gekrönt werden. Das Doppelkönigtum bringt bürgerkriegsartige Unruhen mit sich, die erst abklingen, als Philipp getötet und Otto 1209 zum Kaiser gekrönt wird. Kurz darauf überwirft sich Otto mit Papst Innozenz und dieser macht Friedrich II., den Sohn Heinrichs VI., als rechtmäßigen Nachfolger stark, so dass Friedrich II. 1211 in Nürnberg zum künftigen Kaiser gewählt und 1215 in Aachen zum deutschen König gekrönt wird. Papst Innozenz unterstützt ihn auch deshalb, weil er für seinen geplanten Kreuzzug Mitstreiter sucht.

Da Friedrich II. seine Teilnahme hinauszögert, stellt der Papst diesen Kreuzzug stärker als die früheren unter seine Führung. Als er 1116 während der Vorbereitungen stirbt, übernimmt sein Nachfolger Honorius III. die Leitung. Im Jahre 1217 brechen unter der Führung des päpstlichen Legaten Pelagius Herzog Leopold VI. von Österreich und König Andreas II. von Ungarn mit ihren Heeren und einigen französischen Schiffen auf ins Heilige Land. *Die Rolle des Papstes*

Sie reisen nach Akkon, wo sie auf wenig Unterstützung treffen, und können bei ihren Kriegszügen gegen die Muslime kaum etwas ausrichten. Nach einem Streit der Kreuzzugsführer reist Andreas II. mit seinem Heer wieder ab. Die verbleibenden Kreuzfahrer ziehen Richtung Nildelta, um Ägypten zu erobern. Motiviert ist diese Wendung des Kreuzzugs durch wirtschaftliche Interessen, die zu großen Teilen von italienischen Kaufleuten ausgehen. Sie haben ihre Handelsbeziehungen in den Kreuzfahrerstaaten weit ausgebaut und konkurrieren mit ägyptischen Handelsniederlassungen. Der Kriegszug gegen Ägypten ist zunächst erfolgreich, denn es gelingt, nach einer Belagerung die Stadt Damiette zu erobern. Noch während der Belagerung 1219 reist auch Leopold VI. aufgrund von Konflikten mit Kardinal Pelagius ab. Pelagius hatte sich geweigert, mit den muslimischen Gegnern zu verhandeln, obwohl sie die Übergabe von Jerusalem zugesichert hatten. Nach der Eroberung von Damiette warten die Kreuzfahrer vergeblich auf weitere Unterstützung aus Europa. 1221 versuchen sie schließlich, weiter ins Landesinnere zu dringen, werden aber bei al-Mansur vernichtend geschlagen. *Niederlage der Kreuzfahrer*

Es ist spekuliert worden, ob das Lied als Hinweis für die Teilnahme Neidharts am Kreuzzug gewertet werden kann. Dies zu entscheiden, bedarf deutlich gewichtigerer Argumente, denn zu jeder Zeit haben Dichter in ihren Werken Ereignisse aufgegriffen, ohne Augenzeugen gewesen zu sein. *Neidhart als Kreuzzugsteilnehmer?*

Das Lied Neidharts beginnt mit einem minnesangtypischen Natureingang. Die Heide grünt wieder und der Wald ist belaubt, nachdem der Winter beide bezwungen hatte (Str. 1, V. 1–4). Quälende Sehnsucht erinnert das lyrische Ich an die Geliebte, von der es gewaltsam getrennt ist (Str. 1, V. 5–6). Die Andeutung eines *locus amoenus* und der Hinweis auf die Trennung von der Geliebten entsprechen so sehr den Konventionen des Minnesangs, dass hier das Thema Kreuzzug noch nicht erahnt werden kann. *Natureingang*

Mit den ersten beiden Versen der zweiten Strophe wird das Bild fortgeführt. Die Vögel singen der Wandlung, dem Umbruch vom Winter zum Frühling, entgegen. Der dritte Vers verdeutlicht jedoch, dass der Mann den Frühling nur in seinen Gedanken erlebt. Die Vögel singen nicht für ihn, sondern für seine Freunde, für die auch er gerne singen würde, um ihren Dank entgegenzunehmen. Das mittelhochdeutsche Wort *vriund* umfasst ein weit größeres Bedeutungsspektrum als das neuhochdeutsche Wort ‚Freund'. *Der Sänger und sein Publikum*

Freunde sind in weitestem Sinne alle, die nicht feindlich gesonnen sind. Dazu gehören neben Verwandten und Gefolgsleuten Gleichgesinnte und alle, die in friedlicher Absicht kommen. Mit den Freunden, die ihm für seinen Gesang danken würden, ist in diesem Falle das für ihn nicht erreichbare Publikum angesprochen.

Die Welschen

Die Erklärung folgt in den letzten beiden Versen. „Hier" (V. 7) weist auf eine räumliche Trennung, er ist an einem Ort fern der Freunde, wo kein Vogelgesang zu hören ist, mitten unter Welschen, die seinen Gesang nicht achten. Damit wird ein erster Hinweis auf den Kreuzzug gegeben. Während der Kreuzzüge kommt es immer wieder zu Konflikten zwischen verschiedenen Heeren. Die Welschen, das heißt, die französischen und italienischen Kreuzritter und die in den Kreuzfahrerstaaten ansässigen italienischen Kaufleute, sorgen für Unruhen und ziehen den Hass der deutschen Pilger und Kreuzfahrer auf sich. Es kann aber auch eine grundsätzliche Kritik am Kreuzzug intendiert sein. Der Abschluss der Strophe zitiert einen Vers des zweiten Reichstonspruchs Walthers von der Vogelweide. Mit Blick auf die chaotischen Zustände im Reich ohne einen führungsfähigen König heißt es dort *sô wê dir, tiuschiu zunge* (wehe Dir, deutsches Volk). Da Walther von der Vogelweide dem Papst und seinen Parteigängern, die von ihm als „Welsche" tituliert werden, eine Mitschuld an diesen Wirren gibt, kann der Verweis auf die Welschen, die kein Verständnis für den Minnesang zeigen, auf die Kreuzzugtreiber gemünzt sein. Das „wohl dir, deutsches Volk" (V. 2, 7) wird so zu einem trotzigen Ausruf, der den Gegensatz zwischen den höfischen Deutschen und den barbarischen Welschen hervorhebt.

Botenmotiv

In der dritten Strophe wird das Motiv des Botenliedes aufgegriffen (V. 1–3). Dem konventionellen Minneschema folgend beteuert der Sänger, dass er seine Gedanken und seine Liebe nie von der Geliebten abgewandt hat (V. 6–7). Nebenbei erfährt der Rezipient, dass die Geliebte in einem Dorf wohnt (V. 4). Sie ist also keine *vrouwe* des Minnesangs, sondern ein Dorfmädchen und damit eine typische Figur aus den Dichtungen Neidharts.

Die nächsten vier Strophen enthalten die Nachrichten, die der Bote in die Heimat überbringen soll. Die Sehnsucht des Sängers gilt jedoch nicht, wie zu erwarten, vordringlich der Geliebten, sondern den Freunden. Ihnen lässt er stellvertretend für alle, die mit ihm in der Fremde sind, ausrichten, dass sie so schnell wie möglich und mit Freuden nach Hause führen, wenn das Meer sie nicht hinderte (V. 4, 6–7). Sie wollen nicht länger in „Outremer", in den Kreuzfahrerstaaten, verweilen und die Sehnsucht erweist sich als Heimweh.

Erst die nächste Strophe (5) ist der Geliebten gewidmet. Angeredet wird sie als „Meisterin", wodurch noch einmal deutlich wird, dass es sich nicht um eine adlige Dame, sondern um eines der Dorfmädchen handelt, mit denen sich der imaginäre Sänger Neidhart in seinen Liedern abgibt. Er redet sie dennoch an, als wäre sie eine *vrouwe*, und benutzt das Vokabular der Hohen Minne. Der Bote soll sie seines Dienstes versichern (V. 2), weil er sie von Herzen liebe und allen anderen Frauen vorziehe.

Kreuzzugskritik

Die Botschaft der sechsten Strophe wendet sich an Freunde und Verwandte. Sie sollen erfahren, dass es dem Sänger gut geht. Die direkte Anrede des Boten „lieber Knabe" (V. 3) leitet jedoch eine vertrauliche Mitteilung ein, die dieser Aussage widerspricht. Wenn die in der Heimat Verbliebenen fragen, wie es den Pilgern gehe, soll er ihnen sagen, wie sehr ihnen die Welschen zusetzen. Der Begriff Pilger umfasst sowohl die friedlichen Pilger, die zu den heiligen Stätten des Orients ziehen, als auch die bewaffneten Wallfahrer, die Kreuzritter, die in kriegerischer Absicht nach Jerusalem reisen. Die Auseinandersetzung mit den Welschen geht offensichtlich über die gewöhnlichen Konflikte bei den Kreuzzügen hinaus. Die Tatsache, dass der Bote zunächst offen den Auftrag bekommt, das Wohlergehen der Pilger zu verkünden und daran anschließend vertraulich um die Schilderung der Missstände gebeten wird, zeigt, dass das zu Sagende nicht für jedes Ohr bestimmt ist. Interpretiert man „die Welschen", wie der Verweis auf Walther von der Vogelweide in der zweiten Strophe nahelegt, auch hier als Synonym für die Anhänger des Papstes, richtet sich die Kritik gegen die päpstliche Führung, die zum Zerwürfnis der Heere und zur Minderung der Kampfkraft geführt hat.

Mit der siebten Strophe, der letzten, die sich an den Boten wendet, mahnt der Sänger zur Eile. Mit Treue soll er die Nachricht so schnell wie möglich überbringen (7, 1–2). Die Versicherung, dass der Sänger, sobald er es vermag, nachkommen werde, ist als ein frommer Wunsch zu deuten, denn es schließt sich die Bitte an, Gott möge die Kreuzfahrer den Tag erleben lassen, an dem sie nach Hause ziehen können.

Heimweh

In der achten Strophe wird das Thema Minnesang wieder aufgegriffen. Sollte das lyrische Ich mit *ir*, gemeint ist offenkundig die Geliebte, alt werden, hätte es noch zahlreiche Lieder zu bieten, in denen es um Minnelohn bitten würde (8, 1–4). Das Motiv des Sängers, der mit der Dame und in ihrem Dienst alt wird, ist nicht ungewöhnlich, auch Reinmar und Walther von der Vogelweide nutzen es. Neidhart koppelt es allerdings im Gegensatz zur konventionellen Verwendungsweise vom Treuegedanken ab. Mit der Geliebten alt zu werden, ist nicht das Versprechen unverrückbarer lebenslanger Treue, sondern die Hoffnung auf ein Überleben und die Möglichkeit, dem Kreuzzugsgeschehen zu entfliehen, um in die Heimat zurückkehren zu können. Die Aussicht auf weitere Minnelieder bezieht sich zwar auf die Dame, denn sie ist Anlass der Bitte um Lohn, aber die ist nicht die eigentliche Adressatin des Gesangs. Entscheidender ist das Verhältnis des Sängers zum Publikum, denn mit den Liedern werden tausend Herzen froh und wenn die Geliebte als *conditio sine qua non* ihm zugeneigt bleibt, wird sein Geschäft oder Gewerbe Gutes bewirken. Der Gedanke, dass die Zuwendung der Dame eine Bedingung für die Liedkunst ist, findet sich auch bei Walther von der Vogelweide, Vers 5 könnte daher eine weitere Referenz an ihn sein, denn in seinem Sumerlatenlied (L. 72,31) weist er mit dem Vers *tûsent herze wurden frô* darauf, wie sehr die Zuneigung der Dame den Minnesang beförderte. Wie bei den Botschaften in die Heimat wird auch in dieser Strophe deutlich, dass Minnesang vordringlich eine Aufführungskunst ist, die der Unterhaltung und der Verbreitung von Freude dient.

Die *vrouwe* und das Publikum

Das Bild des gemeinsamen Vergnügens wird in der nächsten Strophe (9) weitergeführt. Der Sänger stellt sich vor, wie er mit den daheim Gebliebenen im Reigen springen und tanzen wird. Das Tanzen, das insbesondere zur Erntezeit die Dörfler erfreut, ist ein häufiges Motiv in Neidharts Sommerliedern. Doch so, wie die Saat der Ernte vorhergeht, steht die Heimreise nach Österreich vor dem sommerlichen Tanzvergnügen (V. 7). Der Wunsch, im Sommer zurück zu sein, ist nachdrücklich und einem Schwur gleich formuliert. Wie sehr es den Sänger zum Aufbruch drängt, zeigt die zehnte Stro-

Kreuzzug und Gottesdienst

phe. Nur ein Narr würde bis zum August im Heiligen Land bleiben (Str. 10, V. 1–2). Dies ist eine Anspielung auf den Verlauf des Kreuzzugs, denn bei der Belagerung von Damiette versuchte Kardinal Pelagius, das österreichische Heer dazu zu bewegen, bis August auszuharren, weil man auf weitere Unterstützung aus Europa hoffte. Neidhart hält dieses Ansinnen offenkundig für völlig inakzeptabel. Der Nachsatz „es wäre mein Tod" weist sowohl auf die reale Todesgefahr während des Kreuzzugs als auch auf die Unsinnigkeit des Unternehmens. Dagegen steht der sofortige Aufbruch, der alle Schmerzen vergessen ließe. Im letzten Vers scheint eine grundsätzliche Kritik an diesem Kreuzzug durch (Str. 10, V. 7). Der Gegensatz von Heiligem Land und heimischer Pfarre wird nicht nur örtlich verstanden, sondern deutet an, dass der Kreuzzug, der grundsätzlich als Christenpflicht und Möglichkeit, Seelenheil zu erringen, ausgewiesen wird, jeglicher Heiligkeit entbehrt. Der Gottesdienst zu Hause wird höher geschätzt, denn nirgends ist ein Mann besser aufgehoben.

Zusammenführung der Motive

Das Lied endet mit einer Zusammenführung der unterschiedlichen Motive. Wenn der Bote säumig ist, will das lyrische Ich selbst Bote sein und seine Nachrichten an die Freunde persönlich überbringen und dies nicht nur, um die Botschaft zu beschleunigen, sondern auch, um dem Kreuzzug zu entfliehen. „Wir" im vierten Vers schließt wieder alle Kreuzfahrer ein. Ihr Zustand ist so schlecht, dass sie kaum noch leben und mehr als die Hälfte des Heeres schon tot ist. Der nochmalige Wunsch, in der Heimat zu sein, klingt in diesem Zusammenhang als dringliches Flehen in einer bedrohlichen Situation. Der letzte Vers führt zum Thema Minnesang zurück. Der Sänger möchte bei seiner Geliebten an seinem Platz liegen.

Minne als Folie der Kreuzzugskritik

Das Lied Neidharts erweist sich nur vordergründig als Minnelied. Motive und Topoi des Minnesangs werden aufgegriffen, aber zugleich verfremdet. Die Geliebte als Anlass des Minnesangs ist nur mittelbar Objekt der Sehnsucht des Sängers. Er sehnt sich vordringlich danach, das Heilige Land und den Kreuzzug verlassen zu können, um in der Heimat sein Publikum mit Liedern zu erfreuen, und dies nicht, weil er zwischen Minnedienst und Gottesdienst abwägt, sondern weil er den konkreten Kreuzzug, den er im Blick hat, grundsätzlich in Frage stellt. Mit den Zitaten Walthers von der Vogelweide greift er dessen Position auf und bezieht in einer politischen Frage so Stellung, wie es in der Sangspruchdichtung, nicht aber im Minnesang üblich ist. Er geht in seiner Kritik über Walther von der Vogelweide hinaus, indem er die Bedrängnis der Kreuzfahrer schildert. Sie leiden nicht etwa unter den muslimischen Gegnern, denen der Kriegszug gilt, sondern unter den Welschen und damit indirekt unter der Politik des Papstes. Unter dem Deckmantel des Minnesangs wird in diesem Lied das Unsagbare ausgesprochen.

10. Heinrich von Morungen: *Owê, – Sol aber mir iemer mê*

(Aus: Des Minnesangs Frühling. Unter Benutzung der Ausgabe von Karl Lachmann und Moritz Haupt, Friedrich Vogt und Carl von Kraus bearbeitet von Hugo Moser und Helmut Tervooren. 38., erneut revidierte Auflage, Stuttgart 1988, Bd. I, Heinrich von Morungen XXX, S. 276.)

Informationen zu Heinrich von Morungen und seinem Werk sind bei der Interpretation des Liedes *vil sanfte süeze toeterinne* in diesem Band zu finden. Von Heinrich von Morungen, dessen Lieder sich durch ausgefeilte Reimtechnik und ihre bildhafte Sprache auszeichnen, soll an dieser Stelle ein zweites Lied vorgestellt werden. Sein Tagelied zeigt deutlich die typischen Gattungsmerkmale und ist dennoch origineller als die meisten Lieder, die das Scheiden der Liebenden bei Tagesanbruch thematisieren.

Autor und Werk

1. (143,22 – 93 C, 32 Cª)

Owê, –
Sol aber mir iemer mê
geliuhten dur die naht
noch wîzer danne ein snê
ir lîp vil wol geslaht?
Der trouc diu ougen mîn.
ich wânde, ez solde sîn
des liehten mânen schîn.
Dô tagte ez.

Text

2. (143,30 – 94 C, 33 Cª)

‚Owê, –
Sol aber er iemer mê
den morgen hie betagen?
als uns diu naht engê,
daz wir niht durfen klagen:
‚Owê, nu ist ez tac,‘
als er mit klage pflac,
dô er júngest bî mir lac.
Dô tagte ez.‘

3. (144,1 – 95 C, 34 Cª)

Owê, –
Sie kuste âne zal
in dem slâfe mich.
dô vielen hin ze tal
ir trehene nider sich.
Iedoch getrôste ich sie,
daz sî ir weinen lie
und mich al umbevie.
Dô tagte ez.

4. (144,9 – 96 C, 35 Cª)

‚Owê, –
Daz er sô dicke sich
bî mir ersehen hât!
als er endahte mich,
sô wolt er sunder wât
Mîn arme schouwen blôz.
ez was ein wunder grôz,
daz in des nie verdrôz.
Dô tagte ez.‘

1. Oh weh,
   wird mir jemals wieder
   durch die Nacht leuchten
   noch weißer als Schnee,
   ihr wohlgestalteter Leib?
   Der täuschte meine Augen.

Übersetzung

Ich glaubte, es wäre
der Schein des hellen Mondes.
Da tagte es.

2. Oh weh,
   wird er jemals wieder
   den Morgen hier erwarten?
   Damit wir, wenn die Nacht vergeht,
   nicht klagen müssen:
   „Oh weh, nun ist es Tag",
   als er zu klagen pflegte,
   als er jüngst bei mir lag.
   Da tagte es.

3. Oh weh,
   sie küsste unzählige Male
   im Schlaf mich.
   Da fielen hernieder
   ihre Tränen.
   Jedoch tröstete ich sie,
   damit sie ihr Weinen ließ
   und mich ganz umfing.
   Da tagte es.

4. Oh weh,
   dass er sich so sehr
   in meinen Anblick verloren hat!
   Als er mich aufdeckte,
   da wollte er ohne Kleider
   meine Arme schauen bloß.
   Es war ein großes Wunder,
   dass ihn das nie verdross.
   Da tagte es.

Interpretation/ Tagelied

Dieses Lied ist das einzige Tagelied Heinrichs von Morungen. Tagelieder folgen nicht dem Konzept der Hohen Minne, denn sie beschreiben die Trennung der Liebenden am frühen Morgen nach gemeinsam verbrachter Nacht. Während in den meisten Liedern der Abschied als gegenwärtiges Ereignis nahezu episch erzählt oder in Dialogform dargestellt wird, ist Morungens vierstrophiges Tagelied als Wechsel angelegt. Die Liebenden reden nicht miteinander, sondern sie erinnern sich, getrennt von einander, an ihr Zusammensein, das durch den anbrechenden Tag beendet wurde. Die Eingangskehre *owê* und der Refrain *dô tagte ez*, die beide nicht in die metrische Strophenform eingepasst sind, zeigen die Tageliedsituation an: die Liebenden müssen beim Anbruch des Tages scheiden. Diese Gestaltung eines Tageliedes als Wechsel ist einzigartig, daher hat das Lied in der Forschung viel Beachtung gefunden.

Lichtmetaphorik

Die erste Strophe beginnt tageliedtypisch als Klage. Der Mann fragt wehmütig, ob er jemals wieder den leuchtend schönen Leib der Geliebten sehen wird. Er preist ihn mit der für Morungen typischen Lichtmetaphorik, so dass eine traumartige, visionäre Stimmung erzeugt wird. Wohlgeformt und weißer als Schnee strahlte der Körper der Geliebten in der Nacht so hell, dass er ihn mit dem Mondenschein verwechselt hat. Weiß ist die Farbe des Lichts und der Reinheit, sie steht für Freude und Glück. Die weiße Haut der Frau ist zudem ein mittelalterliches Schönheitssymbol, das die Adlige, die sich nicht der Sonne aussetzen muss, von den einfachen Frauen unterscheidet. Die Klage über den Abschied wird also mit einem Schönheitspreis verbunden.

In der zweiten Strophe erinnert die Frau die vergangene Nacht. Ebenso klagend und wehmütig wie der Mann fragt sie sich, ob er jemals wieder bei ihr den Tagesanbruch erleben wird. In dieser Strophe werden die Tageliedsituation und die Klage darüber zugleich reflektiert. Sie wünscht sich, der Tageliedsituation entgehen zu können und mit ihm einmal den Morgen erwarten zu können, ohne dass dieser zugleich das Ende des Zusammenseins bedeutet und Anlass zur tageliedüblichen Klage gibt. Im Gegensatz zu den Minneklagen, die sich auf die unerfüllte Liebe des Mannes beziehen, ist im Tagelied der schmerzvolle Abschied beider auf die Trennung nach erfüllter Liebe bezogen. Mit dem Verb *bîligen* ist die Situation eindeutig erotisch gekennzeichnet, denn es bezeichnet unmissverständlich den Koitus. | Klage

Der Mann beschreibt in der dritten Strophe drastisch den Abschiedsschmerz. Noch während er schlief, hat sie ihn in Anbetracht des nahenden Abschieds unzählige Male unter Tränen geküsst. Typisch für Tagelieder ist die folgende Andeutung einer letzten körperlichen Vereinigung, bevor er endgültig gehen muss. Er tröstet sie also, damit sie ihn „ganz umfängt". Umfangen heißt umarmen und gehört ebenfalls zu den konventionellen Koitusmetaphern, die Erfüllung der Liebe wird hier noch einmal deutlich ausgesprochen. | Trost

Der erotische Bezug wird in der letzten Strophe ausgeweitet. Der Preis ihres nackten Körpers in der ersten Strophe wird nun aus Sicht der Frau reflektiert. Sie wundert sich, dass er sich in einem solchen Maße in ihren Anblick verloren hat. Während in der ersten Strophe durch den Vergleich ihres Leibes mit dem Mond eine nahezu mythische Stimmung hervorgerufen wird, bleibt jetzt der sexuelle Kontext erhalten. Die Verse 5 und 6 sind doppeldeutig, denn *sunder wât*, ohne Kleider, kann zum einen auf die Arme bezogen werden, was bedeutet, er wollte ihre unbekleideten Arme sehen. Zum anderen kann *sunder wât* mit „er" verknüpft werden, in dem Sinne, dass er, selbst unbekleidet, ihre Arme ansehen wollte. Gleichermaßen doppeldeutig ist *blôz*. Bezogen auf die Arme heißt es nackt, als Adverb gedeutet kann es mit „nur" übersetzt werden. Damit aber ergibt sich eine besondere Pointe, weil „er wollte bloß meine Arme ansehen" als *pars pro toto*, das den offenkundigen Sachverhalt verharmlost, zu den humoristischen Formen erotischen Sprechens gerechnet werden kann. | Erotische Konnotation

Mit der Tageliedreflexion in der zweiten Strophe und den erotischen Anspielungen in der dritten und vierten Strophe weist das Tagelied parodistische Züge auf. Die gattungstypische Situation wird karikiert, die gattungstypische erotische Konnotation wird durch sprachliche Ambiguität verstärkt.

11. Steinmar: *Ein kneht, der lac verborgen*

(Aus: Die Schweizer Minnesänger. Nach der Ausgabe von Karl Bartsch neu bearbeitet und herausgegeben von Max Schiendorfer. Tübingen 1990, Bd. I, Steinmar 8, 289 f.)

Steinmar wird zu den Schweizer Minnesängern gerechnet, sein Wirkungsgebiet liegt im Südwesten des deutschen Sprachraums. Unter dem Namen Steinmar sind in der Manessischen Liederhandschrift 14 Lieder mit insgesamt 51 | Überlieferung und Autor

Strophen überliefert. Die Identität des Autors lässt sich nicht genau feststellen, da Steinmar kein seltener Name ist. Es wird vermutet, dass es sich um einen Berthold Steinmar von Klingnau handeln könnte, der zwischen 1251 und 1293 urkundlich bezeugt ist und im Umkreis Walthers von Klingen wirkte, der zu den Gefolgsleuten Rudolfs von Habsburg gehörte. Viele dieser Urkunden sind zugleich von dessen Bruder Konrad unterzeichnet, so dass auch dieser prinzipiell als Minnesänger in Frage käme. Die Entscheidung für Berthold ist gefallen, weil in einem der überlieferten Lieder ein Aufenthalt in Wien angesprochen wird. Damit könnte die Belagerung der Stadt durch Rudolf von Habsburg zwischen 1276 und 1278 angesprochen sein, an der der Sänger teilgenommen haben könnte. Da sein Bruder Konrad in der Zwischenzeit weiter in Klingnau urkundet, ist Berthold als Verfasser der Lieder wahrscheinlicher.

Werk   Die Lieder Steinmars gehören nur begrenzt in den Kanon der Hohen Minne. Neben höfisch-konventionellen Liedern hat er auch solche verfasst, in denen das höfische Ideal überzeichnet wird. Kennzeichnend für seine Dichtungsart sind Refrains und refrainartige Elemente in den Liedern. Eine andere Besonderheit seines vielseitigen Werkes sind parodistische Lieder, in denen er den Minnesang in eine dörfliche Umgebung verortet und die Bauernmagd anstelle der adligen Dame zur Geliebten stilisiert. In der Rezeption hat sein Herbstlied besondere Beachtung gefunden. Der Klage über die nicht erwiderte Liebe und die Vorenthaltung des Lohnes folgt die Absage an die Dame. Stattdessen will sich der Sänger beim Herbst verdingen und ihm dienen, hält dieser doch mit seinen Früchten und seinem Wein genügend Lohn bereit. Der hehren unerfüllten Liebe wird das profane orgiastische Fress- und Saufgelage vorgezogen.

Ein Hinweis auf die Verbreitung und auf die Aufmerksamkeit, die diesem Lied geschenkt wurde, ist eine Relieffigur im Straßburger Münster, die mit „Steimar" bezeichnet wird. Diese Figur stellt einen Schlemmer mit Kanne und Becher dar. Da Berthold Steinmar von Klingnau Kontakte nach Straßburg hatte, wird gemutmaßt, dass diese Figur den Sänger darstellt.

Text   1. (C 29)

Ein kneht, der lag verborgen,
bî einer dirne er slief,
Unz ûf den liehten morgen.
der Hirte lûte rief:
„Wol ûf, lâz ûz di hert!"
des erschrak diu dirne
und ir geselle wert.

2. (C 30)

Daz strou, daz muost er rûmen
und von der lieben varn.
Er torste sich niht sûmen,
er nam si an den arn.
Daz höi, daz ob im lag,
daz ersach diu reine
ûf fliegen in den dag.

3. (C 31)

Davon si muoste erlachen,
ir sigen diu ougen zuo.
So suozze kunde er machen
in dem morgen fruo

Mit ir daz bettespil.
wer sach ân geraete
ie fröiden mê so vil!

1. Ein Knecht lag verborgen,
   er schlief bei einer Magd
   bis in den frühen Morgen.
   Der Hirte rief laut:
   „Wohlauf, lass die Herde heraus!"
   Davon erschraken die Magd
   und ihr werter Geselle.

2. Das Stroh musste er räumen
   und von der Lieben fahren.
   Er wagte es nicht zu säumen,
   er nahm sie in den Arm.
   Das Heu, das auf ihm lag,
   das sah die Reine
   hoch in den Tag auffliegen.

3. Deshalb musste sie lachen,
   ihr fielen die Augen zu.
   So süß konnte er machen
   am frühen Morgen
   mit ihr das Bettenspiel.
   Wer sah ohne Hilfsmittel
   jemals so viel Freude?

Übersetzung

Das Lied ist ein Gegensang, denn es handelt sich um eine Tageliedparodie. Nicht ein einzelnes Minnelied eines bestimmten Autors wird parodiert, sondern die Gattung als Ganzes verfremdet. Die für das Tagelied typische Situation wird ebenso beibehalten wie die Strophenform, der Stil und die geläufigen Wendungen der Gattung.

Interpretation

Die ersten drei Zeilen der ersten Strophe kennzeichnen die Situation deutlich. Die Ausdrücke „Knecht" und „Magd" sind zweideutig, denn Knecht meint sowohl den jungen Ritter als auch den Bauernknecht und Magd kann neben der Bauernmagd auch das Mädchen bezeichnen. Eindeutigkeit schafft erst die vierte Zeile, denn anstelle des Wächters meldet sich der Hirte zu Wort, der mit seinem Ruf die traute Zweisamkeit beendet. Während im hohen Sang der Weckruf den Mann mahnt, aufzubrechen, um unentdeckt zu bleiben, drängt der Hirte darauf, die tägliche Arbeit aufzunehmen und die Herde zur Weide zu führen. Im Gegensatz zum Wächter tritt der Hirte nicht als Verbündeter des liebenden Paares in Erscheinung, sondern als Mahner zur täglichen Pflicht.

Tageliedsituation

Wenn Knecht und Magd nun so erschrecken, wie *vrouwe* und *riter* im höfischen Vorbild, ist dies weniger auf die Gefahr zu beziehen, entdeckt zu werden, als auf die Tatsache, dass die Zeit weit fortgeschritten ist. Schließlich haben sie „bis in den hellen Morgen" und nicht nur bis zum Morgengrauen geschlafen und damit den Beginn der Arbeit verschlafen. Konsequenzen, die ein höfisches Paar zu fürchten hat, wie Ehrverlust oder gar die Tötung des Mannes, haben die beiden nicht zu fürchten.

Zeit zum Abschied

In der zweiten Strophe wird der Abschied beschrieben. Der Knecht muss das Stroh „räumen" und die Geliebte verlassen. Wieder werden geläufige

Verfremdung von Minnesang-Topoi

Topoi aus dem höfischen Kontext mit der bäuerlichen Umgebung verbunden, um so durch Verfremdung parodistische Wirkung zu erzielen. „Er wagte es nicht zu säumen" ist an dieser Stelle doppeldeutig, denn es kann einerseits auf die vorherigen Zeilen bezogen werden, so dass der schnelle Abschied gemeint ist. Bezieht man es jedoch auf die nachfolgenden Zeilen, wagt der Mann keine Verzögerung im Beginn des Liebesspiels, das gattungstypisch folgen muss. Die nochmalige körperliche Vereinigung wird wie im traditionellen Tagelied mit der konventionellen Metapher „umarmen" beschrieben. Im Gegensatz zu der höfischen Form ist hier die Umarmung nicht als Akt des Trostes gedacht, denn die Magd bedarf keines Trostes. Weder bittet sie ihn, länger zu bleiben, noch fließen Tränen des Trennungsschmerzes. Stattdessen wird die erotische Dimension stärker betont. Die Heftigkeit des letzten kurzen Zusammenseins vor Beginn des Tagwerks wird mit einer kontextgebundenen Koitusmetapher betont: Das Stroh, das ihn bedeckt, fliegt hoch in den Tag hinauf. Mit der Bezeichnung *reine* wird der Magd ein Topos zugedacht, der die höfische Dame kennzeichnet.

Erotische Konnotation

Sie reagiert auf seine Annäherung mit einem freudigen Lachen und schließt die Augen, weil ihr das „süße Bettenspiel" offenkundig gefällt. Während beim traditionellen Tagelied die Trauer über den Abschied und die bange Frage nach dem Wiedersehen die sexuelle Vereinigung überschatten, endet die Tageliedparodie mit einem Lob sexueller Erfüllung, die den Abschied vergessen lässt. Ohne Aufwand und Hilfsmittel gelangen Knecht und Magd zu ungetrübter Freude ohne Leid. Mit „Freude" ist ein zentrales Motiv des Minnesangs genannt. Freude ist Ziel und Zweck des Minnesangs, aber die Freude ist allzu oft getrübt, weil die Liebe nicht auf Gegenliebe stößt, unerfüllbar oder unerfüllt bleibt oder weil die Widerständigkeiten des höfischen Milieus Liebesglück nicht zulassen. Auch wenn das höfische Tagelied im Gegensatz zu anderen Formen des hohen Sangs Erfüllung und damit Erreichbarkeit von Freude thematisiert, bleibt diese zeitlich eng begrenzt und endet in Leid. Freude ist aufs Höchste erstrebenswert, aber zugleich ein Ausnahmezustand. Die Tageliedparodie Steinmars stellt das höfische Ideal in Frage, indem ihm die Einfachheit des bäuerlichen Dorflebens gegenübergestellt wird. Das hohe Ziel der Freude wird im außerhöfischen Kontext von Knecht und Magd leicht erreicht und ist jederzeit ohne Anstrengung wiederholbar. Auch die unangenehmen Begleiterscheinungen wie Angst vor Entdeckung, Ungewissheit und Leid, die die Hohe Minne kennzeichnen, mindern die Freude nicht. Es ist eine reine Freude, ein realistischer Gegenentwurf zur Freude des Hofes, die als Ideal angestrebt wird und als utopische Vorstellung immer präsent ist, aber letztlich nicht eingelöst werden kann.

12. Der Kol von Niunzen: *Nu jârlanc stêt vil hô mîn muot*

(Aus: Deutsche Liederdichter des 13. Jahrhunderts. Hg. v. Carl von Kraus. Zweite Auflage, durchgesehen von Gisela Kornrumpf. Tübingen 1978, Bd. I, Kol von Niunzen I, S. 218.)

Überlieferung

Unter dem Namen Der Kol von Nüssen oder Niunzen sind in der Heidelberger Liederhandschrift C fünf Strophen überliefert, von denen die ersten beiden thematisch zu einem Lied zusammengefügt werden können. Beide Strophen sind in derselben Handschrift noch einmal „Herrn Niune" zugeordnet und in der Handschrift A finden sie sich unter weiteren Namen. Die Miniatur der Manessischen Liederhandschrift zeigt einen Bogenschützen, der auf einen Vogel zielt. Es herrscht weitgehend Konsens darüber, dass das Bild mit dem des Rubin von Rüdeger vertauscht wurde, das eine Pastourellensituation zeigt, die das erste Lied illustrieren könnte.

Der Name des Dichters ist nicht eindeutig zu identifizieren. Friedrich von der Hagen deutet ihn als Ableitung von Neinzen oder Neizen bei Zwetl in Österreich, Adelung und Docen beziehen den Namen auf Neuß in der Schweiz. Da der Dichter in keinem außerliterarischen Dokument bezeugt ist, lassen sich keine Zuordnungen vornehmen, es ist weder bekannt, wo und wann er gedichtet hat, noch lassen sich Vermutungen über seine Standeszugehörigkeit oder Tätigkeit treffen.   *Autor*

Die unter dem Namen Kol von Niunzen überlieferten Strophen zeichnen sich durch ihre komischen und derb-erotischen Inhalte und die sexuelle Metaphorik aus. Es handelt sich um Gegengesänge, in denen die Topik des Minnesangs aufgegriffen und zugleich parodiert wird. Strophenbau, Metrik und Reime lassen zwar die Nähe zur Formkunst des Minnesangs erkennen, durchbrechen aber deren Regelhaftigkeit offenbar mit der Intention, Pointen zu setzen, so dass das Prinzip des Gegensangs auch formal durchgesetzt ist.   *Werk*

1. (1 C^2, Niuniu 1 A, 1 C^1)   *Text*
   Nu jârlanc stêt vil hô mîn muot   ich hôrt den süezen sanc
   von einer swalwen dâ si flouc   ir stimme diu was guot.
   ,frou magt, het ich iuch in eim holz,   daz næme ich für den kranz,
   den ir zesamme habt gelesen   von manger hande bluot'.
   „knappe, lât iur wünschen stân,   diu rede ist gar verlorn:
   sold ich mit iu ze holze gân,   mich stæche lîhte ein dorn;
   sô slüege mich diu muoter mîn,   daz wær mir lîhte zorn."

2. (2 C^2, Niuniu 2 A, 2 C^1)
   Er nam si bî der wîzen hant,   er fuortes in den walt,
   dâ sungen kleiniu vogelîn   ir stimme manicvalt,
   ·undr eine grüene linden breit   einen smalen stîc.
   dâ wart diu maget vil gemeint   ein alsô schœne wîp.
   er leites an daz grüene gras   die maget wol geborn.
   in weiz waz brieves er ir las.   was daz ir wênig zorn,
   daz wart harte schier versuont: daz tet der liebe dorn.

1. Zu dieser Jahreszeit steht sehr hoch meine Stimmung   ich hörte den süßen Sang   *Übersetzung*
   von einer Schwalbe, als sie flog,   ihre Stimme war schön.
   „Frau Magd, hätte ich euch in einem Wald,   das nähme ich gerne für den Kranz,
   den ihr zusammengesammelt habt   von mancherlei Blüten."
   „Knappe, lasst eure Wünsche stehn,   die Rede ist gar umsonst;
   würde ich mit euch ins Holz gehen,   stäche mich leicht ein Dorn;
   So schlüge mich meine Mutter,   das wäre mir leichter Zorn.

2. Er nahm sie bei der weißen Hand   er führte es in den Wald
   Da sangen kleine Vögelein   mit ihren mannigfaltigen Stimmen
   unter einer großen grünen Linde   ein schmaler Pfad (kleiner Stich).
   Da wurde das sehr schöne Mädchen   eine ebenso schöne Frau.
   Er legt es auf das grüne Gras,   das wohl geborne Mädchen.
   Ich weiß nicht, welche Briefe er ihr vorlas.   War sie deshalb ein wenig zornig,
   das war sehr bald versöhnt: das tat der liebe (Liebe) Dorn.

Interpretation/
Pastourelle

Das Lied wird häufig als Pastourelle bestimmt. Diese Gattung ist in der provenzalischen und altfranzösischen Lyrik oft vertreten, in der mittelhochdeutschen Literatur jedoch eher selten. Die Gattungsbestimmung ist unscharf, ein Minimalkonsens besteht weitgehend darüber, dass Pastourellen Lieder sind, deren Handlungsraum meist in die freie Natur verortet ist, in der sich Mann und Frau begegnen. Der Mann, meist als höfisch ausgegeben, versucht mit mehr oder weniger Erfolg die Frau, in der Regel aus bäuerlichem Milieu stammend, zu verführen. Die Texte haben erzählenden Charakter, sind häufig in Ich-Form geschrieben und wechseln sich gelegentlich mit Dialogpassagen ab. Viele Lieder zeigen Abweichungen, so dass der Begriff „pastourellenartig" als zutreffend erachtet werden kann.

Minnesangtopik

Die erste Strophe beginnt minnesangtypisch. Der hohe Mut, die freudige Stimmung des lyrischen Ichs, weist es als höfisch aus. Der süße Gesang der Schwalbe, die als Frühlingsbote gilt, zeigt die Jahreszeit an, in der die Liebe Hochkonjunktur hat, und zugleich einen *locus amoenus*, dessen Signalcharakter für Minne topisch ist. Nach diesem knappen Hinweis auf das zu erwartende Minnegeschehen spricht der Erzähler eine junge Frau an, die er offensichtlich in dieser Umgebung trifft. Die Anrede *„frou maget"* ist doppeldeutig. *Vrouwe* ist die Bezeichnung einer adligen Dame, *maget* nennt man einerseits die Jungfrau und andererseits die unfreie Dienerin. Es handelt sich also entweder um eine noch jungfräuliche Adlige oder um ein einfaches Mädchen, dem der Mann sogleich ein Kompliment macht.

Kranzmetaphorik

Das Anliegen des Mannes ist eindeutig: wenn er sie im Holz oder Wald haben könnte, wäre dies ihm lieber als der Blütenkranz, den sie zusammengesammelt hat. Der Kranz ist ein erotisches Symbol, denn nur die Jungfrau darf ihr offenes Haar damit schmücken. Heiraten heißt „unter die Haube" kommen, denn mit der Hochzeit verliert die Braut ihre Unschuld und muss fortan ihr Haar bedecken. Das Kranzschenken war eine beliebte Geste des Flirtens. Besonders beim Tanz, bei dem sich oft auch Männer ein Schapel aufsetzten, wurden Kränze zum Zeichen der Zuneigung getauscht oder verschenkt. Daraus wird die erotische Kranzmetapher abgeleitet, denn bildlich verstanden kann Kranzschenken auch Opferung der Jungfräulichkeit bedeuten. Das lyrische Ich formuliert offen, dass ihm die konkrete Hingabe der Jungfrau lieber wäre als die symbolische Gabe ihres Blütenkranzes.

Abweisung

Das Mädchen weist ihn mit der erotisch konnotierten Bemerkung, er soll seine Wünsche „stehen lassen", ab, denn es fürchtet, von einem Dorn gestochen zu werden. Auch hier ist der sexuelle Nebensinn offenkundig. Die Angst vor den Schlägen der Mutter ist ein Argument, das die Deutungsmöglichkeit konkretisiert. Die strafende Mutter, die die Liebesabenteuer ihrer Tochter sanktioniert, findet sich als Motiv häufig in Liedern, die das bäuerliche Milieu einbeziehen, so dichtet Neidhart Mutter-Tochter-Gespräche, in deren Mittelpunkt diese Auseinandersetzung steht. Bezeichnend ist, dass das Mädchen keine grundsätzlichen Einwände gegen die Annäherungsversuche des Mannes vorbringt, sondern nur nicht leichtfertig den Zorn der Mutter auf sich ziehen möchte.

Weiße Hand

In der zweiten Strophe wechselt die Erzählperspektive von der Ich-Form in die dritte Person. Als habe es keinen Widerstand des Mädchens gegeben, nimmt der Mann es an die Hand und führt es in den Wald. Weiße Haut –

insbesondere weiße Hände – gehört zu den idealtypischen Schönheitsbeschreibungen im Kontext des Höfischen, denn sie ist Unterscheidungsmerk-
mal von den Bauern, die auf dem Feld arbeiten und sich der Sonne aussetzen müssen. Während sonnengebräunte Hände also die Notwendigkeit
harter Arbeit im Freien dokumentieren, lässt vornehme Blässe auf adligen
Müßiggang schließen. Das Mädchen, das schon zuvor als höfische Dame
angeredet wurde, erfährt hier eine weitere, übertriebene Hochschätzung.
Ein Mädchen „bei der weißen Hand zu nehmen" wird im spätmittelalterlichen erotischen Liederbuchlied zu einer feststehenden Redewendung, mit
der der Beginn einer Verführung angezeigt wird.

    Die mannigfaltigen Gesänge der kleinen Vögel zeigen erneut die früh-   **Linde**
lingshafte Situation des *locus amoenus* an. Die Linde mit ihren herzförmigen Blättern ist im Mittelalter der Liebesbaum schlechthin, der nicht nur in
der deutschen Dichtung wie in Walthers Lindenlied den Ort der Liebe markiert, sondern auch in der lateinischen Dichtung Erwähnung findet.

    Der unvollständige Satz im dritten Vers ist zweideutig, denn *stîc* kann so-   **Erotische Metaphern**
wohl Pfad als auch Stich bedeuten. Es bleibt zunächst unklar, ob der Mann
das Mädchen zu einem kleinen Weg führt oder ob er ihm einen kleinen
Stich versetzt, wenngleich der Bezug zu „Dorn" in der ersten Strophe die
erotische Konnotation nahelegt. Der nächste Vers ist deutlicher, aus dem
schönen Mädchen ist eine ebenso schöne Frau geworden: sie wurde also
entjungfert. Es folgt eine weitere Koitusumschreibung, die zu den konventionellen Metaphern gezählt werden kann, da sie im erotischen Wortschatz
des Mittelalters weit verbreitet ist. Ein Mädchen ins grüne Gras zu legen ist
in diesem Zusammenhang unmissverständlich. Die Bezeichnung *maget wol
geborn* entspricht der Anrede *frou magt* und parodiert die im Minnesang üb-
liche Wendung, mit der die höfische Dame angesprochen wird. Die letzten
beiden Verse der zweiten Strophe sind wieder in Ich-Form verfasst, allerdings ist das lyrische Ich nun nicht mehr wie zu Beginn des Liedes der Ak-
teur der Liebesbegegnung, sondern nimmt eine Beobachterrolle ein. Der
Beobachter weiß nicht, welche Briefe der Verführer dem Mädchen vorlas.
Da im Kontext der Situation das reale Vorlesen von Briefen keinen Sinn ergibt, muss auch diese Aussage metaphorisch gedeutet werden. Schreiben
und Lesen gehören zu den häufig benutzten bildhaften Umschreibungen
des Geschlechtsverkehrs. Der Schreiber tritt als Liebeskundiger und Verführer auf und die Beherrschung der Schreibkunst wird besonderen Fähigkeiten
auf dem Gebiet der Liebeskunst gleichgesetzt. Die scheinbare Unwissenheit
des Erzählers entpuppt sich als nochmalige Erwähnung des Koitus. In den
letzten beiden Versen werden mit „Zorn" und „Dorn" Reime der ersten Strophe aufgegriffen. Auch wenn das Mädchen ein wenig zornig war, auf diese
Weise verführt zu werden, war es schnell wieder versöhnt, weil der „Dorn
der Liebe" es offensichtlich überzeugt hat. Mit dieser Penismetapher wird
ein männliches Selbstverständnis zum Ausdruck gebracht, das typisch für
erotische Lieder ist.

    Das Lied des Kols von Niunzen ist zusammen mit anderen Minneliedern   **Erotische Lieder**
tradiert, weist aber eine Liebeskonzeption auf, die dem Ideal der höfischen
Minne entgegensteht. Es ist ein Gegengesang, an dem sich die Übergängig-
keit vom Minnesang zum erotischen Lied zeigt. Minnesangtypische Wendungen wie Frühling und Vogelsang werden aufgegriffen, aber zugleich pa-

rodiert, indem sie verfremdet und in einen erotischen Kontext gesetzt werden. Die Verwendung von *vrouwe* als absichtsvolles Kompliment für ein Mädchen und die Zielstrebigkeit des Mannes, seine sexuelle Befriedigung zu erreichen, zeigen das krasse Gegenteil der höfischen Verzichtsethik. Typisch für ein erotisches Lied ist die Reihung von Metaphern. Die deutliche Betonung des sexuellen Geschehens durch die Aneinanderreihung von Verbildlichungen erweckt den Anschein der Verhüllung und die Fiktion einer gruppenspezifischen Sprachcodierung. Das eigentlich Unsagbare wird auf vielfältige Weise sagbar gemacht, ohne dass Tabus verletzt werden. Der Eingeweihte weiß den Sprachcode zu deuten, auch wenn ihm nicht alle Metaphern geläufig sind. Damit ist das enthüllende Moment letztlich stärker als das verhüllende. Liebe wird zum Sprachspiel und zum Anlass für Komik.

13. Gedrut – Geltar: *Man singet minnewîse dâ ze hove*

(Aus: Deutsche Liederdichter des 13. Jahrhunderts. Hg. v. Carl von Kraus. Zweite Auflage, durchgesehen von Gisela Kornrumpf. Tübingen 1978, Bd. I, Gedrut-Geltar II, S. 78.)

Überlieferung
Unter dem Namen Gedrut ist in der Liederhandschrift A, der Kleinen Manessischen Liederhandschrift, ein Corpus von 30 Strophen überliefert. Der überwiegende Teil dieser Strophen, insgesamt 28, ist in anderen Handschriften anderen Autoren wie Rubin, Neidhart, Albrecht von Johannsdorf, Reinmar, Ulrich von Singenberg oder Geltar zugerechnet. Nur zwei Strophen sind in keiner anderen Handschrift nachweisbar. Da Gedrut die bairische Form des Namens Gertrud ist, herrscht weitgehend Konsens darüber, dass Gedrut die Besitzerin einer Handschrift mit anonym aufgezeichneten Liedern gewesen sei, deren Sammlung in die Liederhandschrift A eingeflossen sei. Sicher ist diese Annahme nicht.

Zuordnung
Neun Strophen der Gedrut-Sammlung sind in der großen Manessischen Liederhandschrift C einem Herrn Geltar zugeordnet, der in keiner weiteren Handschrift genannt wird. Für diese Strophen gibt es keine Parallelüberlieferung, so dass sie auch keinem anderen Dichter zugeschrieben sind. Da die beiden Strophen der Handschrift A, für die es ebenfalls keine weiteren Belegstellen gibt, thematisch, formal und stilistisch zu der Geltar-Überlieferung passen, hat man sich darauf verständigt, sie seinem Werk zuzuschlagen. Die nun insgesamt 11 Strophen werden unter „Gedrut-Geltar" geführt.

Autor
Aufgrund der schwierigen Überlieferungslage lässt sich über einen Dichter der Gedrut-Geltar-Lieder keine Aussage treffen. Ob Gedrut wirklich eine Sammlerin war oder nur ein Lese- oder Übertragungsfehler des Namens Geltar ist, kann nicht geklärt werden. Ein Adelsgeschlecht dieses Namens ist nicht nachweisbar und das Wappen in der Miniatur zu Geltar in der Manessischen Handschrift C ist wie viele andere ein Phantasiewappen. Ob dieser Name ein Rollenname ist, wie beispielsweise „Neidhart", ist ebenfalls nicht abzuschätzen. Auch die Annahme, Geltar sei ein Fahrender, der die Lieder entweder selbst gedichtet oder in sein Repertoire übernommen habe,

muss Spekulation bleiben. Es gibt keine Hinweise auf den Dichter dieser Lieder.

Die Strophen des Geltar lassen sich zu fünf Liedern zusammenfassen. Die beiden nur in A überlieferten Strophen sind ein Spottlied auf einen *Kunzechen von Wahsmuot* und dessen Lieder über die Fernminne. Ein Mutter-Tochter-Gespräch erinnert an Lieder Neidharts, ein Tanzlied mit Refrain an Ulrich von Winterstetten. Zwei Lieder setzen sich mit der Realitätsferne des Minnesangs auseinander.

Werk

(Geltar 2 C, Gedrut 4 A)

Text

Man singet minnewîse dâ ze hove und imme schalle:
so ist mir sô nôt nâch alder wât deich niht von frouwen singe.
mir wærn viere kappen lieber danne ein krenzlîn.
mir gæbe ein herre lîhter sînen meidem ûz dem stalle
dann obe ich alse ein wæher Flæminc für die frouwen dringe.
ich will bî dem wirte und bî dem ingesinde sîn.
ich fliuse des wirtes hulde niht, bit ich in sîner kleider:
sô wære im umbe ein überigez hübschen michel leider.
gît mir ein herre sîn gewant, diu êre ist unser beider.
slahen ûf die minnesenger die man rûnen siht.

Man singt dort am Hof Minnelieder mit großem Lärm.

Übersetzung

Ich benötige aber so sehr alte Kleider, dass ich nicht von Damen singe.
Mir wären vier Mäntel lieber als eine Kränzelein.
Mir möge der Herr lieber seinen Hengst aus dem Stall geben,
als dass ich wie ein stattlicher Flame die Damen bedrängte.
Ich will bei dem Hausherrn und seinen Leuten sein.
Ich verliere des Herren Huld nicht, wenn ich ihn um seine Kleider bitte.
So wäre ihm ein übermäßiges Schöntun um vieles verhasster.
Gibt der Herr mir sein Gewand, haben wir beide Ehre!
Verprügelt die Minnesänger, die man sülzen hört!

Das Lied Geltars ist ein Gegensang besonderer Art, weil es aus der Perspektive eines fahrenden Spruchdichters oder Spielmanns geschrieben ist. Im Mittelalter ist zwischen verschiedenen Gruppen von Gesangskünstlern unterschieden worden. Zwischen den höfischen Sängern, die, unterstützt durch ihre Mäzene, hohe Achtung genossen, und Fahrenden, die rechtlos und heimatlos von Ort zu Ort zogen, konnten Welten liegen. Einzelheiten über die Lebensverhältnisse einfacher Spielleute sind nicht überliefert, aber aus literarischen Werken, die Hoffeste schildern, gewinnt man einen Eindruck von der Vielfalt der Künstler, die dort auftraten. Ihre fürstliche Belohnung für die Freude, die sie verbreiten, ist Teil der Selbstdarstellung von Herrschern.

Fahrende und Spielleute nehmen *guot umbe êre*. Sie sind niederen Standes, haben keine Rechte und keine Ehre. Sie bieten ihren Dienst jedem an und halten sich jeweils nur kurz an einem Hof auf, um dort bei bestimmten Anlässen aufzutreten. Sie sind keinem Hof zugehörig und können keine ehrenvolle Anerkennung für ihre Leistungen erwarten. Sie lassen sich für ihre Dienste entlohnen, erwarten also materielle Güter als Gegenleistung für ihre Darbietungen, um ihren Lebensunterhalt zu sichern. Das ist ein Abgrenzungskriterium zu den höfischen Dichtern, deren gesellschaftlicher Status deutlich höher ist. Sie sind dem Hof längerfristig verbunden und haben

guot umbe êre

dort Ansehen und Ehre, auch wenn sie materielle Unterstützung von ihren Mäzenen erhalten. Minnesang als exklusive Adelskunst und Spiegel der höfischen Utopie ist eine Angelegenheit der höfischen Dichter, nicht der Fahrenden. Wer *guot umbe êre* nimmt, singt über religiöse oder politische Themen, lobt oder tadelt Herrscher, verbreitet moralische Lehren, äußert allgemeine Weltweisheiten oder trägt mit Spott- und Scherzliedern zur Unterhaltung bei. Seine Kunst ist der Sangspruch. Dass Überschneidungen nicht ausgeschlossen sind, zeigt Walther von der Vogelweide, der als ein Meister sowohl der Minne- als auch der Spruchlyrik gilt.

Lohn der Fahrenden

Das lyrische Ich in Geltars Lied nimmt die Rolle eines Fahrenden ein. Schon im ersten Vers wird seine Distanz zum Minnesang deutlich. Aus einer Beobachterperspektive heißt es, man singe „dort" am Hof Minnelieder. Die Beurteilung des hohen Sangs als Lärm zeigt die Geringschätzung der höfischen Kunst. Im zweiten Vers bekennt sich der Fahrende zu seiner Zunft. Er gehört nicht zu den höfischen Sängern, denn er benötigt alte Kleider so sehr, dass er nicht von höfischen Damen singt. Kleider sind neben Pferden, Maultieren und Pelzen ein üblicher Lohn für Spielleute und fahrende Spruchdichter. Im einzigen Dokument, das von Walther von der Vogelweide überliefert ist, einer Reiserechnung des Erzbischofs Wolfger von Erla, wird erwähnt, dass er für seine Dienste einen „Pelzrock" erhalten habe, und auch in epischen Werken ist Kleidung zur Entlohnung von Sängern selbstverständlich aufgeführt.

Mäntel als Lohn

Zieht man in Betracht, dass Kleidung sehr teuer war und die meisten Menschen nur wenige Kleidungsstücke besaßen, kann ein Mantel oder Rock als fürstliche Belohnung gelten, auch wenn er schon getragen ist. Im dritten Vers wird die Entlohnung des Fahrenden dem Lohn des Minnesängers gegenübergestellt. Vier Mäntel wären ihm lieber als ein Kränzlein. Mittelalterliche Mäntel sind Überwürfe, die meist keine Ärmel haben, und in Stoffqualität, Farbe, Schnitt und Verarbeitung stark variieren. Mantelformen aus römischer Tradition sind Teil des höfischen Zeremoniells und zeigen den Status des Trägers an. Mäntel sind in einem solchen Maße Repräsentationsobjekte, dass Kleiderordnungen vorschreiben, welche Stoffe und Verzierungen für die verschiedenen Stände zu tragen erlaubt sind. Der kostspielige Mantel eines Herren hat für den Fahrenden einen hohen materiellen Wert. Er darf ihn zwar nicht tragen, kann ihn aber mit gutem Gewinn veräußern. Vier Mäntel wären eine stolze Entlohnung, die das Maß der üblichen Zuwendung überträfe.

Kranzmetaphorik

Kränze sind der Haarschmuck der Jungfrau, den sie ablegen muss, sobald sie heiratet und „unter die Haube" kommt. Es war Brauch, bei Festen und Tänzen, zu denen auch Männer sich mit Kränzen schmückten, durch Kranztausch und Kranzschenken Zuneigung zu zeigen und zu flirten. Daraus entwickelte sich der metaphorische Gebrauch von „Kranzschenken" als Umschreibung für die Defloration. Wenn eine Jungfrau einem Mann ihren Kranz schenkt, kann dies auf realer Ebene als Zeichen ihrer Zuneigung, auf bildlicher Ebene als sexuelle Hingabe interpretiert werden.

Materieller Lohn statt Minne

Die Gegenüberstellung im dritten Vers beinhaltet genau diese Ambivalenz. Würde eine höfische Dame dem Sänger mit einem realen Kranz ihre Zuneigung zeigen und ihm damit einen Lohn gewähren, der weit über den herkömmlichen Erwartungen des Minnesängers läge, oder würde sie sogar sein Bitten erhören und sich ihm hingeben, so würde er dennoch vier Mäntel vorziehen. Er weiß zwar die Bedeutung eines solchen Kranzes zu schätzen und veranschlagt vier Mäntel als Gegenwert, doch die materielle Entlohnung bedeutet ihm mehr, weil er sie für seinen Lebensunterhalt benötigt.

Im nächsten Vers wird die Gegenüberstellung von Sangspruch und Min Spruchdichtung –
Minnesang
nesang fortgeführt. Ein Herr könnte ihn besser mit einem Hengst aus seinem
Stall entlohnen, also für seinen Gesang mit einem Gegenwert zahlen, als
dass er ihn wie einen Flamen die Damen bedrängen ließe. Flandern war im
Mittelalter ein bedeutendes kulturelles Zentrum, dessen Höfe Vorbildcharakter hatten. Als Exportland für Luxusartikel war Flandern insbesondere für
wertvolle Tuche bekannt. Ein flämischer Minnesänger kann daher als besonders vornehm und höfisch gelten. Das lyrische Ich schätzt sein Singen trotz
aller höfischen Perfektion gering, denn aus seiner Sicht belästigt er damit
die Damen. Aus der Perspektive des Herrn sollte daher die Investition in andere Gesänge die bessere Alternative sein.

Der Fahrende will sich den Damen nicht nähern, er will nicht für oder Ehre
über sie singen, sondern beim Herrn und seinem Gefolge bleiben (V. 6). Er
sieht sein Publikum in den Männern des Hofes, die anderes als Liebeslieder
hören wollen. Wenn er um Kleider als Entlohnung für seinen Gesang bittet,
bringt ihn diese Bitte nicht um die Huld des Herrn, denn sie ist nicht ehrenrührig (V. 7). Ein übermäßiges Schöntun, wie die Minnesänger es pflegen,
ist für den Herrn schlimmer. Die Erklärung folgt indirekt im neunten Vers.
Wenn ein Herr dem Sänger sein Gewand gibt, dann haben beide Ehre. Daraus lässt sich schließen, dass der Minnesänger, der an den Hof gehört, dem
Herrn nicht zur Ehre gereicht. Hier wird auf die Bestimmung der Fahrenden
als derjenigen, die *guot umbe êre* nehmen, angespielt. Wörtlich übersetzt
bedeutet der Ausdruck „Gut (im Sinne von Gütern) statt Ehre" und kann so
gedeutet werden, dass Fahrende eine angemessene Entlohnung nicht nur
Ehrgeschenken, sondern der Ehre überhaupt vorziehen. Genau dieser Deutung wird widersprochen, wenn es heißt, die Bezahlung von Sangeskunst
trage dem Herrn und dem Sänger Ehre ein. Der Herr gewinnt durch Schenken von Kleidern Ehre, weil er der Ökonomie des Schenkens folgt und sich
milte und gebefreudig zeigen kann. Er verwirklicht damit die von ihm geforderten höfischen Tugenden. Der fahrende Sänger gewinnt trotz der Bezahlung Ehre, weil er dem Herrn zu Ehren singt und mit seinen Liedern dessen
Ehre unbeschadet lässt. Wenn die lärmenden Minnesänger die Damen
belästigen, fordern sie die Ehre des Herrn heraus, der solches nicht zulassen
kann. Im letzten Vers wird deshalb die Bestrafung der Minnesänger für solche Ehrkränkungen gefordert, sie sollen für ihren Gesang verprügelt werden
(V. 10).

Geltar stellt mit seinem Lied den Minnesang grundsätzlich in Frage. Die Absage an den
Minnesang
exklusive Kunst des hohen Sanges, die dem Hof Freude bringen und seine
Ehre mehren soll, wird als unehrenhafte Angelegenheit zwischen höfischen
Schönlingen und den Damen dargestellt. Dem lärmenden Getue der Minnesänger wird die Kunst der Fahrenden, die ein geringeres Ansehen haben,
als ehrenvolle gegenüber gestellt.

VI. Ausblicke: Gesamteuropäische Perspektive

Europa im Mittelalter Wenn wir von Europa reden, ist unser Denken bestimmt durch Vorstellungen von Nationalitäten, die sich erst in der Neuzeit entwickelt haben. Die Ausbildung europäischer Territorialstaaten beginnt allmählich im späten Mittelalter und findet im 19. Jahrhundert ihren Abschluss, auch wenn Karl der Große immer wieder als „Vater Europas" beschworen wird. Im Mittelalter folgt die Einteilung der Welt religiösen Kriterien. Das lateinische Christentum untersteht dem Papst in Rom, das griechische dem Patriarchen in Byzanz. Die weströmische Sicht lässt die Byzantiner fremd erscheinen, sie werden aber als Christen gesehen. Das lässt sie näher sein als die Sarazenen, gegen die in Kreuzzügen erbittert gekämpft wird. Der Islam gilt aus christlicher Sicht als Heidentum und Bedrohung, schließlich sind Teile des heutigen Spanien bis ins 14. Jahrhundert und Sizilien zeitweise unter muslimischer Herrschaft. Die Herrschaftsgebiete der Adligen sind keine zusammenhängenden Territorien. Durch Heirat und Eroberung werden Gebiete hinzugewonnen, durch Erbteilung und Kriege gehen Gebiete verloren. Herrschaft ist organisiert durch Personenverbände, die durch persönliche Lehnseide konstituiert werden. Nach einem Regierungswechsel oder dem Tod eines Herrschers müssen solche Bindungen jeweils erneuert werden. Ein Beispiel für einen Herrscher ohne enge territoriale Bindung ist Richard Löwenherz. Er war Herzog von Aquitanien, Herzog der Normandie, Graf von Maine, Graf von Anjou und englischer König. Als Kreuzfahrer eroberte er unterwegs Zypern, verkaufte die Insel aber an Guido von Lusignan. Dass er sich während seiner Regierungszeit nicht länger als zehn Monate in England aufgehalten haben soll, steht seinem legendären Ruf als englischer König nicht im Wege. Der in Ancona geborene Stauferkaiser Friedrich II. regiert von Sizilien aus ein Reich, das von der Nord- und Ostseeküste bis in die Südspitze Siziliens reichte und wird dennoch in der Geschichtsschreibung als deutscher Kaiser geführt. Karl der Große ist dem französischen nationalen Gedächtnis ebenso wie dem deutschen als mächtiger Herrscher und Nationalheld eingeschrieben.

„Internationalität" Trotz fehlender Staatlichkeit gibt es im Mittelalter ein Bewusstsein von umfassender Herrschaft, dessen Orientierungspunkt der Mythos des römischen Universalstaates bleibt. Die *Renovatio Imperii Romani* Karls des Großen war übergeordnetes Ziel und Maßstab weltlicher Herrschaft für den weströmischen Einflussbereich, auch wenn damit eher die Form als die territoriale Ausdehnung gemeint ist. Das gemeinsame Band aller weströmisch orientierten Herrschaftsgebiete ist die Kirche, deren Verwaltungsstrukturen weitgehend aus römischer Zeit tradiert sind, und deutlich besser funktionieren als Formen weltlicher Herrschaftsorganisation. Latein als Grundlage von Schriftlichkeit und Sprache der Geistlichen und Gebildeten ermöglicht einen unproblematischen Austausch von philosophischen und theologischen Schriften über regionale Sprachräume hinweg und die Mobilität von klerikal Gebildeten, die sich überall mit ihresgleichen verständigen können.

Mit der lateinischen Sprache als *lingua franca* entsteht ein großflächiger Kulturraum, in dem Entwicklungen schnell Verbreitung finden, auch solche, die dann in den jeweiligen Volkssprachen Wirksamkeit entfalten. Die neu entstehenden Höfe des Adels tragen ihrerseits zum Transfer von Neuerungen bei. Das Verhältnis der Herrschenden untereinander ist geprägt von Gemeinsamkeit und Differenz. Man kämpft bei den Kreuzzügen gegen einen gemeinsamen Feind, auch wenn häufig eigene Interessen der Beteiligten Oberhand gewinnen und der gemeinsamen Sache eher schaden als nützen. Mit den Kreuzzügen manifestiert sich die Idee von christlicher Ritterlichkeit, die als utopische Idealvorstellung die Hofhaltung und Lebensweise des gesamten Adels prägt. Adlige Häuser verbinden sich mit geschickter Heiratspolitik und führen so militärische Kräfte und Territorien zusammen. Sie kämpfen in Kriegen und Fehden erbittert gegeneinander und machen sich Gebiete streitig. Die vielfältigen Beziehungen des Adels untereinander sind jedoch durchgängig ein Garant für den schnellen Austausch von Ideen, Moden und Waren an den Höfen.

Unter diesen Voraussetzungen ist mittelalterliche Literatur immer schon ein gesamteuropäisches Phänomen, wenngleich regionale Unterschiede in der Ausprägung zu verzeichnen sind. Die Anfänge höfischer Literatur weisen nach Frankreich. Das Ritterideal manifestiert sich als retrospektive Utopie, die literarisch Verbreitung findet. Die Helden, die zum Exempel höfischer Lebensweise werden, sind an allen Höfen bekannt und gelten ungeachtet ihrer regionalen Herkunft als gemeinsame Vorfahren der Ritter. König David hat ebenso Vorbildcharakter wie Alexander der Große, Cäsar, Karl der Große oder König Artus. Der sagenumwobene König von Britannien ist historisch nicht eindeutig zu belegen. Seine Geschichte wird, angereichert mit mythischen Stoffen keltischer Erzähltradition, Gegenstand altfranzösischer höfischer Epik. Die mehr oder minder freie Übertragung des Stoffes in die mittelhochdeutsche Sprache durch Hartmann von Aue und andere lässt ihn, wenngleich mit deutlich differenter Akzentuierung, zur Heldengestalt auch in der deutschen Literatur werden.

Mittelalterliche Literatur als gesamteuropäisches Phänomen

Die frühesten Zeugnisse einer volkssprachigen höfischen Liebeslyrik finden sich im okzitanischen Sprachraum, jenem Gebiet der Langued'oc, das von Italien bis Katalonien reicht, und damit deutlich über den provenzalischen Raum heutiger Begrifflichkeit hinausgeht. Es ist daher angemessener, von okzitanischer als von provenzalischer Lyrik zu sprechen. Die so genannten Trobadors oder Troubadours thematisieren in ihren Liedern spielerisch Vollzugsweisen der aristokratischen Lebensformen. Wilhelm IX., Graf von Poitiers und Herzog von Aquitanien, ist einer der ersten namentlich bekannten Trobadors. Neben Liedern, die sublimierte Minnevorstellungen thematisieren, finden sich in seinem Repertoire parodistische Gegengesänge und derb-erotische Lieder. Mehr als 400 Trobadornamen sind bekannt, darunter die Namen zahlreicher Adliger. Im 12. Jahrhundert erreicht die altokzitanische Lyrik ihren Höhepunkt. Seit der Wende zum 13. Jahrhundert sind teilweise zu den Trobadorgesängen *vidas* und *razos* überliefert, kurze Beschreibungen, die die Lieder in den lebensweltlichen Kontext der Sänger einordnen sollen. *Razos* sind Erzählungen, die reale oder fiktive Hintergrundinformationen zu den Anlässen der Lieder und zu den Personen, die darin vorkommen, übermitteln. *Vidas* sind kurze Lebensbeschreibungen der

Trobadors

Trobadors. Wie authentisch diese Kurzbiographien sind, ist nicht zu ermitteln, aber sie zeigen den Rahmen auf, in den Publikum und Sänger solche Dichtung verorten. Aus ihnen wird deutlich, dass sowohl Adlige als auch Nichtadlige an der Produktion und Verbreitung der Lieder beteiligt waren. Auch Frauen unter den Akteuren sind bezeugt. „Sozialer Rang und künstlerisches Prestige scheinen in der provenzalischen Kultur weniger von der sozialen Herkunft und von der Rechtsstellung abzuhängen, sondern vielmehr von den Formen und der Qualität der Darbietungen und des Auftretens. Die ,*uomini di corte*', die ,höfischen Spielleute' sind nicht aufgrund ihres Geburtsstandes so bezeichnet, sondern wegen ihres Aufstieges zum ,*ménéstrel de cour*' am adligen Hof" (Hartung 2006, S. 110 f.).

Verbreitung der okzitanischen Lyrik Der höfische Sang verbreitet sich von Okzitanien ausgehend nach Katalonien, Norditalien, Sizilien und Nordfrankreich. Einflussreiche Mäzeninnen und Mäzene ziehen Dichter und Sänger an ihre Höfe und sorgen so für die Verbreitung höfischer Lyrik. Durch Heirat werden Mäzenatentum und literarische Vorlieben exportiert und in weiter entfernten Gebieten etabliert. Im Gebiet Nordfrankreichs bildet sich mit der Trouvère-Lyrik eine Form des höfischen Sangs aus, die dem Konzept der *poésie formelle* in besonderer Weise verpflichtet ist.

Einfluss auf den Minnesang Im mittelhochdeutschen Minnesang werden Themen und Formen der romanischen Lyrik aufgegriffen. Lange Zeit wurde angenommen, dass Friedrich von Hausen nach romanischen Vorbildern dichtete und damit andere Dichter beeinflusste. Vieles spricht jedoch dafür, dass sich die Minnesänger der so genannten Hausenschule direkt mit der altprovenzalischen und altfranzösischen Lyrik auseinandergesetzt haben (Touber 2005). Ob persönliche Begegnungen mit Trobadors und Trouvères an Höfen oder bei großen Festen Anlass zu Austausch und Übernahme von Liedkunst waren oder die Vermittlung von Liedern über Manuskripte erfolgte, lässt sich nicht nachweisen.

Ähnlichkeiten und Unterschiede Die mittelhochdeutschen Minnelieder haben Ähnlichkeiten mit den Liedern der Trobadore und Trouvères und sind dennoch anders. Die *fin amors*, die verfeinerte Liebe oder Hohe Minne, die Bindung an den Dienstgedanken, der Frauenpreis, Topoi, Strophenformen und Kontrafakturen weisen darauf, dass vielen Minnesängern romanische Lyrik bekannt war. Manche Gattungen wie die Pastourelle, Partimen oder *chansons de mal mariée*, die oft deutlich erotisch konnotiert sind, erfreuen sich in der romanischen Tradition großer Beliebtheit, werden aber im Minnesang nur spärlich aufgegriffen. Es gibt mehr mittelhochdeutsche Tagelieder als okzitanische, dafür fehlt die Komplementärgattung Abendlied (*serena*) im Minnesang völlig. Kreuzlieder, die eng mit der Minnethematik verwoben sind, haben nur eine weitläufige Ähnlichkeit mit den *sirventes* der Trobadors, die der konkreten politischen Dichtung, dem Sangspruch vergleichbar, zugeordnet werden. *Vidas* und *razos* fehlen im Minnesang und damit Hinweise auf die Dichter und Kontexte und die Einbindung in Erzählungen.

Mit der Verbreitung der romanischen Lyrik werden Formen und Inhalte den jeweiligen Gegebenheiten angepasst, kulturelle und regionale Einflüsse werden aufgegriffen und den Texten so eingeschrieben, dass Ähnlichkeiten zwar erhalten bleiben, aber dennoch neue Variationen entstehen, die die Lieder unverwechselbar machen. Wenn man den Minnesang von einer gesamteuropäischen Perspektive aus betrachtet, so lässt sich festhalten, dass er einerseits im Gesamtzusammenhang mittelalterlicher Literatur über die Grenzen des deutschsprachigen Raumes hinausweist, andererseits aber spezifische Eigenheiten aufzeigt, die ihn deutlich von den anderen Formen höfischer Liebeslyrik unterscheiden.

Kommentierte Bibliographie

1. Textausgaben

Erfasst sind nur die Ausgaben, auf die innerhalb der Einführung Bezug genommen wird.

Minnesang allgemein:

Minnesinger. Deutsche Liederdichter des 12., 13. und 14. Jahrhunderts, aus allen bekannten Handschriften und früheren Drucken gesammelt und berichtigt; mit der Lesart derselben, Geschichte des Lebens der Dichter und ihrer Werke, Sangweisen der Lieder, Reimverzeichnis der Anfänge, und Abbildungen sämmtlicher Handschriften von Friedrich Heinrich von der Hagen. 5 Bde. Leipzig 1838–1856. (Nachdruck Osnabrück 1963)

Des Minnesangs Frühling. Herausgegeben von Karl Lachmann und Moritz Haupt. Leipzig 1857.

Des Minnesangs Frühling. Unter Benutzung der Ausgaben von Karl Lachmann und Moritz Haupt, Friedrich Vogt und Carl von Kraus, bearbeitet von Hugo Moser und Helmut Tervooren, 3 Bde. 38., erneut revidierte Auflage. Mit einem Anhang. Stuttgart 1988. (= MF)

Deutsche Liederdichter des 13. Jahrhunderts. Herausgegeben von Carl von Kraus. 2. von Gisela Kornrumpf durchgesehene Auflage. 2 Bde. Tübingen 1978. (= KLD)

Die Schweizer Minnesänger. Herausgegeben von Karl Bartsch. Darmstadt 1964.

Die Schweizer Minnesänger. Nach der Ausgabe von Karl Bartsch neu bearbeitet und herausgegeben von Max Schiendorfer. Tübingen 1990. (= SM)

Die steirischen Minnesänger. Editiert, übersetzt und kommentiert von Wernfried Hofmeister. Göppingen 1987. (= Göppinger Arbeiten zur Germanistik; 472)

Lang, Margarete (Hrsg.): Zwischen Minnesang und Volkslied. Die Lieder der Berliner Handschrift germ. fol. 922. Die Weisen bearbeitet von Müller-Blattau. Berlin 1941. (= Studien zur Volksliedforschung. Beihefte zum Jahrbuch für Volksliedforschung, Heft 1)

Neidhart:

Siegfried Beyschlag (Hrsg.): Die Lieder Neidharts: der Textbestand der Pergament-Handschriften und der Melodien. Text und Übertragung, Einführung und Worterklärungen, Edition der Melodien von Horst Brunner. Darmstadt 1975.

Die Lieder Neidharts. Herausgegeben von Edmund Wießner, fortgeführt von Hanns Fischer, 5. verbesserte Auflage, herausgegeben von Paul Sappler, mit einem Melodieanhang von Helmut Lomnitzer. Tübingen 1999. (ATB Bd. 44).

Neidhart-Lieder. Texte und Melodien sämtlicher Handschriften und Drucke. Herausgegeben von Ulrich Müller, Ingrid Bennewitz, Franz Victor Spechtler. 3 Bde. Berlin/New York 2007.

Walther von der Vogelweide:

Walther von der Vogelweide herausgegeben von Franz Pfeiffer. Leipzig 1864.

Walter von der Vogelweide herausgegeben und erklärt von Wilhelm Wilmanns. Halle 1869.

Walther von der Vogelweide: Leich, Lieder, Sangsprüche. 14., völlig neu bearbeitete Auflage. der Ausgabe von Karl Lachmann, mit Beiträgen von Thomas Bein und Horst Brunner. Herausgegeben von Christoph Cormeau. Berlin/New York 1996.

Walther von der Vogelweide. Werke. Gesamtausgabe. Mittelhochdeutsch/Neuhochdeutsch. Herausgegeben, übersetzt und kommentiert von Günther Schweikle. 2 Bde. Stuttgart 1998.

2. Auswahl von Anthologien und Textsammlungen

Brackert, Helmut (Hrsg.): Minnesang. Mittelhochdeutsche Texte und Übertragungen und Anmerkungen. Übersetzt und mit einem Anhang versehen von Helmut Brackert. Original-Ausgabe, 10. Auflage. Frankfurt am Main 2008.

Kasten, Ingrid (Hrsg.): Frauenlieder des Mittelalters. Stuttgart 1990.

Kasten, Ingrid (Hrsg.): Deutsche Lyrik des frühen und hohen Mittelalters. Edition der Texte und Kommentare von Ingrid Kasten. Übersetzungen von Margherita Kuhn. Frankfurt am Main 2005.

Neumann, Friedrich (Hrsg.); Deutscher Minnesang (1150–1300). Einführung sowie Auswahl und Ausgabe der mittelhochdeutschen Texte von Friedrich Neumann. Nachdichtung von Kurt Erich Meurer. Stuttgart 1977.

Räkel, Hans-Herbert S.: Der deutsche Minnesang. Eine Einführung mit Texten und Materialien. München 1986.

3. Hinweise zu Minnesängern

Die deutsche Literatur des Mittelalters. Verfasserlexikon. Begründet von Wolfgang Stammler, fortgeführt von Karl Langosch. Berlin 1978–2004.
Meves, Uwe (Hrsg.): Regesten deutscher Minnesänger des 12. und 13. Jahrhunderts. Herausgegeben unter Mitarbeit von Cord Meyer und Janina Drostel. Berlin/New York 2005.

4. Monographien und Aufsätze zum Minnesang

Es wurde eine Auswahl aus den Veröffentlichungen getroffen, die seit 1970 erschienen sind. Ältere Titel sind nur dann erfasst, wenn innerhalb der Einführung auf sie verwiesen wird. Zu den Veröffentlichungen vor 1970 liegt folgende Bibliographie vor:
Tervooren, Helmut: Bibliographie zum Minnesang und zu den Dichtern aus „Des Minnesangs Frühling". Berlin 1969. (= Bibliographien zur deutschen Literatur des Mittelalters 3).

Andersen, Elisabeth; Haustein Jens; Simon, Anne und Strohschneider, Peter (Hrsg.): Autor und Autorschaft im Mittelalter. Kolloquium Meißen 1995. Tübingen 1998.
Ashcroft, Jeffrey (Hrsg.): Liebe in der deutschen Literatur des Mittelalters. St. Andrews Colloquium 1985. Tübingen 1987. (= Publications of the Institute of Germanic Studies; 40)
Ashcroft, Jeffrey: Als ein wildes Volk erzogen. Minnesang und höfische Sozialisation. In: LiLi. Zeitschrift für Literaturwissenschaft und Linguistik. 19. Jahrgang. Stuttgart 1989, S. 58–75.
Ashcroft, Jeffrey: Renovatio Amoris – Translatio Imperii: Hausen und Aeneas. In: Cramer, Thomas und Kasten, Ingrid (Hrsg.): Mittelalterliche Lyrik: Probleme der Poetik. Berlin 1999, S. 57–84. (= Philologische Studien und Quellen; Heft 154)
Balduan, Viola: Minne zwischen Ideal und Wirklichkeit. Studien zum späten Schweizer Minnesang. Frankfurt am Main 1982.
Bäuml, Franz H.: Das Tagelied. In: Geschichte der deutschen Literatur. Hg. von Ehrhard Bahr. Tübingen 1987, S. 120–124.
Bauschke, Ricarda: Die ‚Reinmar-Lieder‘ Walthers von der Vogelweide. Literarische Kommunikation als Form der Selbstinszenierung. Heidelberg 1999. (GRM Beiheft 15)
Bauschke, Ricarda: Die Burg im Minnesang und als

Allegorie im deutschen Mittelalter. Frankfurt am Main u. a. 2006. (= Kultur, Wissenschaft, Literatur; 10)
Behr, Hans-Joachim: Die Inflation einer Gattung. Das Tagelied nach Wolfram. In: Lied im deutschen Mittelalter. Hg. von Cyril Edwards. Tübingen 1996, S. 195–202.
Bein, Thomas: Tagungsberichte. Bericht über das Kolloquium „Überlieferungs- und Echtheitsfragen im Minnesang" (Stuttgart, 14./15. Januar 1994). In: Besch, Werner und Steinecke, Hartmut (Hrsg.): Zeitschrift für deutsche Philologie. 113. Band. 3. Heft. Berlin 1994, S. 409–411.
Bein, Thomas: Athetesen und Argumentationen. In: Krohn, Rüdiger: „Dâ hoeret ouch geloube zuo". Überlieferungs- und Echtheitsfragen zum Minnesang. Beiträge zum Festcolloquium für Günther Schweikle anläßlich seines 65. Geburtstags. Stuttgart/Leipzig 1995, S. 9–26.
Bein, Thomas: Das Singen über das Singen. Zu Sang und Minne im Minnesang. In: Müller, Jan-Dirk (Hrsg.): Aufführung und Schrift in Mittelalter und früher Neuzeit. Stuttgart/Weimar 1996, S. 67–92. (= Germanistische Symposien; Berichtsband XVII)
Bein, Thomas: Mit fremden Pegasusen pflügen. Untersuchungen zu Authentizitätsproblemen in mittelhochdeutscher Lyrik und Lyrikphilologie. Berlin 1998.
Beloui-Wehn, Ioana: *Der tageliet maneger gern sanc*. Das deutsche Tagelied des 13. Jahrhunderts. Versuch einer gattungsorientierten intertextuellen Analyse. Frankfurt am Main 1989.
Bennewitz, Ingrid: Das Paradoxon weiblichen Sprechens im Minnesang. Überlegungen zur Funktion der so genannten Frauenstrophen. In: Dinzelbacher, Peter (Hrsg.): Mediaevistik. Internationale Zeitschrift für Interdisziplinäre Mittelalterforschung. Bd. 4. Berlin 1991, S. 21–36.
Bennewitz, Ingrid: Die obszöne weibliche Stimme. Erotik und Obszönität in den Frauenstrophen der deutschen Literatur des Mittelalters. In: Frauenlieder. Cantiagas de amigo. Internationale Kolloquien des Centro de Estudos Humanísticos (Universidade do Minho), der Faculdade de Letras (Universidade de Porto) und des Fachbereichs Germanistik (Freie Universität Berlin). Berlin 06.11.1998 und Apúlia 28.–30.03.1999. Hg. von Thomas Cramer; Greenfield, John und Kasten, Ingrid. Stuttgart 2000, S. 69–84.
Bennewitz, Ingrid: Die Schrift des Minnesangs und der Text des Editors. Studien zur Minnesang-Überlieferung im „Hausbuch" des Michael de Leone. Stuttgart 2003. (= Minnesang-Handschrift E)
Bergner, Heinz (Hrsg.): Lyrik des Mittelalters. Probleme und Interpretationen. Stuttgart 1983.

Bernsen, Michael: Die Abkehr von der ritualisierten Aufführung altokzitanischer Trobadordichtungen und die Herausbildung eines modernen Autortyps in den *razos* des 13. Jahrhunderts. In: Hausmann, Albrecht (Hrsg.): Text und Handeln. Zum kommunikativen Ort von Minnesang und antiker Lyrik. Heidelberg 2004, S. 225–242.

Birkhan, Helmut: Geschichte der altdeutschen Literatur im Licht ausgewählter Texte. Band 7: Minnesang, Sangspruchdichtung und Verserzählung der letzten Staufer- und ersten Habsburgerjahre. Vorlesung im Wintersemester 2004/05. Wien 2005. (= Edition-Praesens-Studienbücher; 16)

Blank, Walter: Deutsche Minnesang-Parodien. In: Poesie und Gebrauchsliteratur. Würzburger Colloquium 1978. Hg. von Volker Honemann. Tübingen 1979, S. 205–217. (= Anglo-deutsches Colloquium zu Problemen der Mittelhochdeutschen Literatur; 6)

Blank, Walter: Junge Minne zu „alten Frauen"? Ein Problem des späten Minnesangs. In: Literaturwissenschaftliches Jahrbuch der Görres-Gesellschaft 29. Hg. von Hermann Kunisch; Theodor Berchem; Eckhard Heftrich; Franz Link; Alois Wolf. Berlin 1988, S. 23–33.

Blattmann, Ekkehard: Die Lieder Hartmanns von Aue. Berlin 1968.

Bloh, Ute von: Zum Altersthema in Minneliedern des 12. und 13. Jahrhunderts: Der ‚Einbruch' der Realität. In: Bein, Thomas (Hrsg.): Walther von der Vogelweide. Beiträge zu Produktion, Edition und Rezeption. Frankfurt am Main 2002, S. 117–144. (= Walther-Studien; 1)

Bolduan, Viola: Minne zwischen Ideal und Wirklichkeit. Studien zum späten Schweizer Minnesang. Frankfurt am Main 1982.

Boll, Katarina: *Alsô redete ein vrowe schoene.* Untersuchungen zu Konstitution und Funktion der Frauenrede im Minnesang des 12. Jahrhunderts. Würzburg 2007. (= Würzburger Beiträge zur deutschen Philologie; Bd. 31)

Borck, Karl Heinz: Zu Steinmars Tageliedparodie ‚*Ein kneht der lac verborgen'*. In: Smiths, Kathryn (Hrsg.): Interpretation und Edition deutscher Texte des Mittelalters. Festschrift für John Asher zum 60. Geburtstag. Berlin 1981, S. 92–102.

Bosl, Karl: Hohe Liebe und freie Liebe – Vollendung und freie Entscheidung. Die höfische Dichtung des Mittelalters als Quelle der Gesellschafts- und Mentalitätsgeschichte. In: Bosl, Karl: Die Welt des Mittelalters und ihre Menschen. Regensburg 1991, S. 78–97.

Brandt, Rüdiger: *Geniezen-engelten.* Zum Rechtswortschatz des Minnesangs. In: Ders. Wortgeschichts- und Wortbedeutungsstudien. *geniezen –*

engelten. wellen. geil. Frankfurt am Main/Bern/New York/Paris 1989, S. 11–86.

Braun, Manuel: Autonomisierungstendenzen im Minnesang vor 1200. Das Beispiel Kreuzlieder. In: Kellner, Beate; Strohschneider, Peter und Wenzel, Franziska (Hrsg.): Geltung der Literatur: Formen ihrer Autorisierung und Legitimierung im Mittelalter. Berlin 2005.

Breslau, Ralf: Die Tagelieder des späten Mittelalters. Rezeption und Variation eines Liedtyps der höfischen Lyrik. Berlin 1987.

Brinkmann, Sabine Christiane: Die deutschsprachige Pastourelle. 13. bis 16. Jahrhundert. Göppingen 1985, S. 154–161. (= Göppinger Arbeiten zur Germanistik; 307)

Brunner, Horst: Minnesangs Ende. Die Absage an die Geliebte im Minnesang. In: Innsbrucker Beiträge zur Kulturwissenschaft 57. Innsbruck 1997, S. 47–61.

Brunner, Horst: Annäherungen. Studien zur deutschen Literatur des Mittelalters und der Frühen Neuzeit. Berlin 2008. (Philologische Studien und Quellen, Heft 210)

Bumke, Joachim: Ministerialität und Ritterdichtung. Umrisse der Forschung. München 1976.

Bumke, Joachim: Mäzene im Mittelalter. Die Gönner und Auftraggeber der höfischen Literatur in Deutschland 1150–1300. München 1979.

Bumke, Joachim: Literarisches Mäzenatentum: ausgewählte Forschungen zur Rolle des Gönners und Auftraggebers in der mittelalterlichen Literatur. Darmstadt 1982.

Burdach, Konrad: Reinmar der Alte und Walther von der Vogelweide. Zweite berichtigte Auflage mit ergänzenden Aufsätzen über die althochdeutsche Lyrik. Halle 1928.

Burdorf-Lautenbach, Hannelore: Liedermacher des Mittelalters: Minnesang. Frankfurt am Main 2006.

Cerquiglini, Bernard: Éloge de la variante. Histoire critique de la philologie. Paris 1989.

Classen, Albrecht: Minnesang als Spiel. Sinnkonstitution auf dem „Schachbrett" der Liebe. In: Studi Medievali. 3. Serie, 36. Jahrgang. Hg. von: Centro Italiano di Studi sull'Alto Medioevo. Palermo 1995, S. 211–241.

Cormeau, Christoph: Zur Stellung des Tageliedes im Minnesang. In: Festschrift für Walter Haug und Burghart Wachinger. Hg. von Johannes Janota und Pail Sappler. Tübingen 1992. Bd. 2, S. 695–708.

Cormeau, Christoph und Störmer, Wilhelm: Hartmann von Aue. Epoche – Werk – Wirkung. 2. überarb. Aufl. München 1993.

Cramer, Thomas: Minnesang in der Stadt. Überlegungen zur Lyrik Konrads von Würzburg. In: Gert

Kaiser (Hrsg.): Literatur, Publikum, historischer Kontext. Bern 1977, S. 91–108.

Cramer, Thomas: *Waz hilfet âne sinne kunst?* Lyrik im 13. Jahrhundert. Studien zu ihrer Ästhetik. Berlin 1998.

Cramer, Thomas/Kasten, Ingrid (Hrsg.): Mittelalterliche Lyrik: Probleme der Poetik. Berlin 1999.

Cramer, Thomas: Was ist und woran erkennt man eine Frauenstrophe? In: Frauenlieder. Cantiagas de amigo. Internationale Kolloquien des Centro de Estudos Humanísticos (Universidade do Minho), der Faculdade de Letras (Universidade de Porto) und des Fachbereichs Germanistik (Freie Universität Berlin). Berlin 06.11.1998 und Apúlia 28.–30.03.1999. Hg. von Cramer, Thomas; Greenfield, John und Kasten, Ingrid. Stuttgart 2000, S. 19–32.

Debrunner, Albert M.: Das güldene schwäbische Alter: Johann Jacob Bodmer und das Mittelalter als Vorbild im 18. Jahrhundert. Würzburg 1996.

Derron, Marianne; Schnyder, André: Das geistliche Tagelied des Spätmittelalters und der Frühen Neuzeit. Eine Bilanz und ein Projekt. In: Jahrbuch der Oswald von Wolkenstein-Gesellschaft; 12. Hg. von der Oswald von Wolkenstein-Gesellschaft. Frankfurt am Main 2000, S. 203–216.

Diefenbacher, Julius: Deutsches Leben im 12. und 13. Jahrhundert. Realkommentar zu den Volks- und Kunstepen und zum Minnesang. Berlin/Leipzig 2005.

Diehr, Achim und Diehr, Christina: Reisende Dichter, singende Hühner und fliehende Freundinnen. Das Verhältnis zwischen Sänger und Publikum in Minnesang und Slam Poetry. Ein Unterrichtsmodell für die gymnasiale Oberstufe. In: Bein, Thomas (Hrsg.): Walther verstehen – Walther vermitteln. Frankfurt am Main 2004, S. 9–28. (= Walther-Studien; 2)

Dinzelbacher, Peter: Minne ist ein swaerez spil. Neue Untersuchungen zum Minnesang und zur Geschichte der Liebe im Mittelalter. Göppingen 1986. (= Göppinger Arbeiten zur Germanistik; 440)

Dinzelbacher, Peter: Gefühl und Gesellschaft im Mittelalter. Vorschläge zu einer emotionsgeschichtlichen Darstellung des hochmittelalterlichen Umbruchs. In: Kaiser, Gert; Müller, Jan-Dirk (Hrsg.): Höfische Literatur, Hofgesellschaft, Höfische Lebensformen um 1200. Düsseldorf 1986, S. 215–235. (= Studia humaniora; 6)

Draessner, Ulrike: Minnesangs Pragmatik. Kommunikationsgeschichtliche Interpretation zur mittelhochdeutschen Lyrik in gattungssystematischen Übergangszonen. Seewies / Starnberger See 19.–21. 03. 1992. In: Zeitschrift für deutsche Phi-

lologie. Band 112. Hg. von Werner Besch und Hartmut Steinecke. Berlin 1993, S. 112–131.

Edwards, Cyril; Hellgardt, Ernst und Ott, Norbert H. (Hrsg.): Lied im deutschen Mittelalter. Überlieferung, Typen, Gebrauch. Chiemsee-Colloquium 1991. Tübingen 1996.

Ehlert, Trude: Männerrollen und Frauenrollen im Hohen Minnesang – Kontrastiv oder komplementär? In: Verstehen durch Vernunft. Festschrift für Werner Hoffmann. Hg. von Burkhardt Krause. Wien 1997, S. 41–58. (= Philologica Germanica; 19)

Ehlert, Trude: Zur Poetik von „texte" und „contretexte" im Minnesang Hartmanns von Aue. In: Klein, Dorothea (Hrsg.): Vom Mittelalter zur Neuzeit. Festschrift für Horst Brunner. Wiesbaden 2000, S. 95–108.

Ehrismann, Ottfried: Ehre und Mut, Âventiure und Minne. Höfische Wortgeschichten aus dem Mittelalter. München 1995.

Eifler, Günter: Liebe um des Singens willen. Lyrisches Ich und Künstler-Ich im Minnesang. In: Augst, Gerhard; Ehrismann, Ottfried; Ramge, Hans (Hrsg.): Festschrift für Heinz Engels zum 65. Geburtstag. Göppingen 1991, S. 1–22. (= Göppinger Arbeiten zur Germanistik. Nr. 561)

Eikelmann, Manfred: Denkformen im Minnesang. Untersuchung zu Aufbau, Erkenntnisleistung und Anwendungsgeschichte konditionaler Strukturmuster des Minnesangs bis um 1300. Tübingen 1988. (= Hermaea; Neue Fassung; 54)

Eikelmann, Manfred: Sprechweisen und Denkstrukturen des Minneliedes. Sprachanalytische Ansätze zur Minnesang-Interpretation. In: Methodenkonkurrenz in der germanistischen Praxis. Vorträge des Augsburger Germanistentags 1991 „Kultureller Wandel und die Germanistik in der Bundesrepublik Deutschland". Hg. von Johannes Janota. Tübingen 1993, S. 22–36.

Eikelmann, Manfred: *wie sprach si dô? War umbe redte ich dô niht mê?* Zu Form und Sinngehalt narrativer Elemente in der Minnekanzone. In: Germanisch-romanische Monatsschrift 13; Sonderheft: Wechselspiele. Kommunikationsformen und Gattungsinterferenzen mittelhochdeutscher Lyrik. Hg. von Michael Schilling und Peter Strohschneider. Heidelberg 1996, S. 19–42.

Eikelmann, Manfred: Dialogische Poetik. Zur Kontinuität älterer poetologischer Traditionen des Minnesangs am Beispiel des Wechsels. In: Mittelalterliche Lyrik. Probleme und Poetik. Hg. von Thomas Cramer und Ingrid Kasten. Berlin 1999, S. 85–106. (= Philologische Studien und Quellen, 154)

Eisbrenner, Axel: *Minne, diu der werlde ir vröude mêret.* Untersuchungen zum Handlungsaufbau und zur Rollengestaltung in ausgewählten Werbungsliedern aus „Des Minnesangs Frühling". Stuttgart 1995. (= Helfant-Schriften;10)

Elter, Irmgard: Das Tagelied als ,lügenmaere'. Anmerkungen zu dem Lied ,in einer alten wise' des Clm 28557. In: Zeitschrift für deutsches Altertum und deutsche Literatur. Heft 120. Berlin 1991, S. 65–73.

Fischer, Hubertus: Sumer von triere – mos Trevirensis. Auflösung der crux in Friedrichs von Hausen *Mîn herze und mîn lîp*. In: Euphorion. Zeitschrift für Literaturgeschichte. 96. Band. Hg. von Wolfgang Adam. Heidelberg 2002, S. 321–348.

Fischer, Karl-Hubert: Zwischen Minne und Gott. Die geistesgeschichtlichen Voraussetzungen des deutschen Minnesangs mit besonderer Berücksichtigung der Frömmigkeitsgeschichte. Frankfurt am Main u. a. 1985. (= Europäische Hochschulschriften: Reihe 1; 843)

Friedlein, Roger (Hrsg.): Literarische Wegzeichen. Vom Minnesang zur Generation X. Hg. aus Anlass des 65. Geburtstags von Sebastian Neumeister. Heidelberg 2004. (= Germanisch-romanische Monatsschrift; Beiheft 18)

Fromm, Hans (Hrsg.): Der deutsche Minnesang. Aufsätze zu seiner Erforschung. Darmstadt 1985. (= Wege der Forschung; 15)

Fuß, Anka; Kirst, Susanne und Scholz, Manfred Günter: Zur Sprecherkonstellation in Hausens Lied *Min herze und mîn lîp diu wellent scheiden*. In: Euphorion. Zeitschrift für Literaturgeschichte. 91. Band, Heft 3/4. Hg. von Wolfgang Adam. Heidelberg 1997, S. 311–342.

Giesen, Antje: Parodistisches im Minnesang der früh- und hochhöfischen Zeit. Eine kritische Überprüfung auf parodierelevante Kriterien. Ohne Ort 1997.

Glier, Ingeborg: Konkretisierung im Minnesang des 13. Jahrhunderts. In: Bauml, Franz (Hrsg.): From the Symbol to Mimesis. The Generation of Walther von der Vogelweide. Göppingen 1984, S. 160–184.

Goheen, Jutta: Zeit und Zeitlichkeit im mittelhochdeutschen Tagelied. In: Momentum dramaticum: Festschrift für Eckehard Catholy. Hg. von: Linda Dietrick. Waterloo Ont. 1990, S. 41–53.

Groos, Arthur: Modern Stereotyping and Medieval Topic: The Lover's Exchange in Dietmar von Aist's „Ûf der linden obene". In: JEGP 88 (1989), S. 157–167.

Grosse, Siegfried: Die Variationen der Minne in den Dichtungen Hartmanns von Aue. In: Smits, Kathryn u. a. (Hrsg.): Interpretation und Edition deutscher Texte des Mittelalters: Festschrift für John Asher zum 60. Geburtstag. Berlin 1981, S. 26–38.

Grubmüller, Klaus: Ich als Rolle. ,Subjektivität' als höfische Kategorie im Minnesang. In: Höfische Literatur, Hofgesellschaft, Höfische Lebensformen um 1200. Hg. von Gert Kaiser und Jan-Dirk Müller. Düsseldorf 1986, S. 387–408. (= Studia Humaniora; 6)

Gümbel, Eva: Die Minne- und Spruchdichtung an der nordöstlichen Peripherie des Heiligen Römischen Reichs Deutscher Nation zwischen 1250 und 1350. Frankfurt am Main 1991.

Haferland, Harald: Was bedeuten die Aufrichtigkeitsbeteuerungen der Minnesänger für das Verständnis des Minnesangs? In: Mittelalterliche Lyrik. Probleme der Poetik. Hg. von Thomas Cramer und Ingrid Kasten. Berlin 1999, S. 232–252.

Haferland, Harald: Hohe Minne: Zur Beschreibung der Minnekanzone. Berlin 2000. (= Beihefte zur Zeitschrift für deutsche Philologie; 10)

Haferland, Harald: *Ich will guotiu wîp von boesen scheiden*. Absagen im Minnesang. In: Gaebel, Ulrike; Kartschoke, Erika (Hrsg.): Böse Frauen – gute Frauen. Darstellungskonventionen in Texten und Bildern des Mittelalters und der Frühen Neuzeit. Trier 2001, S. 15–33. (= Literatur, Imagination, Realität; Bd. 28)

Hahn, Gerhard: *dâ keise spil*. Zur Aufführung höfischer Literatur am Beispiel des Minnesangs. In: Grundlagen des Verstehens mittelalterlicher Literatur. Literarische Texte und ihr historischer Erkenntniswert. Hg. von Gerhard Hahn und Hedda Ragotzky. Stuttgart 1992, S. 86–107.

Händl, Claudia: Rollen und pragmatische Einbindung. Analysen zur Wandlung des Minnesangs nach Walther von der Vogelweide. Göppingen 1987. (= Göppinger Arbeiten zur Germanistik; 467)

Hartung, Wolfgang: Die Spielleute. Fahrende Sänger des Mittelalters. Darmstadt 2003.

Haubrichs, Wolfgang: Konzepte der Liebe im Mittelalter. Einleitung. In: LiLi. Zeitschrift für Literaturwissenschaft und Linguistik. 19. Jahrgang. Stuttgart 1989, S. 7–11.

Haubrichs, Wolfgang (Hrsg.): Konzepte der Liebe im Mittelalter. Göttingen 1990.

Hausmann, Albrecht (Hrsg.): Text und Handeln. Zum kommunikativen Ort von Minnesang und antiker Lyrik. Heidelberg 2004. (= Beihefte zum Euphorion; 46)

Hausner, Renate: Studien zum Refrain deutschsprachiger lyrischer Dichtung des 12. und 13. Jahrhunderts. In: Stein, Peter (Hrsg.): Sprache – Text – Geschichte. Beiträge zur germanistischen Mediävistik und zur Sprachwissenschaft aus dem Kreis der Mitarbeiter 1964–1979 des Instituts für Germanistik der Universität Salzburg. Göppingen

1980, S. 381–384. (= Göppinger Arbeiten zur Germanistik; 304)

Heimplätzer, Fritz: Die Metaphorik des Herzens im Minnesang des 12. und 13. Jahrhunderts. Heidelberg 1953.

Heinen, Hubert (Hrsg.): Mutabilität im Minnesang. Mehrfach überlieferte Lieder des 12. und frühen 13. Jahrhunderts. Göppingen 1989. (= Göppinger Arbeiten zur Germanistik; 515)

Held, Volker: Die ‚romantische‘ Deutung des Minnesangs. Ein Beitrag zur Forschungsgeschichte. In: Kreuzer, Helmut (Hrsg.): Zeitschrift für Literaturwissenschaft und Linguistik. 7. Jahrgang; Heft 26: Höfische Dichtung oder Literatur im Feudalismus? Göttingen 1977, S. 58–82.

Held, Volker: Mittelalterliche Lyrik und „Erlebnis". Zum Fortwirken romantischer Kategorien in der Rezeption der Minnelyrik. Bonn 1989. (= Abhandlungen zur Sprache und Literatur; 23)

Helmer, Karl: Bildungswelten des Mittelalters. Hohengehren 1997.

Helmkamp, Kerstin: Jenseits der Pastourelle. In: Mittelalterliche Lyrik. Probleme der Poetik. Hg. von Thomas Cramer und Ingrid Kasten. Berlin 1999, S. 107–121. (= Philologische Studien und Quellen; 154)

Hensel, Andreas: Vom frühen Minnesang zur Lyrik der Hohen Minne. Studien zum Liebesbegriff und zur literarischen Konzeption der Autoren Kürenberger, Dietmar von Aist, Meinloh von Sevelingen, Burggraf von Rietenburg, Friedrich von Hausen und Rudolf von Fenis. Frankfurt am Main u. a. 1997. (= Europäische Hochschulschriften Reihe 1: Deutsche Sprache und Literatur; 1611)

Herberichs, Cornelia: Auf der Grenze des Höfischen. Gewalt und Minnesang. In: Braun, Manuel und Herberichs, Cornelia (Hrsg.): Gewalt im Mittelalter. Realitäten – Imaginationen. München 2005, S. 341–364.

Herchert, Gaby: „Acker mir mein bestes Feld". Untersuchungen zu erotischen Liederbuchliedern des späten Mittelalters. Mit Wörterbuch und Textsammlung. Münster/New York 1996.

Hoffmann, Werner: Liebe als Krankheit in der mittelhochdeutschen Lyrik. In: Stemmler, Theo (Hrsg.): Liebe als Krankheit. 3. Kolloquium der Forschungsstelle für europäische Lyrik im Mittelalter. Tübingen 1990, S. 221–257.

Holtorf, Arne: Friedrich von Hausen und das Trierer Schisma von 1183–1189. Zu MF 47, 9 ff. und zur Biographie des rheinischen Minnesängers. In: RhVjBl. 40 (1976), S. 72–102.

Høystad, Ole Martin: Kulturgeschichte des Herzens. Von der Antike bis zur Gegenwart. Köln/Weimar/Wien 2006.

Hübner, Gert: Frauenpreis. Studien zur Funktion der laudativen Rede in der mittelhochdeutschen Minnekanzone. Baden-Baden 1996. (= Saecula spiritalia; 34)

Hübner, Gert: Minnesang im 13. Jahrhundert. Eine Einführung. Tübingen 2008.

Irler, Hans: Minnerollen – Rollenspiele. Fiktion und Funktion im Minnesang Heinrichs von Morungen. Frankfurt am Main u. a. 2001. (= Mikrokosmos; 62)

Joschko, Dirk: Drei Lyriker an der Schwelle des Spätmittelalters: Burkhart von Hohenfels, Gottfried von Neifen, Ulrich von Winterstetten. In: Deutsche Literatur des Spätmittelalters: Ergebnisse, Probleme und Perspektiven der Forschung. Hg. von der Ernst-Moritz-Arndt-Universität Greifswald, Sektion Germanistik, Kunst- und Musikwissenschaft (Prof. Dr. Wolfgang Spiewok). Greifswald 1986, S. 104–122. (= Deutsche Literatur des Mittelalters; Bd. 3)

Kaiser, Gert: Minnesang – Ritterideal – Ministerialität. In: Wenzel, Horst (Hrsg.): Adelsherrschaft und Literatur. Bern u. a. 1980, S. 181–205.

Karnein, Alfred: Frauenliebe im wissenschaftlichen Diskurs des Mittelalters. Die Reaktion der Intellektuellen auf die Liebesliteratur der Höfe. In: Ashcroft, Jeffrey; Huschenbett, Dietrich; Jackson, William Henry (Hrsg.): Liebe in der deutschen Literatur des Mittelalters. St. Andrews- Colloquium 1985. Tübingen 1987, S. 14–26. (= Publications of the Institute of Germanic Studies; 40)

Kasten, Ingrid: Frauendienst bei Trobadors und Minnesängern im 12. Jahrhundert. Zur Entwicklung und Adaption eines literarischen Konzeptes. Heidelberg 1986. (= Germanisch-romanische Monatsschrift; Beiheft 5)

Kasten, Ingrid: Minnesang. In: Deutsche Literatur. Eine Sozialgeschichte. Hg. von Horst Albert Glaser. Band 1: Aus der Mündlichkeit in die Schriftlichkeit. Höfische und andere Literatur 750–1320. Hamburg 1988, S. 164–184.

Kasten, Ingrid: Die Pastourelle im Gattungssystem der höfischen Lyrik. In: Lied im deutschen Mittelalter. Typen – Überlieferung – Gebrauch. St. Andrews Colloquium 1991. Hg. von Cyril Edwards, Ernst Hellgardt und Hans Ott. Tübingen 1996, S. 27–41.

Kasten, Ingrid: Zur Poetologie der ‚weiblichen‘ Stimme. Anmerkungen zum ‚Frauenlied‘. In: Frauenlieder. Cantiagas de amigo. Internationale Kolloquien des Centro de Estudos Humanísticos (Universidade do Minho), der Faculdade de Letras (Universidade de Porto) und des Fachbereichs Germanistik (Freie Universität Berlin). Berlin 06.11.1998 und Apúlia 28.–30.03.1999. Hg. von Thomas Cramer u. a. Stuttgart 2000, S. 3–18.

Kern, Manfred: Von Parisjüngern und neuen Helenen. Anmerkungen zur antiken Mythologie im Minnesang. In: Neophilologus. An International Journal of Modern and Mediaeval Language and Literature. Band 83, Heidelberg 1999, S. 577–599.

Kesting, Peter: Maria-Frouwe. Über den Einfluß der Marienverehrung auf den Minnesang bis Walther von der Vogelweide. München 1965.

Kischkel, Heinz: Minnesang als mittelalterliche Vollzugsanstalt für *fröide*? In: Amsterdamer Beiträge zur älteren Germanistik. Bd. 41. Hg. von Erika Langbroek, Arend Quak und Annelies Roeleveld. Amsterdam 1995, S. 175–184.

Klein, Dorothea: Der Sänger in der Fremde. Interpretation, literarhistorischer Stellenwert und Textfassungen von Neidharts Sommerlied 11. In: Zeitschrift für Deutsches Altertum und Deutsche Literatur (= ZfdA) 129 (2000), S. 1–30.

Kleinschmidt, Erich: Minnesang als höfisches Zeremonialhandeln. In: Archiv für Kulturgeschichte. 58. Bd. Köln 1976, 35–76.

Knoop, Ulrich: Das mittelhochdeutsche Tagelied. Inhaltsanalyse und literaturhistorische Untersuchungen. Marburg 1976. (= Marburger Beiträge zur Germanistik; 52)

Köhler, Erich: Vergleichende soziologische Betrachtungen zum romanischen und zum deutschen Minnesang. In: Der Berliner Germanistentag 1968. Hg. von Karl Heinz Borck und Rudolf Henss. Heidelberg 1970, S. 61–76.

Köhler, Jens: Der Wechsel. Textstruktur und Funktion einer mittelhochdeutschen Liedgattung. Heidelberg 1997, S. 173–178.

Kolb, Herbert: Der Begriff der Minne und das Entstehen der höfischen Lyrik. Tübingen 1958.

Koller, Angelika: Minnesang-Rezeption um 1800. Falldarstellungen zu den Romantikern und ihren Zeitgenossen und Exkurse zu ausgewählten Sachfragen. Frankfurt am Main u. a. 1992. (= Europäische Hochschulschriften Reihe 1, Deutsche Sprache und Literatur; 1297)

Krohn, Rüdiger (Hrsg.): Liebe als Literatur. Aufsätze zur erotischen Dichtung in Deutschland. Festschrift für Peter Wapnewski. München 1983.

Krohn, Rüdiger: Wanderungen der Tabugrenzen. Vom Hohen zum Niederen Lied der Liebe. Aspekte des Minnesangs. In: Sexualität. Vorträge zum Wintersemester 1986/1987. Hg. von der Ruprechts-Karls-Universität Heidelberg. Heidelberg 1988, S. 130–148.

Krüger, Rüdiger (Hrsg.): Puella bella. Die Beschreibung der schönen Frau in der Minnelyrik des 12. und 13. Jahrhunderts. 2., verbesserte Auflage Stuttgart 1993. (= Helfant-Texte; 6)

Krohn, Rüdiger (Hrsg.): „*Dâ hoeret ouch geloube zuo*": Überlieferungs- und Echtheitsfragen zum Minnesang. Beiträge zum Festcolloqium für Günther Schweikle anlässlich seines 65. Geburtstags. Stuttgart 1995.

Krywalski, Diether: Untersuchung zu Leben und literaturgeschichtlicher Stellung des Minnesängers Steinmar. München 1966.

Kuhn, Hugo: Minne oder *reht*. In: Kuhn, Hugo: Dichtung und Welt im Mittelalter. Stuttgart 1959, S. 105–111.

Kuhn, Hugo: Minnesangs Wende. 2. Auflage, Tübingen 1967. (= Hermaea. Germanistische Forschungen, Neue Fassung 1)

Kuhn, Hugo: Determinanten der Minne. In: Kreuzer, Helmut u. a. (Hrsg.): Zeitschrift für Literaturwissenschaft und Linguistik. 7. Jahrgang, Heft 27: Höfische Dichtung oder Literatur im Feudalismus? Stuttgart 1977, S. 83–94.

Kühnel, Jürgen: Zum deutschen Minnesang des 14. und 15. Jahrhunderts. In: Deutsche Literatur des Spätmittelalters: Ergebnisse, Probleme und Perspektiven der Forschung. Hg. von der Ernst-Moritz-Arndt-Universität Greifswald, Sektion Germanistik, Kunst- und Musikwissenschaft (Prof. Dr. Wolfgang Spiewok). Greifswald 1986, S. 86–104. (= Deutsche Literatur des Mittelalters; Bd. 3)

Leitner, Anton G.: Vom Minnesang zum Cybersex: Geile Gedichte. 2. Auflage. Weißling 2000. (= Das Gedicht; 8)

Leuchter, Christoph: Dichten im Uneigentlichen. Zur Metaphorik und Poetik Heinrichs von Morungen. Frankfurt am Main 2003. (= Beiträge zur Mittelalterforschung Bd. 3)

Lieb, Ludger: Der Jahreszeitentopos im ‚frühen' deutschen Minnesang. Eine Studie zur Macht des Topos und zur Institutionalisierung der höfischen Literatur. In: Topik und Rhetorik. Ein interdisziplinäres Symposium [Tagung in Blaubeuren 1997]. Hg. von Schirren, Thomas und Ueding, Gert. Tübingen 2000, S. 121–142. (= Rhetorik-Forschungen; 13)

Lieb, Ludger: Die Eigenzeit der Minne. Zur Funktion des Jahreszeitentopos im Hohen Minnesang. In: Literarische Kommunikation und soziale Interaktion. Studien zur Institutionalität mittelalterlicher Literatur. Hg. von Kellner, Beate; Lieb, Ludger und Strohschneider, Peter. Frankfurt am Main 2001, S. 183–206. (= Mikrokosmos; 64)

Liebertz-Grün, Ursula: Minne-Utopie im Mittelalter. In: Gnüg, Hiltrud (Hrsg.): Literarische Utopie-Entwürfe. Frankfurt am Main 1982 (= st; 2012).

Lübben, Gesine: „Ich singe daz wir alle werden vol". Das Steinmar-Œuvre in der Manessischen Liederhandschrift. Stuttgart 1994.

Ludwig, Otto: Die Rolle des Sprechers in MF 47,9. In: ZfdA 93 (1964), S. 123–132.

Margetts, John: Zum Begriff der Entbehrung in deutschen Minneliedern. In: Edwards, Cyril (Hrsg.): Lied im deutschen Mittelalter. Überlieferung, Typen, Gebrauch. Anglo-Deutsches Colloquium 12 (Frauenwörth, Chiemsee) 1991. Tübingen 1996, S. 101–114.

Mehler, Ulrich: Techniken der Parodierung. Dargestellt an ausgewählten Beispielen der mittel- und frühhochdeutschen Tageliedparodie. In: Architectura poetica. Festschrift für Johannes Rathofer zum 65. Geburtstag. Hg. von Ernst, Ulrich und Sowinski, Bernhard. Köln/Wien 1990, S. 253–276. (= Kölner germanistische Studien; 30)

Mertens, Volker: Erzählerische Kleinstformen. Die genres objectifs im deutschen Minnesang: „Fragmente eines Diskurses über die Liebe". In: Grubmüller, Klaus, Johnson, Peter L. und Steinhoff, Hans-Hugo (Hrsg.): Kleinere Erzählformen im Mittelalter. Paderborner Colloquium 1987. Paderborn; München 1988, S. 49–65. (= Schriften der Universität-Gesamthochschule-Paderborn. Reihe Sprach- und Literaturwissenschaft; 10)

Mertens, Volker: Alter als Rolle. Zur Verzeitlichung des Körpers im Minnesang. In: Donhauser, Karin; Grubmüller, Claus; Müller, Jan-Dirk (Hrsg.): Beiträge zur Geschichte der deutschen Sprache und Literatur. Bd. 128, Heft 3. Tübingen 2006, S. 409–430.

Mertens, Volker: Minnesangs zweiter Frühling. Von Bodmer zu Tieck. In: Ingrid Bennewitz (Hrsg.): *wort unde wîse, singen unde sagen*. Festschrift für Ulrich Müller zum 65. Geburtstag. Göppingen, 2007, S. 159–180.

Meyer, Matthias: ‚Objektivierung als Subjektivierung'. Zum Sänger im späten Mittelalter. In: Autor und Autorschaft im Mittelalter. Kolloquium Meißen 1995. Hg. von Elizabeth Andersen, Jens Haustein, Anne Simon und Peter Strohschneider. Tübingen 1998, S. 185–199.

Mohr, Wolfgang: Minnesang als Gesellschaftskunst. In: Der Deutschunterricht. 6. Jahrgang, Heft 5. Seelze/Velber 1954, S. 83–107.

Mohr, Wolfgang: Spiegelungen des Tagelieds. In: Henning, Ursula und Kolb, Herbert (Hrsg.): Mediaevalia litteraria. Festschrift für Helmut de Boor zum 80. Geburtstag. München 1971, S. 287–304.

Mohr, Wolfgang: Vortragsform und Form als Symbol im mittelalterlichen Liede. In: Somon, Werner; Bachofer, Wolfgang; Dittmann, Wolfgang (Hrsg.): Festgabe für Ulrich Pretzel zum 65. Geburtstag. Berlin 1963, S. 128–138.

Müller, Jan-Dirk: Ritual, Sprecherfiktion und Erzählung. Literarisierungstendenzen im späten Minnesang. In: Germanisch-romanische Monatsschrift

13; Sonderheft: Wechselspiele. Kommunikationsformen und Gattungsinterferenzen mittelhochdeutscher Lyrik. Hg. von Michael Schilling und Peter Strohschneider. Heidelberg 1996, S. 43–76.

Müller, Jan-Dirk (Hrsg.): ‚Aufführung' und ‚Schrift' in Mittelalter und Früher Neuzeit. Stuttgart/Weimar 1996. (= Germanistische Syposien, Berichtsbändes, XVII)

Müller, Jan-Dirk: Minnesang und Literaturtheorie. Tübingen 2001.

Müller, Jan-Dirk: Die Fiktion höfischer Liebe und die Fiktionalität des Minnesangs. In: Hausmann, Albrecht (Hrsg.): Text und Handeln. Zum kommunikativen Ort von Minnesang und antiker Lyrik. Heidelberg 2004, S. 47–64.

Müller, Ulrich (Hrsg.): Minne ist ein swaerez spil. Neue Untersuchungen zum Minnesang und zur Geschichte der Liebe im Mittelalter. Göppingen 1986. (= Göppinger Arbeiten zur Germanistik; Nr. 440)

Müller, Ulrich: Die Ideologie der hohen Minne: Eine Ekklesiogene Kollektivneurose? Überlegungen und Thesen zum Minnesang. In: Müller, Ulrich (Hrsg.): Minne ist ein swaerez Spil. Neue Untersuchungen zum Minnesang und zur Geschichte der Liebe im Mittelalter. Göppingen 1986, S. 283–315. (= Göppinger Arbeiten zur Germanistik; Nr. 440)

Naumann, Walter: Traum und Tradition in der deutschen Lyrik. Stuttgart/Berlin/Köln/Mainz 1966, S. 44–54.

Obermaier, Sabine: Der Sänger und seine Rezipienten. Zu Ich-Rolle und Rollen-Ich in den Sänger- und Frauenliedern des Hohen Minnesangs. In: Frauenlieder. Cantiagas de amigo. Internationale Kolloquien des Centro de Estudos Humanísticos (Universidade do Minho), der Faculdade de Letras (Universidade de Porto) und des Fachbereichs Germanistik (Freie Universität Berlin). Berlin 06.11.1998 und Apúlia 28.–30.03.1999. Hg. von Thomas Cramer; Greenfield, John und Kasten, Ingrid. Stuttgart 2000, S. 33–48.

Obermaier, Sabine: Von Nachtigallen und Handwerkern. Dichtung über Dichtung in Minnesang und Sangspruchdichtung. Tübingen 1995. (= Hermaea; Neue Fassung 75)

Peters, Ursula: Niederes Rittertum oder hoher Adel? Zu Erich Köhlers historisch-soziologischer Deutung der altprovenzalischen und mittelhochdeutschen Minnelyrik. In: Euphorion. Zeitschrift für Literaturgeschichte. 67. Band, Heidelberg 1973, S. 244–260.

Peters, Ursula: Höfische Liebe. Ein Forschungsproblem der Mentalitätsgeschichte. In: Ashcroft, Jeffrey; Huschenbett, Dietrich; Jackson, William

Henry (Hrsg.): Liebe in der deutschen Literatur des Mittelalters. St. Andrews-Colloquium 1985. Tübingen 1987, S. 1–13. (= Publications of the Institute of Germanic Studies; 40)

Peters, Ursula (Hrsg.): Text und Kultur. Mittelalterliche Literatur 1150–1450. Stuttgart/Weimar 2001 (Germanistische-Symposien-Berichtsbände 23).

Probst, Martina: *Nu wache ûf, sünder traege*. Geistliche Tagelieder des 13. bis 16. Jahrhunderts. Analysen und Begriffsbestimmung. Frankfurt am Main u. a. 1999.

Ragotzky, Hedda: Zur Bedeutung von Minnesang als Institution am Hof. In: Höfische Literatur, Hofgesellschaft, Höfische Lebensformen um 1200. Hg. von Gert Kaiser und Jan-Dirk Müller. Düsseldorf 1986, S. 471–489. (= Studia humaniora; 6).

Ragotzky, Hedda und Ortmann, Christa: Minnesang als ‚Vollzugskunst'. Zur spezifischen Struktur literarischen Zeremoniehandelns im Kontext höfischer Repräsentation. In: Höfische Repräsentation. Das Zeremoniell und die Zeichen. Hg. von Hedda Ragotzky und Horst Wenzel. Tübingen 1990, S. 227–257.

Ranawake, Silvia: Höfische Strophenform. Vergleichende Untersuchungen zur Formentypologie von Minnesang und Trouvèrelied an der Wende zum Spätmittelalter. München 1976. (= Münchener Texte und Untersuchungen zur deutschen Literatur des Mittelalters; 51)

Renk, Herta-Elisabeth: Der Manessekreis, seine Dichter und die Manessische Handschrift. Stuttgart 1974.

Rettelbach, Johannes: Variation – Derivation – Imitation. Untersuchungen zu den Tönen der Sangspruchdichter und Meistersinger. Tübingen 1993.

Reuvekamp-Felber, Timo: Kollektive Repräsentation als soziale Funktion von Minnesang? Zur Pluralität und Variabilität der Ich-Figuration in der Minnekanone am Beispiel Friedrichs von Hausen. In: Hausmann, Albrecht (Hrsg.): Text und Handeln. Zum kommunikativen Ort von Minnesang und antiker Lyrik. Heidelberg 2004, S. 203–224.

Revers, Peter: Nos sumus ioculatores Domini: Zu Minnesang und Spielmannskunst im späten Mittelalter. In: Carinthia I. Zeitschrift für geschichtliche Landeskunde von Kärnten, 188 (1998), S. 267–272.

Rohrbach, Gerd: Studien zur Erforschung des mittelhochdeutschen Tageliedes. Ein sozialgeschichtlicher Beitrag. Göppingen 1986. (= Göppinger Arbeiten zur Germanistik; 462)

Ruh, Kurt: Dichterliebe im europäischen Minnesang. In: Deutsche Literatur im Mittelalter. Kontakte und Perspektiven. Hugo Kuhn zum Gedenken. Stuttgart 1979, S. 160–183.

Rüther, Hanno: Der Mythos von den Minnesängern. Die Entstehung der Moringer-, Tannhäuser- und Bremberger-Ballade. Köln/Weimar/Wien 2007.

Safranski, Rüdiger: Romantik. Eine deutsche Affäre. Darmstadt 2008.

Salem, Laila: Die Frau in den Liedern des „Hohen Minnesangs": Forschungskritik und Textanalyse. Frankfurt am Main u. a. 1980. (= Europäische Hochschulschriften Reihe 1, Deutsche Literatur und Germanistik; Bd. 328)

Scheer, Eva B.: *Daz geschach mir durch ein schouwen*. Wahrnehmung durch Sehen in ausgewählten Texten des deutschen Minnesangs bis zum Frauenlob. Frankfurt am Main u. a. 1990. (= Europäische Hochschulschriften: Reihe 1, Deutsche Sprache und Literatur; Bd. 1211)

Schiendorfer, Max: Handschriftliche Mehrfachzuweisungen: Zeugen sängerischer Interaktion im Mittelalter? Zu einigen Tönen namentlich aus der Hohenburg-, Rotenburg- und Walther-Überlieferung. In: Euphorion. Zeitschrift für Literaturgeschichte. 79. Band. Hg. von Wolfgang Adam. Heidelberg 1985, S. 66–94.

Schiendorfer, Max: Vorschläge zu einer Neugestaltung von Bartschs „Schweizer Minnesängern". In: Besch, Werner und Steinecke, Hartmut (Hrsg.): Zeitschrift für deutsche Philologie. Bd. 104, Sonderheft. Berlin 1985, S. 102–123.

Schiendorfer, Max: Dichtung und Wahrheit: Der Minnesang. In: Alltag in der Schweiz seit 1300. Hg. von Bernhard Schneider. Zürich 1991, S. 60–67.

Schiendorfer, Max: Geschichte und Philologie als wechselseitige „Hilfswissenschaften". Über den Kommentar zu den Schweizer Minnesängern. In: Woesler, Winfried (Hrsg.): Editio. Internationales Jahrbuch für Editionswissenschaft. Bd. 7. Tübingen 1993, S. 144–160.

Schiendorfer, Max: Autoren des 13. Jahrhunderts und ihre historische Lebenswirklichkeit. Fallstudien am Beispiel „schweizerischer" Minnesänger aus der Manessischen Liederhandschrift. Zürich 1996.

Schiendorfer, Max: Minnesang als Leselyrik – Mouvance – Rollen- und Sprachspiele. Eine Antwort auf Thomas Cramers Umwertung aller Werte. In: Zeitschrift für deutsche Philologie 122 (2003), S. 392–408.

Schilling, Michael; Strohschneider, Peter (Hrsg.): Wechselspiele. Kommunikationsformen und Gattungsinterferenzen mittelhochdeutscher Lyrik. Germanisch-Romanische Monatsschrift, Sonderheft 13. 1996.

Schmid, Elisabeth: Die Inszenierung der weiblichen Stimme im deutschen Minnesang. In: Frauenlieder. Cantiagas de amigo. Internationale Kolloquien des Centro de Estudos Humanísticos (Universidade do Minho), der Faculdade de Letras (Universidade de Porto) und des Fachbereichs Germanistik (Freie Universität Berlin). Berlin 06.11.1998 und Apúlia 28.–30.03.1999. Hg. von Thomas Cramer; Greenfield, John und Kasten, Ingrid. Stuttgart 2000, S. 49–58.

Schnell, Rüdiger: Hohe und niedere Minne. In: Besch, Werner; Steinecke, Hartmut (Hrsg.): Zeitschrift für deutsche Philologie. Band 98. Berlin 1979, S. 19–52.

Schnell, Rüdiger: Causa amoris. Liebeskonzeption und Liebesdarstellung in der mittelalterlichen Literatur. Bern; München 1985.

Schnell, Rüdiger: ‚Autor' und ‚Werk' im deutschen Mittelalter. Forschungskritik und Forschungsperspektiven. In: Heinzle, Joachim (Hrsg.): Neue Wege der Mittelalter-Philologie. Landshuter Kolloquium 1996. Berlin 1998, S. 12–73.

Schnell, Rüdiger: Frauenlied, Manneslied und Wechsel im deutschen Minnesang. Überlegungen zu ‚gender' und Gattung. In: Zeitschrift für deutsches Altertum und deutsche Literatur. Hg. von Joachim Heinzle. 128. Band. Stuttgart 1999, S. 127–185.

Schnell, Rüdiger: Vom Sänger zum Autor. Konsequenzen der Schriftlichkeit des deutschen Minnesangs. In: Peters, Ursula (Hrsg.): Text und Kultur. Mittelalterliche Literatur 1150 – 1450. Stuttgart/ Weimar 2001 (Germanistische-Symposien-Berichtsbände 23), S. 96–149.

Scholz, Günter: Dietmar von Aist: *Hei nû kumet uns diu zît*. In: Tervooren, Helmut: Gedichte und Interpretationen. Mittelalter. Stuttgart 1993, S. 56–70.

Schreiner, Klaus: Maria. Jungfrau, Mutter, Herrscherin. Köln 2006.

Schwab, Silke: Gestaltung und Funktion des Rollenspiels zwischen Ich und Gesellschaft in höfischer Minnelyrik. Dargestellt an ausgewählten Textbeispielen vom frühen donauländischen Minnesang bis Neidhart von Reuenthal. Kiel 1989.

Schweikle, Günther: Das Klischee in der (mediaevistischen) Literaturgeschichtsschreibung. Aufgezeigt am althochdeutschen Reimvers und am mittelhochdeutschen Minnesang. In: Cramer, Thomas (Hrsg.): Literatur und Sprache im historischen Prozess. Bd. 1: Literatur. Tübingen 1983, S. 57–76.

Schweikle, Günther: Die Frouwe der Minnesänger. Zu Realitätsgehalt und Ethos des Minnesangs im 12. Jahrhundert. In: Ruh, Kurt (Hrsg.): Zeitschrift für deutsches Altertum und deutsche Literatur. 119. Band. Wiesbaden 1980, S. 91–116.

Schweikle, Günther: Humor und Ironie im Minnesang. In: Schröder, Werner (Hrsg.): Wolfram-Studien. Bd. 7. Berlin 1982, S. 55–74.

Schweikle, Günther: Zur Edition mittelhochdeutscher Lyrik. Grundlagen und Perspektiven. In: Besch, Werner und Steinecke, Helmut (Hrsg.): Zeitschrift für deutsche Philologie, Bd. 104. Berlin 1985. Sonderheft, S. 2–18.

Schweikle, Günther: Parodie und Polemik in mittelhochdeutscher Dichtung. 123 Texte von Kürenberg bis Frauenlobs samt Wartburgkrieg nach der Großen Heidelberger Liederhandschrift C. Stuttgart 1986.

Schweikle, Günther: Mittelhochdeutsche Minnelyrik. Texte und Übertragungen, Einführung und Kommentar. Stuttgart u. a. 1993.

Schweikle, Günther: Minnesang in neuer Sicht. Stuttgart u. a. 1994.

Schweikle, Günther: Minnesang. 2., korrigierte Auflage, Stuttgart u. a. 1995. (= Sammlung Metzler; 244; Realien zur Literatur)

Selge, Aribert: Studien über Ulrich von Winterstetten. Berlin 1929.

Siebert-Hotz, Gisela: Das Bild des Minnesängers. Marburg 1964.

Stackmann, Karl: Frauenlob, Heinrich von Mügeln und ihre Nachfolger. Göttingen 2002.

Stanovska, Sylvie: Zur alttschechischen Liebeslyrik des 14. und 15. Jahrhunderts im Verhältnis zum deutschen Minnesang und zur späteren deutschen Liebesliedichtung. Regensburg 2005. (= Forum Mittelalter Studien; 1)

Stemmler, Theo: Schöne Frauen – schöne Männer. Literarische Schönheitsbeschreibungen. Vorträge eines interdisziplinären Colloquiums. Mannheim 1988.

Stollberg-Rillinger, Barbara; Puhle, Matthias; Götzmann, Jutta und Althoff, Gerd (Hrsg.): Spektakel der Macht. Rituale im alten Europa 800–1800. Darmstadt 2008.

Streicher, Gebhard: Minnesang-Refrain. Die Refrain-Kanzonen des Ulrich von Winterstetten. Bauformgrammatik, Aufführungsstruktur, Überlieferungsgebrauch. Göppingen 1984. (= Göppinger Arbeiten zur Germanistik; 372)

Strohschneider, Peter: *nu sehent, wie der singet!* Vom Hervortreten des Sängers im Minnesang. In: Müller, Jan-Dirk (Hrsg.): ‚Aufführung' und ‚Schrift' in Mittelalter und früher Neuzeit. Stuttgart; Weimar 1996, S. 7–30. (= Germanistische Symposien, Berichtsbände; Bd. XVII)

Strohschneider, Peter: Tanzen und Singen. Leichs von Ulrich von Winterstetten, Heinrich von Sax sowie dem Tannhäuser und die Frage nach dem rituellen Status des Minnesangs. In: Cramer, Thomas und Kasten, Ingrid (Hrsg.): Mittelalterliche Lyrik: Probleme der Poetik. Berlin 1999, S. 197–231. (= Philologische Studien und Quellen; 154)

Tervooren, Helmut: Das Spiel mit der höfischen Liebe. Minneparodien im 13.–15. Jahrhundert. In: Besch, Werner und Steinecke, Helmut (Hrsg.): Zeitschrift für deutsche Philologie, Bd. 104. Berlin 1985. Sonderheft, S. 135–157.

Tervooren, Helmut: Reinmar-Studien. Ein Kommentar zu den „unechten Liedern" Reinmars des Alten. Stuttgart 1990.

Tervooren, Helmut (Hrsg.): Gedichte und Interpretationen Mittelalter. Stuttgart 1993. (= RUB; 8864)

Tervooren, Helmut: Minnesang, Maria und das ‚Hohe Lied'. Bemerkungen zu einem vernachlässigten Thema. In: Lienert, Elisabeth; Klein, Dorothea und Rettelbach, Johannes (Hrsg.): Vom Mittelalter zur Neuzeit. Festschrift für Horst Brunner. Wiesbaden 2000, S. 15–48.

Tervooren, Helmut: *Schoeniu wort mit süezeme sange.* Philologische Studien. Hg. von Fritsch, Susanne und Spicker, Helmut. Berlin 2000.

Touber, Anthonius Hendrikus: Rhetorik und Form im deutschen Minnesang. Groningen 1964.

Touber, Anthonius Hendrikus: Zur Einheit von Wort und Weise im Minnesang. In: Zeitschrift für deutsches Altertum und deutsche Literatur. Bd. 93, Heft 4. Stuttgart 1964, S. 313–320.

Touber, Anton: Romanische Strophenformen, Motive und Lehnbedeutungen im Minnesang. In: Zeitschrift für deutsches Altertum und Deutsche Literatur. Band 134, Heft 3 (2005), S. 273–293.

Touber, Anton: Romanischer Einfluss auf den Minnesang: Friedrich von Hausen und die Hausenschule. In: PBB 127, Heft 1, (2005), S. 62–81.

Tubach, Frederic C.: Struktur im Widerspruch. Studien zum Minnesang. Tübingen 1977. (= Untersuchungen zur deutschen Literaturgeschichte; Bd. 16)

Voetz, Lothar: Überlieferungsformen mittelhochdeutscher Lyrik. In: Codex Manesse. Katalog zur Ausstellung vom 12. Juni bis 4. September 1988, Universitätsbibliothek Heidelberg. Hg. von Elmar Mittler und Wilfried Werner. Heidelberg 1988, S. 224–274.

Wachinger, Burghart: Die Welt, die Minne und das Ich. Drei spätmittelalterliche Lieder. In: Entzauberung der Welt. Deutsche Literatur 1200–1500. Hg. von James F. Poag und Thomas C. Fox. Tübingen 1989, S. 107–118.

Wachinger, Burghart: Was ist Minne? In: Heidelberger Jahrbücher. Hg. von der Universitäts-Gesellschaft Heidelberg. Berlin u. a. 1989, S. 127–140.

Wallmann, Katharina: Minnebedingtes Schweigen im Minnesang. Lied und Minnerede des 12. bis 16. Jahrhunderts. Frankfurt am Main 1985 u. a. (= Mikrokosmos; 13)

Walther, Ingo F.: Codex Manesse. Die Miniaturen der Großen Heidelberger Liederhandschrift. Frankfurt am Main 1988.

Wapnewski, Peter: *Waz ist minne?* Studien zur mittelhochdeutschen Lyrik. München 1975. (= Beck'sche schwarze Reihe; 195)

Wapnewski, Peter: Hartmann von Aue. 7. Aufl. Stuttgart 1979.

Warning, Rainer: Pastourelle und Mädchenlied. In: Festschrift für Walter Haug und Burghart Wachinger. Hg. von Johannes Janota und Paul Sappler. Tübingen 1992. Bd. 2, S. 709–723.

Weber, Barbara: Der Kol von Niunzen: Die obszöne Pastourelle I. In: Weber, Barbara: Oeuvre-Zusammensetzungen bei den Minnesängern des 13. Jahrhunderts. Göppingen 1995, S. 191–193. (= Göppinger Arbeiten zur Germanistik; 609)

Weber, Barbara: Oeuvre-Zusammensetzungen bei den Minnesängern des 13. Jahrhunderts. Göppingen 1995. (= Göppinger Arbeiten zur Germanistik; 609)

Wehrli, Max: Wandlungen des Minnesangs. In: Wehrli, Max (Hrsg.): Geschichte der deutschen Literatur im Mittelalter. Von den Anfängen bis zum Ende des 16. Jahrhunderts. 3. Auflage, Stuttgart 1997, S. 420–439.

Weil, Bernd: Die Rezeption des Minnesangs in Deutschland seit dem 15. Jahrhundert. Frankfurt am Main 1991.

Weil, Bernd A.: Der deutsche Minnesang. Entstehung und Begriffsdeutung. Frankfurt am Main 1993

Weiß, Tanja: Minnesang und Rock – die Kunstgattung aufgeführtes Lied in ihrer Ästhetik und Poetik. Moderne Zugänge zu einer alten Liedgattung. Aufführung und ihre Bedingungen für die Liedtextinterpretation. Neustadt am Rübenberge 2007.

Welker, Lorenz: Melodien und Instrumente. In: Codex Manesse. Die Große Heidelberger Liederhandschrift. Texte, Bilder, Sachen. Katalog zur Ausstellung vom 12. Juni bis 4. September 1988, Universitätsbibliothek Heidelberg. Hg. von Elmar Mittler und Wilfried Werner. Heidelberg 1988, S. 113–126.

Wenzel, Edith: „*hêre vrouw*" und „*übelez wîp*". Zur Konstruktion von Frauenbildern im Minnesang. In: Bennewitz, Ingrid und Tervooren, Helmut (Hrsg.): *Manlîchiu wîp, wîplîch man.* Zur Konstruktion der Kategorien „Körper" und „Geschlecht" in der deutschen Literatur des Mittelalters. Berlin 1999, S. 264–283. (= Beihefte zur Zeitschrift für deutsche Philologie; 9)

Wenzel, Horst: Frauendienst und Gottesdienst. Studien zur Minne-Ideologie. Berlin 1974 (= Philologische Studien und Quellen; 74)

Wenzel, Horst: *saget mir ieman, waz ist minne?* Zur Sprache der Liebe im Mittelalter. In: Jäger, Ludwig (Hrsg.): Zur historischen Semantik des deutschen Gefühlswortschatzes. Aspekte, Probleme und Beispiele seiner lexikographischen Erfassung. Aachen 1988, S. 139–180. (= Radar Publikationen)

Wenzel, Horst: Zur Deutung des höfischen Minnesangs. Anregungen und Grenzen der Zivilisationstheorie von Norbert Elias. In: Rehberg, Karl-Siegbert (Hrsg.): Norbert Elias und die Menschenwissenschaften. Studien zur Entstehung und Wirkungsgeschichte seines Werkes. Frankfurt am Main 1996, S. 213–239.

Willaert, Frank: Geben und Nehmen. Das höfische Lied in den Niederlanden und der deutsche Minnesang. In: Amsterdamer Beiträge zur älteren Germanistik. Bd. 47. Hg. von Erika Langbroek, Arend Quak und Annelies Roeleveld. Amsterdam 1997, S. 213–229.

Willhardt, Rolf: „*Am Morgen danach …*" Tagelieder – literarische Erotik und Liebe im Mittelalter. In: Mystik, Macht und Minne. Vorträge im Rahmen der Ausstellung „Die Frau im mittelalterlichen Rheinland". Handschrift und Frühdrucke des 9. bis 16. Jahrhunderts aus den Sondersammlungen der Universitäts- und Landesbibliothek Düsseldorf (18. Mai bis 30. Juni 1995). Düsseldorf 1996, S. 107–139.

Willms, Eva: Liebesleid und Sangeslust. Untersuchungen zur deutschen Liebeslyrik des späten 12. und frühen 13. Jahrhunderts. München u. a. 1990. (= Münchener Texte und Untersuchungen zur deutschen Literatur des Mittelalters; 94)

Wisniewski, Roswitha: *werdekeit* und Hierarchie. Zur soziologischen Interpretation des Minnesangs. In: Ebenbauer, Alfred (Hrsg.): Strukturen und Interpretationen. Studien zur deutschen Philologie. Gewidmet Blanka Horacek zum 60. Geburtstag. Wien 1974, S. 340–379.

Wolf, Alois: Variation und Integration. Beobachtungen zu hochmittelalterlichen Tageliedern. Darmstadt 1979. (= Impulse der Forschung; 29)

Wolf, Alois: Literaturhistorische Aspekte der mittelalterlichen Tagelieddichtung. In: Tagelieder des deutschen Mittelalters. Mittelhochdeutsch/Neuhochdeutsch. Ausgewählt, übersetzt und kommentiert von Martina Backes. Stuttgart 1999, S. 11–81. (= RUB; 8831)

Wolf, Gerhard: Der ‚Gegensang' in seiner Aufführungssituation. In: Schilling, Michael und Strohschneider, Peter (Hrsg.): Wechselspiele. Kommunikationsformern und Gattungsinterferenzen mittelhochdeutscher Lyrik. Heidelberg 1996, S. 153–177.

Wolf, Jürgen: Einführung in das Werk Hartmanns von Aue. Darmstadt 2007.

Wolf, Norbert: Frauenlied aus Männermund. In: Frauenlieder. Cantiagas de amigo. Internationale Kolloquien des Centro de Estudos Humanísticos (Universidade do Minho), der Faculdade de Letras (Universidade de Porto) und des Fachbereichs Germanistik (Freie Universität Berlin). Berlin 06.11.1998 und Apúlia 28.–30.03.1999. Hg. von Thomas Cramer u. a. Stuttgart 2000, S. 85–93.

Wolf, Norbert: Tageliedvariationen im späten provenzalischen und deutschen Minnesang. In: Zeitschrift für deutsche Philologie. Heft 87, Sonderheft. Berlin 1968, S. 185–194.

Wyss, Ulrich: *Ich tuon sam der swan, der singet, swenne er stirbet.* Über die Lesbarkeit des Minnesangs. In: Bovenschen, Silvia; Frey, Wifried; Fuchs, Stephan; Raitz, Walter und Seitz, Dieter (Hrsg.): Der fremdgewordene Text. Festschrift für Helmut Brackert zum 65. Geburtstag. Berlin/New York 1997, S. 24–41.

Zeyen, Stefan: *… daz tet der liebe dorn.* Erotische Metaphorik in der deutschsprachigen Lyrik des 12.–14. Jahrhunderts. Essen 1996.

Zotz, Nicole: Intégration courtoise: Zur Rezeption okzitanischer und französischer Lyrik im klassischen deutschen Minnesang. Heidelberg 2005. (= Germanisch-romanische Monatsschrift; Beiheft 19)

Bilddarstellungen von Minnesängern mit Erläuterungen

In der Großen Manessischen Liederhandschrift C sind mit den Texten Miniaturen überliefert, die auf die verschiedenen Dichter weisen. In der Weingartener Handschrift B finden sich ebenfalls 25 Miniaturen und nur die Kleine Heidelberger Liederhandschrift A ist ein reines Textbuch. Die kunstvollen Bilder in der Handschrift C machen ihren Wert als Prachthandschrift aus und gehören zu den frühen Zeugnissen weltlicher Kunst.

Die Texte in dieser Handschrift sind nach Dichtern geordnet und vor dem jeweiligen Textkorpus ist eine ganzseitige Miniatur eingefügt, die auf den Dichter oder sein Werk weist. Insgesamt umfasst die Handschrift 137 Bilder und eine unvollendete Vorzeichnung. Anhand der Rahmen, die um die Miniaturen gezogen sind, unterscheidet man einen Grundstockmaler und drei Nachtragsmaler.

Die Rahmen, die der Grundstockmaler um seine Miniaturen gezogen hat, bestehen aus geometrischen Formen, Streifen oder Rauten und sind in den Farben Rot, Gold und Blau gehalten. Er bevorzugt zur Ausmalung kräftige, strahlende Farben und setzt große Bildüberschriften. Die Bildüberschriften der Nachtragsmaler sind deutlich kleiner, sie verwenden Mischfarben und legen die Bilder szenisch an. Der erste von ihnen umrandet die Szenen mit Ranken aus Blüten und Blättern, der zweite malt farblich gestufte Rauten- und Rosettenbordüren und die Bilder des dritten Malers sind mit dunkelblauen Randstreifen mit goldenen Kugeln umrahmt (Walther 1988, XXVI).

Alle Miniaturen wurden zunächst mit einem schwarzen Stift vorgezeichnet und anschließend ausgemalt. Viele Bilder zeigen unbeschriebene Schriftbänder. Ob eine spätere Ausmalung intendiert war, lässt sich nicht beurteilen. Die meisten Miniaturen, insgesamt 117, sind im oberen Drittel mit Helmen und Wappen versehen, was schon früh zu der Vermutung geführt hat, dass erstens die Minnesänger in der Regel adlig gewesen seien und zweitens die Wappen zur Identifizierung der Dichter herangezogen werden könnten. Seit Joachim Bumke den eher geringen historischen Wert der Darstellungen aufgezeigt hat (Bumke 1976), ist man geneigt, die Schmuckfunktion in den Vordergrund zu stellen. Die Maler sind offensichtlich vom Wortsinn der überlieferten Namen ausgegangen und haben schon vorhandene Wappen, die dazu passten, gesucht oder selbst neue konstruiert.

Die Dichter werden in den Miniaturen entweder hinsichtlich ihrer vermuteten Standeszugehörigkeit oder inmitten einer Liedszene ihres Werkes dargestellt. Die Darstellungen folgen den mittelalterlichen Schönheitsvorstellungen und den ikonographischen Regeln der Zeit. Es ist also nicht beabsichtigt, ein reales, portraithaftes Aussehen der Minnesänger zu erreichen, sondern möglichst typische Figuren zu entwerfen. Besonderheiten werden durch die Beigabe von Gegenständen zum Ausdruck gebracht. Frauen und Männer sind kaum voneinander zu unterscheiden, beide haben ovale Gesichter mit ebenmäßigen Zügen, die von Locken umspielt werden, nur die Haarlänge differiert. Die langen Gewänder unterstreichen die S-förmige Körperhaltung der schlanken Figuren und zeigen den typischen gotischen Faltenwurf. Kaiser Heinrich und die drei nachfolgenden Könige sind den Regeln der Herrscherdarstellung gemäß frontal gezeichnet, die anderen Minnesänger sind fast ausschließlich im Dreiviertelprofil wiedergegeben.

Der Größenunterschied der Figuren innerhalb eines Bildes spiegelt die Bedeutung der Person und so ist zu erklären, dass rangniedrige Personen dem Ranghöchsten gelegentlich nur bis zu Hüfte reichen.

1. Heinrich von Morungen
   (= Cod. Pal. Germ. 848,
   Große Heidelberger Liederhandschrift,
   S. 76v.)

2. Reinmar der Alte
   (= Cod. Pal. Germ. 848,
   Große Heidelberger Liederhandschrift,
   S. 98r.)

Das Bild zeigt den Dichter, auf einem Bett liegend. Er ist an dem Schriftband, das er in der Hand hält, zu erkennen. Die Szene wird in der Regel auf eines seiner Lieder bezogen, in dem er beklagt, die Augen und der rote Mund der *vrouwe* hätten sein Herz so schwer verletzt, dass er an der Minnekrankheit leide. Das karierte Kissen und die farbige Decke weisen das prunkvolle Schlaflager eines Adligen aus. Der rechte Arm des Dichters ist auf das Knie gestützt und sein Kopf liegt in der rechten Hand. Diese Geste zeigt Trauer an und zeichnet den Denker aus. Die Geliebte steht von ihm abgewandt neben dem Bett. In ihrer rechten Armbeuge hält sie einen kleinen weißen Hund, das Symbol der Treue. Sie hat die linke Hand erhoben und zeigt damit ihre Abweisung.

Dichter und *vrouwe*, beide in langen höfischen Gewändern, bei denen der Faltenwurf durch die Sitzhaltung besonders gut zur Geltung kommt, befinden sich in einem Innenraum, der durch die beiden gotischen Bögen über der Sitzbank angedeutet wird. Die spitzen Schnabelschuhe nach höfischer Mode sind unter dem Umhang des Mannes deutlich sichtbar. Er hält in seiner linken Hand eine Schriftrolle, auf die er mit der Zeigegeste der rechten Hand weist. Die Frau scheint ihn aufzufordern, sein Werk vorzutragen. Als Zeichen der Treue hält sie einen weißen Hund im Arm, der in Richtung des Dichters blickt.

3. Friedrich von Hausen
   (= Cod. Pal. Germ. 848,
   Große Heidelberger Liederhandschrift,
   S. 116v.)

4. Albrecht von Johansdorf
   (= Cod. Pal. Germ. 848,
   Große Heidelberger Liederhandschrift,
   S. 76v.)

Der Dichter wird auf einem Schiff dargestellt, das sich auf hoher See befindet. Er zeigt mit der rechten Hand auf die beiden unter den Wellen kämpfenden Meeresungeheuer, die für die Gefährlichkeit seiner Reise stehen und mit seiner linken Hand weist er nach hinten auf die drei Männer, die Mühe haben, das Schiff im Sturm zu halten. Diese Männer sind deutlich kleiner als der Dichter und so wird dokumentiert, dass sie als Schiffsjungen ein geringes Ansehen haben. Offenkundig sind die Kreuzlieder Friedrichs von Hausen Anlass zu diesem Bild gewesen, denn die Fahrt ins Heilige Land führte in der Regel über den Seeweg.

In dieser Miniatur wird eine für den hohen Sang untypische Situation erfüllter Liebe dargestellt. Die drei roten Rosen als Helmzier und die beiden Rosen im Wappenzeichen sind programmatisch. Dichter und *vrouwe* umarmen einander und schmiegen ihre Wangen aneinander. Der Mann trägt einen Kranz auf seinem Haar, die Dame ein in gleichmäßige Falten gelegtes Gebende. Sie ist umhüllt von einem Tasselmantel, der zu einer Schleppe ausläuft, und dessen Innenfutter aus kostbarem Pelz gearbeitet ist. Der Dichter trägt einen weiten Surcot ohne Ärmel. Die Kleidung weist beide als adlig aus.

5. Steinmar
(= Cod. Pal. Germ. 848,
Große Heidelberger Liederhandschrift,
S. 308v.)

Steinmar ist der Verfasser von Herbstliedern, in
denen Schlemmen und Saufen der Liebe gleichgesetzt oder gar höher geschätzt werden. Man sieht
eine Männergesellschaft auf einer Sitzbank, der der
Dichter eine Kanne Wein kredenzt und gebratenes
Geflügel anbietet. Offensichtlich wird nur ein Becher benutzt, der gerade weitergereicht wird. Die
Gesten der Männer drücken eine lebhafte Stimmung
aus und verweisen so aufeinander, dass Freundschaft
signalisiert wird. Deutlich erkennbar ist an diesem
Bild die Typisierung der Figuren, denn sie gleichen
einander so sehr, dass nur die Farbe der Gewänder
sie unterscheidet. Die zu Herzen stilisierten Blätter
einer Linde im Hintergrund sind der einzige Hinweis
auf das Thema Minne.

Begriffsregister